잊지 않고 항상 깨어 있음으로 완벽하게 하라.

Appamādena Sampādetha

보물산 둘레길
아신 빤딧짜 스님의 삼보의 공덕 강의

2018년 9월 1일 초판 1쇄 인쇄
2018년 9월 7일 초판 1쇄 발행

법문 아신 빤딧짜 스님
녹취기록 유은경
정리교정 아마라, 한혜숙, 유미경, 황보금옥, 유은경, 오항해
펴낸곳 붇다담마연구소(Buddhadhamma Sutesana Ṭhāna)

신고번호 제2018-000045호
신고일 2018년 7월 12일
주소 서울 특별시 강동구 성안로 35
전화 02) 470-3969(서울), 051) 622-3969, 070-4139-3969(부산)
web http://dhammayana.com
카페 http://cafe.daum.net/middleway 담마야나 선원
E-mail ashinpandicca@hanmail.net

디자인 나라연

ISBN 979-11-964357-3-8 03220

이 도서의 국립중앙도서관 출판예정도서목록(CIP)은 서지정보유통지원시스템 홈페이지(http://seoji.nl.go.kr)와 국가자료종합목록시스템(http://www.nl.go.kr/kolisnet)에서 이용하실 수 있습니다. (CIP제어번호 : CIP2018026203)

보물산 둘레길

아신 빤딧짜 스님의 삼보의 공덕 강의

(주)붇다담마연구소

Namo tassa bhagavato arahato sammāsambuddhassa.(3번)

나모 땃사 바가와또 아라하또 삼마삼붓닷사.

아라하또 모든 번뇌를 완전히 여의시어 온갖 공양과 예경 받으실 만하며

삼마삼붓닷사 사성제 진리를 비롯한 모든 법을 올바르게 스스로 깨달으신

땃사 바가와또 그 존귀하신 부처님께

나모 절합니다.

모든 번뇌를 완전히 여의시어 온갖 공양과 예경 받으실 만하며
사성제 진리를 비롯한 모든 법을 올바르게 스스로 깨달으신
그 존귀하신 부처님께 절합니다.

●●●

고통 받는 중생들 모든 고통에서 벗어나기를

위험 처한 중생들 모든 위험에서 벗어나기를

걱정 있는 중생들 모든 걱정 근심에서 벗어나기를 (3번)

Dukkhappattā ca niddukkhā

Bhayappattā ca nibbhayā

Sokappattā ca nissokā

Hontu sabbepi pāṇino (3번)

둑캅빳따 짜 닛둑카

바얍빳따 짜 닙바야

소깝빳따 짜 닛소까

혼뚜 삽베삐 빠니노

sādhu, sādhu, sādhu!

사-두, 사-두, 사-두!

책을 내며

붓다(Buddha, 불) · 담마(Dhamma, 법) · 상가(saṃgha, 승)라는 소리를 들을 수 있는 기회를 갖기 어렵다는 말씀이 있습니다. 붓다·담마·상가라는 삼보가 이 세상에 항상 계시는 것이 아닙니다. 사실 부처님의 출현이 없었던 세상이 부처님이 계셨던 세상보다 더 많습니다. 부처님이 한 번도 출현하지 않았던 세상도 있었습니다. 우리가 살고 있는 이 세상(현겁)에는 석가모니 부처님까지 모두 네 분의 부처님이 오셨다 가셨습니다. 앞으로 아리멧떼이야(Arimetteyya, 미륵) 부처님까지 오시면 이 세상에는 다섯 분의 부처님이 오시는 세상이 될 것입니다.

소리조차 듣기 힘든 붓다·담마·상가라는 삼보, 설령 그 소리를 들었다 해도 붓다(부처님)가 어떤 분인지, 담마(부처님의 가르침)가 무엇인지, 상가(부처님의 가르침을 올바르게 실천 수행하며 깨달은 제자들)의 의미가 무엇인지 우리는 잘 모르고 있습니다. 이런 가운데 우리가 삼보에 대해서 무엇을 알고 있는지 많은 생각을 하게 됩니다.

붓다의 정의가 정확하지 않으면 담마의 정의가 흔들리고, 담마의 정의가 흔들리면 승가의 정의가 흔들립니다. 그러면 그들을 롤

모델로 삼아 따라가는 우리도 잘못된 길을 가게 될 것입니다. 그래서 이번 기회를 통해 붓다·담마·상가의 정의를 정확하게 정리하자고 노력해 보았습니다.

부처님을 이해하려면 빠라미(pāramī, 보살행)를 이해해야 합니다. 부처님께서는 십바라밀이라는 보살행을 통해서 이 세상에 오셨습니다. 십바라밀은 석가모니 부처님뿐만 아니라 이전의 모든 부처님들께서 이 세상 모든 중생들의 행복과 이익을 위해 행하며 오신 아름다운 길입니다. 모든 부처님들이 이 길을 통해 닙바나로 가셨습니다.

이와 같이 예전 부처님처럼 똑같이 오셨다 가신다는 의미로 붓다를 따타가따(Tathāgata, 여래)라고 말합니다. 따타가따는 예전 부처님과 똑같이 이 세상 모든 중생들의 행복과 이익을 위해 팔정도를 수행하며 아름다이 오셨다가 완전한 행복인 닙바나로 잘 가셨다는 뜻입니다. 과거의 모든 부처님들과 석가모니 부처님, 앞으로 오실 미륵 부처님께서 걸었고, 걸으신, 걸어오실 길인 십바라밀을 통해서 부처님의 의미를 숙고할 수 있기를 바랍니다. 이런 의미를 담아 십바라밀 법문을 『따타가따, 여래가 오신 길』이라는 제목으로 법보시하게 되었습니다.

삼보를 보석(ratana)에 비유하여 띠라따나(tiratana)라고 합니다. 삼보는 일반 보석들과는 가치를 비교할 수 없을 정도로 귀하디 귀한 세상의 보물, 세기의 보물, 만 개 우주까지 그 빛이 퍼져나가는 귀한 보물입니다. 소리조차 듣기 힘든 붓다·담마·상가, 들을 수 있다 해도 바르게 알기 힘든 붓다·담마·상가의 공덕을 모든 수행자들이 바른 견해로 이해하고, 배우고 실천할 수 있게끔 삼보의 공덕을 법문하였습니다. 보석들이 많이 나오는 아름다운 보물산 둘레길을 돌듯이, 삼보의 공덕을 붓다눗사띠, 담마눗사띠, 상가눗사띠로 한 번 돌고 두 번 돌고, 돌고 돌면서, 그 공덕들을 마음에 깊이 새기면서 더 큰 신심과 지혜의 공덕을 모을 수 있기를 바랍니다. 이런 뜻으로 삼보의 공덕을 『보물산 둘레길』이라는 제목으로 법보시하게 되었습니다.

오는 5월 10일(음력 보름날)은 옛날 인도 달력, 요즘 불교 달력으로 웨삭데이입니다. 웨삭 보름날에 Siddhattha싯닷타 태자께서 태어나셨고, 붓다로 깨달으셨고, 열반하셨습니다. 웨삭데이는 붓다데이(Buddhaday)입니다. 미얀마·스리랑카·인도·캄보디아·태국, 요즘에는 유엔에서도 웨삭데이를 붓다데이로 정하여 세계적인 행사를 하고 있습니다.

우리도 담마야나 선원 건립 7주년과 부산 용당동 담마야나 선원 개원 3주년 기념행사를 5월 10일 웨삭데이에 맞추어 같이 거행하기로 하고 그 기념행사 하나로 십바라밀과 삼보의 공덕에 대한 법문을 정리하여 법보시하기로 하였습니다. 진정한 마음으로 공부하고 실천하는 대구와 함양의 담마야나 수행자들의 신심과 노력 끝에 서울과 대구, 부산 법승 담마야나 선원의 많은 수행자들의 선업공덕으로 이 책이 출간되었습니다.

모든 보시를 법보시가 이긴다는 부처님 말씀대로 최고의 보시는 법보시입니다. 이 훌륭한 법보시 공덕으로 법승 담마야나 선원 수행자 모두가 모든 고통에서 벗어나 닙바나 성취하기를 기원합니다.

사-두, 사-두, 사-두!

2017년 5월 10일

법승 담마야나 선원에서

아신 빤딧짜Ashin Pandicca

책머리에

초판에 '여래가 오신 길'과 '보물산 둘레길'을 한 권으로 하여 담마야나 7주년 기념으로 보시하게 되었습니다. 오는 6월 24일 서울 담마야나 1주년 법보시로 2쇄를 할 때에는『여래가 오신 길』과『보물산 둘레길』을 두 권으로 나누어 따로 출판하게 되었습니다.

maṇiṃ migo passantopi tiṇaṃ khādaṃva gacchati
마닝 미고 빠산또삐 띠낭 카-당와 갓차띠
laddhakālo duppaññopi kāmaṃ bhuñjaṃva gacchati
랃다까-로 둡빤뇨삐 까-망 붕장와 갓차띠

migo–숲에 사는 사슴이, maṇiṃ–루비·다이아와 같은 보석을 passantopi–봐도, tiṇaṃ–풀만, khādaṃva–먹고, gacchati–지나가버리듯, duppaññopi–어리석은 이도, laddhakālo–불·법·승 삼보와 같은 보석을 만날 때에, kāmaṃ–오욕락만, bhuñjaṃva–(먹으며) 즐기고, gacchati–간다.

숲에 사는 사슴이 루비·다이아와 같은 보석을 봐도 모르고 풀만 먹고 지나가 버리듯, 어리석은 자들이 불·법·승 삼보와 같은 보석을 만나도 가치를 모르고 오욕락만 즐기고 간다는 말이 있습니다.

이 책을 통해 삼보의 공덕을 이해하고 그 삼보와의 만남을 소중하게 마음에 새길 수 있기를 바랍니다. 그리고 기회를 놓치지 않고 삼보와 만나야 얻을 수 있는 최고의 가치를 가질 수 있기를 기원합니다.

2018년 6월 15일
서울 法乘 담마야나 선원에서
아신 빤딧짜

Mahāsamaya Suttaṃ

차례

법보

승보

보물산 둘레길

Tiratana 띠라따나

아신 빤딧짜 스님의 삼보의 공덕 강의

삼보(三寶)의 공덕

삼보(三寶)란 세 가지 보배라는 말인데 pāḷi어로 띠라따나(tiratana)입니다. 즉 부처님(불)과 부처님의 가르침(법)과 부처님의 가르침을 배우고 실천 수행하는 승가(승)를 말합니다. 그러면 불·법·승을 왜 세 가지(ti) 보배(ratana)라고 할까요?

첫째, 다이아몬드나 루비와 같은 보석은 일반 돌과는 달리 쉽게 보기 어렵습니다. 그리고 보석이 되기까지 무수한 시간이 걸리고, 땅속에서 엄청난 열과 압력을 받아야 합니다. 그러는 동안 부서져 버리는 것도 많겠지요? 그런 의미에서 삼보를 보석에 비유합니다. 부처님은 보석보다도 더 만나기 어렵습니다. 부처님이 되시기까지 적어도 네 아승지와 십만 겁이 걸렸습니다. 그동안 행하신 십바라밀은 모든 중생들이 행한 것보다도 많습니다. 네 아승지와 십만 겁을 말로 하면 간단하지만, 실제로 그 시간을 생각해 보면 상상할 수 없는 오랜 시간입니다. 그리고 부처님은 본인만을 위해서가 아니고 모든 중생들의 행복을 위해 부처가 되십니다. 그것을 상징하여 부처님을 '불보'라고 하며 칭송합니다.

세상에는 법(진리)이 항상 있지만, 사람들이 모르면 그 법은 없는 것과 마찬가지입니다. 그런 법을 부처님께서 찾아내셨습니다. 부처님께서는 스스로 법을 깨달아 부처가 되어 완전한 행복인 닙바나(열반)를 성취하시고, 우리들에게도 깨달으신 법을 모두 가르쳐 주십니다. 법도 부처님이 계셔야 드러나고, 우리도 그 법을 따라 실천하면 부처님처럼 완벽한 행복인 닙바나를 성취할 수 있기 때문에 '법보'라고 합니다.

승가는 부처님의 가르침을 그대로 따라 실천하여 닙바나를 성취하신 분들의 모임입니다. 또한 우리들에게 귀한 부처님의 법을 전해 주고, 또 우리들에게 최고의 선업을 지을 수 있는 복밭이 되어 주시기에 '승보'라고 합니다.

둘째, 그런 귀한 보석을 가지는 사람은 기쁘고 행복합니다. 다이아몬드를 가지면 기쁘지요? 마찬가지로 완전한 행복을 줄 수 있는 삼보를 만나는 것이 매우 기쁘고 행복한 일이라는 의미입니다. 삼보를 제대로 알고 믿고 따르면 정말 뿌듯하고 즐겁습니다. 그래서 보배라고 합니다.

셋째, 그런 귀한 보석은 일반 사람들은 가지지 못하고 소수의 귀인들만 가질 수 있습니다. 보석 중에도 제일 좋은 보석을 가지는 사람이 몇 명이나 될까요? 그와 같이 불법을 믿고 따르는 사람들은 보통 사람이 아니고 또 많지도 않습니다. 불법은 아무나 가질 수 있는 것이 아닙니다. 어느 정도의 수준이 되어야 불법을 이해하고 받아들일 수 있습니다. 그래서 불법을 이해할 수 있는 특별한 지혜와 불법을 만날 수 있는 복덕이 있는 귀인들만 삼보를 만난다는 의미로 보배라고 합니다.

다른 가르침에서는 맹목적으로 무조건 믿으라고 하는데 부처님께서는 눈 뜨고 잘 보라고 하십니다. 눈 뜨고 잘 보면서 따져 보고 조사해 보고 직접 실천해 보고 확실해질 때 그때 믿으라고 하십니다. 그러니 불법이 어렵습니다. 우리는 쉬운 것을 좋아하지요? 부처님 가르침은 알고 믿어야 하기 때문에 어렵습니다. 알지 못하고 믿는 것은 거짓이거나 바보입니다. 법은 알고 믿어야 합니다.

세상의 모든 보석을 다 가졌다 해도 그것이 우리의 근본 문제를 해결해 주지는 못합니다. 보석이 우리를 죽지 않게 해 줄 수 있나요? 아니면 다음 생에 천신으로 태어나게 해 줄 수 있나요? 그러나 삼보는 다 해 줄 수 있습니다. 이 세상의 행복과 다음 생의 행복, 더욱이 고통뿐인 윤회의 세상에서 벗어날 수 있는 완전한 행복까지 줄 수 있는 삼보이기 때문에 아주 귀한 것이라는 의미로 보배에 비유합니다.

여러분들이 이런 귀한 불법을 공부하면서 불·법·승에 대한 정의를 정확하게 가지는 것이 아주 중요합니다. 불·법·승에 대한 정의가 제대로 되어 있지 않으면 실천 수행할 때 많이 헤맬 수 있습니다. 미얀마 속담에 자기가 타고 가는 말이 암컷인지 수컷인지 모른다는 말이 있습니다. 불·법·승(삼보)에 대한 정의가 명확하지 않으면 본인이 하고 있는 수행이 올바른지 그른지 모르게 됩니다.

불·법·승에 대해 바르게 알고 따르는 지혜로운 불자가 될 수 있도록 삼보의 정의와 공덕에 대해서 자세히 설명하겠습니다.

불보(佛寶, Buddharatanā)

1. 개요

1) 붓다의 정의

삼보는 부처님께서 이 세상에 출현하셔야 드러나므로 부처님이 어떤 분이신지 그 정의부터 먼저 알아보도록 하겠습니다. 부처님을 pāḷi어로 'Buddha붓다'라고 합니다. 붓다(부처님)라는 단어의 의미는 매우 깊습니다. 신이란 신비로운 존재로 우리가 원하는 것을 다 해 준다고 하지만, 실제로는 우리에게 큰 도움이 안 됩니다. 신이 아무리 대단해도 우리가 신이 될 수는 없습니다. 그러나 부처님께서는 우리 모두가 부처가 될 수 있는 가능성을 보여 주십니다.

붓다는 '붓자띠띠 붓도(bhujjhatīti buddho)'로 정의합니다. 붓자띠(알았다, 깨어났다), 이띠(그래서), 붓도(부처님이다). 여기서 '붓자띠'의 뜻 두 가지에 따라 붓도(부처님)의 정의를 두 가지로 내릴 수 있습니다.

첫째는 아는 자가 붓다이다(enlightened one).

둘째는 깨어난 자가 붓다이다(awakened one).

이렇게 붓다의 정의를 아는 자와 깨어난 자로 이해하면 됩니다. '아는 자'가 붓다라고 할 때 붓다는 무엇을 아는 분일까요? 붓다는 사성제를 아는 분입니다. 즉 고성제, 집성제, 멸성제, 도성제를 깨달아 닙바나(열반)를 성취하신 분이 붓다입니다. '깨어난 자'가 붓다란 말은 윤회의 긴 밤에서 스스로 최초로 깨어나 닙바나를 성취하셨다는 의미입니다. 이렇게 '아는 자'와 '깨어난 자'를 '붓다'라고 정의할 때 우리도 사성제를 알고 윤회에서 깨어난다면 붓다가 될 수 있다는 의미를 담고 있습니다. 이것이 '붓다'라는 단어의 아주 중요한 의미입니다.

붓다를 아는 자라고 할 때 그것은 지혜를 상징합니다. 다른 종교를 공부해 보면 신은 지혜를 말하지 않습니다. 어느 때는 자애롭지도 않고 무섭기까지 합니다. 신은 아상이 꽉 차서 화를 내고 살생을 하기도 합니다. 그러나 붓다께는 지혜와 자비만 있습니다. 붓다란 지혜로 사성제를 깨달아 윤회의 고통에서 벗어났다는 뜻인데, 우리도 사성제를 아는 지혜를 가질 수 있다는 점에서 의미가 아주 깊습니다. 붓다의 가르침은 우리에게 매우 희망적인 메시지를 보내고 있습니다. 붓다는 신과 비교할 수 없습니다. 다른 종교를 비판하는 것이 아니고 이렇게 비교해야 우리가 잘 이해할 수 있기 때문입니다.

붓다는 사성제를 아는 자라고 할 때 사성제란 무엇인가요? 무엇보다 중요한 점은 고통을 알고 고통의 원인을 아는 것입니다. 우리는 고통과 고통의 원인을 제대로 모릅니다. 우리는 모두 행복해지려고 하지만 행복의 정의가 무엇인지도 제대로 모릅니다. '행복은 고통의 반대이다. 고통이 있으면 행복이 없다.'라고 단순하게 말할 수도 있지만 고통과 고통의 원인을 제대로 모르고는 절대로 행복할 수 없습니다. 그래서 사성제를 안다는 것은 아주 대단한 지혜입니다.

모든 중생들이 한결같이 바라는 것이 행복입니다. 행복이란 일단 고통이 조금도 없어야 합니다. 그런데 고통이 무엇인지 모르는 사람이 설사 행복을 찾았다 해도 그것은 고통의 다른 모습일 뿐입니다. 우리는 고통이 다른 얼굴로 다가오면 고통인 줄 모르고 행복으로 착각합니다. 진정한 행복이 무엇인지를 잘 모릅니다. 이런 까닭에 부처님께서 고통을 알았다는 것은 대단한 사실입니다.

일반 사람들은 부처님이 고통을 알았다고 하면 별로 대단하다고 생각하지 않을 수도 있습니다. '나도 고통을 아는데?'라고 하지요? 그런데 내가 아는 고통은 아이도 알고 개도 아는 고통입니다. 개도 머리를 한 번 맞으면 다음에는 손만 들어도 도망갑니다. 부처님이 아는 고통은 단지 그런 차원의 의미가 아닙니다.

고통에는 세 가지 형태가 있습니다.

첫째는 둑카둑카(dukkhadukkha, 고고성苦苦性)로 불만족, 통증, 몸의 고통, 마음의 괴로움입니다. 이것은 누구나 아는 고통입니다.

둘째는 위빠리나마둑카(viparināmadukkha, 괴고성壞苦性)로 변화에서 오는 고통입니다. 행복도 변합니다. 산해진미도 처음에는 맛있지만 배가 부르면 쳐다보기도 싫어집니다. 이것은 약간의 지혜가 있는 사람들이 알 수 있는 고통입니다.

셋째는 상카라둑카(saṅkhāradukkha, 행고성行苦性)로 조건 지어진 모든 것이 고통이라는 말입니다. 오온으로 구성된 존재 자체가 고통입니다. 이것은 일반 사람들이 잘 모르는, 지혜가 수승한 사람들만 아는 고통입니다. 부처님께서 아는 고통이 행고성입니다. 이것은 고통을 최상의 의미로 말하는 것입니다.

모든 중생들이 찾고 있는 행복에 고통이 조금이라도 섞여 있으면 행복이 아닙니다. 그래서 진정한 행복을 가지려면 먼저 고통을 알아야 합니다. 부처님께서는 태어남이 고통이라고 알았습니다. 태어났기 때문에 늙고 병들고 죽어야 하는 고통이 있습니다. 태어남이란 무엇이 태어나는 것입니까? 오온입니다. 정신과 물질입니다. 그래서 내가 곧 고통 덩어리라는 말입니다. 부처님께서 고통을 안다는 의미가 그것입니다.

그런데 고통을 아는 사람들은 많지만 고통의 원인을 아는 사람들은 별로 없습니다. 부처님께서는 고통이 어디서 오는지를 확실하게 알았습니다. 고통의 원인은 갈애이고 그것이 집성제입니다. 또 고통을 알고 고통의 원인을 안다고 하는 분들이 종종 있지만 그러나 그들은 고통의 완전한 소멸을 모릅니다. 고통의 완전한 소멸이야말로 진정한 행복이고 그것이 곧 멸성제(닙바나)입니다. 부처님께서는 그것도 깨달아 알았습니다.

이렇게 고통을 알고 고통의 원인을 알고, 행복을 알고, 행복의 원인을 안다면 우리가 인간으로 태어나 이 세상에 온 목표를 달성했다고 할 수 있습니다. 모든 사람들이 행복을 찾아서 헤매고 다니지만 행복의 정의를 모르기에 백년 인생을 허비하고 있습니다. 붓다께서는 완전한 행복을 찾아내셨습니다. 붓다께서는 고통(고성제)과 고통의 원인(집성제)을 알고 완전한 행복(멸성제)과 행복에 이르는 길(도성제)을 알았습니다. 그것이 바로 사성제입니다.

'고집멸도'라는 사성제를 아는 분이 붓다라고 할 때 말은 간단하지만, 그 의미를 숙고해 보면 정말 대단한 말입니다. 모든 중생들이 행복할 수 있는 길이 오로지 이 사성제를 아는 것뿐이기 때문에 붓다께서는 국적과 시대와 종교를 초월하여 조금도 차별하지 않고 모두에게 사성제를 확실하게 가르쳐 주셨습니다. 그 가르침이 모든 중생들의 고통이라는 문제의 해결책을 말하고 있기 때문에 붓다의 출현이 위대한 탄생이 되는 것입니다.

우리는 죽지 않고 영원히 살고 싶어 합니다. 그래서 그 방법을 찾다가 결국에는 신을 만들었습니다. 그리고 신은 죽지 않는 영원한 생명을 주겠다고 약속합니다. 그러나 영원한 삶 자체가 진실이 아닙니다. 만일 그런 신이 존재한다면 그 신은 태어난 것은 반드시 죽는다는 법칙에 따라 이미 죽었을 겁니다. 우리가 찾는 행복은 오직 사성제 안에 있습니다. 그 사성제를 찾아내 주신 분이 붓다이기 때문에 사성제를 아는 분이 붓다라는 정의가 성립하는 것입니다.

'안다'의 반대는 무지, 무명, 어리석음입니다. '지혜와 어리석음'은 '밝음과 어둠'에 비유할 수 있습니다. 밝음이 있으면 어둠이 없고 어둠이 있으면 밝음이 없듯이, 지혜가 있으면 어리석음이 없고 어리석음이 있으면 지혜가 없습니다. 이와 같이 붓다에게 밝음이라는 지혜가 생기니 어리석음이라는 어둠이 사라졌습니다. 여기서 깨어난 자가 붓다라는 정의가 나옵니다.

붓다께서는 어두운 밤뿐인 기나긴 윤회에서 최초로 깨어나신 분입니다. 지혜의 밝은 빛이 드디어 나타난 것입니다. 우리가 깨닫지 못하면 설령 깨어 있어도 자는 것과 같습니다. 그래서 밤낮으로 잠만 자는 것이지요. 서서도 자고 앉아서도 자고, 밥 먹으면서도 자고 말하면서도 자고, 욕심을 부리고 화를 내면서도 자고 있는 것뿐입니다. 깨어 있다고 말해도 어리석음을 버리지 못한 이상 항상 자고 있는 것입니다. 이런 윤회의 어둠 속에서 최초로 깨어난 분이 붓다라는 말입니다. 그것도 누가 깨워준 것이 아니고 스스로 수행하면서, 스스로 빠라미를 하면서, 올바르게 깨어난 것입니다. 그것이 바로 '삼마(올바르게), 삼(스스로 스승 없이), 붓도(깨달은 분)'라는 부처님의 공덕 하나입니다.

붓다라는 단어 하나만 분석해도 다른 종교의 신과는 의미가 완전히 다릅니다. 절대자로서의 신은 존재하지 않으면서 다 해 주겠다고 하지만 붓다는 탄생부터 죽음에 이르기까지 역사가 기록되어 있고 그 동안 가르친 법도 남아 있습니다. 그러나 신은 이력이 없습니다. 실체는 없고 다른 사람으로부터 들은 말뿐이지요? 신은 말로 시작해서 말로 끝나지만 붓다는 일로 시작해서 일로 끝납니다. 우리도 그 일을 똑같이 할 수 있습니다. 그래서 붓다는 우리의 모범이고 우리의 희망입니다.

그리고 붓다는 당신처럼 깨달을 수 있다고 우리를 동등하게 대접하는 분입니다. 붓다는 스스로 번뇌를 다 버리고 붓다가 되시고 우리들에게도 번뇌를 버릴 수 있는 방법을 가르쳐 주십니다. 붓다는 인간의 가치를 인정하고 스스로 할 수 있음을 몸소 보여 주십니다. 붓다에게는 은밀하게 감추는 비밀이 없습니다. 누구에게나 언제 어디서나 공평하게 드러내 보여 주십니다. 이런 위대한 붓다가 되기 위해 걸어온 길이 있는데 그것이 빠라미입니다.

세간에서도 노력 없이 성공한다는 것은 있을 수 없는 일이듯, 붓다도 하루아침에 되는 일이 아닙니다. 아무것도 하는 일 없이 그냥 깨달을 수는 없습니다. 붓다가 되시는 것은 원인에 따른 결과입니다. 붓다는 해야 하는 일을 다 알고 빠짐없이 실천하였고 깨달아야 하는 것을 다 깨달았습니다. 그리고 그 깨달음도 검증이 되었습니다. 붓다는 그렇게 본인이 걸어온 빠라미의 이력을 보여 주시면서 우리에게도 그렇게 하면 된다고 가르쳐 주십니다.

우리는 부처님의 가치를 논리적으로, 합리적으로 따질 수 있어야 합니다. 그래서 우리의 모범이고 희망인, 인간 중심의 가르침을 펴는 분이 붓다임을 잘 이해해야 합니다. 신 중심 가르침에는 모든 것이 신에게 달려 있는데, 사실은 깨닫고자 한다면 인간이 중심이 되어 스스로 해야 하는 일을 다 해야 합니다. 우리에서 시작하고 우리에서 끝내야 합니다. 모든 것이 우리에게 달려 있습니다.

붓다께서는 '앗따 히 앗따노 나토(attā hi attano nātho, 내가 나의 의지처).[1]'라고 말씀하셨습니다. 여기서 앗따는 자아(自我, 유아견)를

1 attā hi attano nātho ; 앗따(내가) 히(정말로, 확실히) 앗따노(나의) 나토(의지처, 피난처) ; 내가 나의 확실한 의지처.(법구경 160)

말하는 것이 아닙니다. 자기 자신이 문제의 핵심이고 문제를 해결해야 하는 사람도 자기 자신이라는 말입니다. 그리고 붓다께서는 스스로 해결할 수 있다고 가르칩니다. 붓다께서 하시는 방법이 따로 있고 우리가 해야 하는 방법이 따로 있다고 하지 않으시고, 붓다께서는 "내가 한 대로 따라하면 된다."라고 있는 그대로 누구에게나 다 보여 주십니다. 할 수 있는 모든 방법을 분명히 가르치셨기 때문에 부처님께서는 은밀하게 감추어 두는 비밀이 전혀 없다고 하는 것입니다.

우리는 붓다를 신처럼 모시는 것보다 붓다의 정의와 의미를 분명히 아는 지혜로운 불자가 되어야 합니다. 지혜로운 불자는 불법의 이치를 정확하게 알고 바르게 실천하는 사람입니다. 지혜로운 불자가 되어 삼보의 정의를 정확하게 알고 그런 정의를 변질시키지 않도록 노력해야 합니다.

붓다의 정의가 틀리면 불법과 승가의 정의도 틀려집니다. 그러면 승가를 본받아 따라가는 우리도 잘못되게 됩니다. 그러나 붓다의 정의를 '사성제를 아는 분'이라고 분명하게 말할 때, 그 사성제가 법이 되고 사성제를 깨닫는 사람들이 승가가 되어, 그것은 천년만년이 지나도 흔들리지 않게 됩니다. 그리고 그것은 수행자들을 정도(正道)로 이끌어 갈 것입니다. 그래서 사성제를 우주적 진리(universal truth)라고 하는 것입니다. 사성제는 종교, 인종, 국가, 시대를 초월하여 모두에게 언제 어디서나 적용되는 범우주적인 진리입니다.

2) 네 종류의 붓다

붓다를 사성제를 아는 분으로 정의할 때 네 종류의 붓다가 있습니다. 삽반뉴따 붓다, 빳쩨까 붓다, 사와까 붓다, 수따 붓다. 이렇게 네 분 모두가 사성제를 알지만 깨달음의 상태는 서로 다릅니다.

먼저 수따 붓다는 아직 깨닫지는 못하였지만 이론적으로 사성제가 무엇인지 아는 분입니다. 수따(suta)는 들음, 배움, 지식이라는 뜻입니다. 그래서 수따 붓다는 최상의 의미로는 아직 깨닫지 못한 삼장법사를 말하고, 최하의 의미로는 사성제라는 단어의 뜻 정도만이라도 배워 알고 있는 일반 불자들을 말합니다.

사와까(sāvaka, 제자) 붓다는 삽반뉴따 붓다의 제자로 사성제를 배우고 따라 실천하여 깨달음을 얻어 아라한이 된 제자입니다. 붓다께서 살아 계실 때 오비구를 비롯한 사리불·목련 존자 등 수많은 아라한 제자들이 있었습니다. 그리고 붓다 사후부터 지금까지 아라한으로 깨달은 분들도 모두 사와까 붓다에 포함됩니다.

붓다의 제자들 중에서 지혜 제일인 사리불은 먼저 앗사지 스님을 만나 수다원이 되었고, 그 다음 붓다를 만나 사다함·아나함·아라한이 됩니다. 그래서 사리불은 항상 은혜로운 스승 앗사지 스님을 생각하며 그분이 계신 곳을 향하여 머리를 두고 잤다고 합니다. 이렇게 스승을 통해서 깨달은 분들을 사와까 붓다라고 합니다. 석가모니 붓다의 가르침이 아직 남아 있기 때문에 요즘 시대에 진짜 깨달았다면 모두 석가모니 붓다의 제자가 됩니다.

빳쩨까 붓다는 벽지불입니다. 빳쩨까(pacceka)는 따로따로, 영어로 separately란 말인데, 삽반뉴따 붓다와 그분의 가르침이 모두 없어진 후, 혼자 따로 나오셔서 스스로 사성제를 알고 깨달으신 분입니다. 그러나 벽지불은 삽반뉴따 냐나(모든 것을 아는 지혜)가 없고 삽반뉴따 붓다만큼의 큰 빠라미 공덕이 없기 때문에 제자들이 많이 없습니다. 그리고 빳쩨까 붓다는 동시에 여러 분이 있을 수 있습니다.

삽반뉴따 붓다는 삽반뉴따 냐나(Sabbaññutā ñāṇa)를 갖춘, 스스로 깨달으신, 최초의 아라한이신, 대자대비를 가진 최고의 대(大) 붓다이십니다. 대 붓다는 아주 오랫동안 엄청난 양으로 빠라미를 해 오셨기 때문에 그 동안 인연 지어진 중생들이 많아서 제자들이 엄청나게 많습니다. 그리고 한 시대에 딱 한 분뿐입니다. 한 분의 붓다 가르침이 남아 있는 동안에는 다른 부처님이 나올 수가 없습니다. 아직은 석가모니 붓다의 가르침이 남아 있기 때문에 지금은 석가모니 부처님 시대입니다.

다시 정리해 보겠습니다. 삽반뉴따 붓다는 모든 중생들 가운데서 제일 먼저 사성제를 스스로 바르게 깨닫고, 그때 바로 삽반뉴따 냐나를 가지게 되는 최초의 아라한이고, 빳쩨까 붓다는 스스로 사성제를 깨닫지만 최초도 아니고 삽반뉴따 냐나도 없는 아라한이고, 사와까 붓다는 스승의 도움으로 사성제를 깨닫는 제자 아라한입니다. 물론 삽반뉴따 냐나도 없습니다. 그리고 마지막 수따 붓다는 사성제를 이론적으로만 알고 있는 분입니다.

3) 삽반뉴따 냐나

대붓다만이 가지는 삽반뉴따 냐나(Sabbaññutā ñāṇa)는 무엇인가요? 모든 것을 아는 지혜라고 할 때 그것은 세간의 지혜뿐만 아니라 그 무엇보다도 출세간의 지혜에 더 큰 무게를 두고 말합니다.

첫째, 사성제를 비롯하여 알아야 할 모든 법을 아는 지혜입니다. 모든 법이란 사성제, 칸다(오온), 맛쭈(죽음), 아비상카라(신통지), 다섯 가지 니야마(법칙)[2] 등을 말합니다. 간단하게 핵심을 말하면 번뇌를 알고 번뇌로 인해서 생기는 고통을 알고, 고통의 원인을 알고, 고통에서 벗어나는 길을 알고, 고통의 완전한 소멸을 안다는 것입니다.

둘째, 자신이 아는 법을 남에게 가르치는 방법을 완벽하게 아는 지혜입니다. 아는 기술이 따로 있고 가르치는 기술이 따로 있습니다. 어떤 사람은 공부를 잘하지만 가르치는 방법을 잘 몰라 자신의 앎을 남에게 전달하지 못합니다. 그러나 붓다께서는 알아야 할 법도 다 알지만 그 법을 가르치는 방법도 다 알기 때문에 아주 능숙하게 가르칩니다.

셋째, 가르쳐야 하는 제자의 성격·성향, 현생의 배경, 전생 등 모든 것을 다 아는 지혜입니다. 그래서 제자의 특성에 따라 언제 무엇으로 어떻게 가르쳐야 하는지를 알고 적절하게 잘 가르칩니

2 다섯 가지 니야마(niyāma, 고정된 법칙성): ① 우뚜(utu, 기후) 니야마 ② 비자(bīja, 씨앗·종자) 니야마 ③ 깜마(kamma, 업) 니야마 ④ 찟따(citta, 마음) 니야마 ⑤ 담마(dhamma, 법) 니야마.

다. 이에 대한 예화가 있습니다. 사리불이 한 젊은 비구를 가르치는데 젊기 때문에 욕망이 많을 것으로 짐작하고 그 욕망을 억누르고 깨달음을 얻도록 하기 위해 시체를 관찰하는 수행법을 가르쳤습니다. 그런데 삼 개월이 지나도 아무런 진전이 없었습니다. 그래서 붓다에게 그 제자를 보냈는데 붓다께서는 하루 만에 아라한으로 깨닫게 하셨습니다.

젊은 비구는 오백 전생을 금세공업자로 살았기 때문에 시체처럼 더러운 것을 보고 수행할 수가 없었던 것입니다. 붓다께서 그것을 아시고 탁발 가기 전에 신통지로 금색 연꽃을 만들어 그것을 관찰하게 하셨습니다. 비구는 그 연꽃을 보고 너무 좋아 삐띠(희열)가 생겨 집중이 잘 되었습니다. 붓다께서는 탁발 중에 신통지로 그 연꽃을 시들게 만드셨는데, 비구는 검게 시들어 가는 연꽃을 보고 무상을 알았습니다. 그리고 바로 자신의 몸과 마음에서 무상·고·무아를 통찰하면서 아라한으로 깨닫게 되었다는 이야기입니다.

이런 세 가지 지혜를 '삽반(모든 법을) 뉴따(알고 있는) 냐나(지혜)'라고 합니다. 붓다에게 이런 세 가지 지혜가 있었기 때문에 이 세상에서 최고의 스승이 되는 것입니다.

4) 붓다의 가르침이 사라지는 다섯 단계

여기서 잠시 『앙굿다라니까야 앗타까따』에 나오는 붓다의 가르침이 사라지는 다섯 단계를 말씀드리겠습니다.

붓다의 가르침이 사라질 때 첫 번째로 사라지는 것이 빠띠웨다 사사나(paṭivedha sāsana, 깨달음의 사사나)입니다.

수다원 한 분만 계셔도 빠띠웨다 사사나가 존재하는데 인간, 천신, 범천을 포함하는 이 세상에 깨달은 분(수다원·사다함·아나함·아라한)이 한 분도 남아 있지 않는 것입니다. 아라한부터 먼저 사라져서 끝으로는 수다원까지 모두 사라집니다.

두 번째로 사라지는 것이 빠띠빳띠 사사나(paṭipatti sāsana, 계·정·혜 실천 수행의 사사나)입니다. 이때는 깨달은 분도 전혀 없지만 깨닫기 위해 실천 수행하고 있는 분도 사라집니다. 빠띠빳띠의 마지막은 부처님의 율장대로 살고 있는 비구·비구니입니다. 비구·비구니의 삶 자체가 빠띠빳띠의 삶입니다. 부처님께서 계·정·혜로 비구·비구니의 삶을 만들어 놓았습니다. 비구·비구니의 삶은 일반 재가자들과 다릅니다. 그래서 계·정·혜로 제대로 훈련하고 있는 비구·비구니가 있다면 빠띠빳띠 사사나가 있다고 볼 수 있습니다. 그러나 깨달은 분도 없고 깨닫기 위해서 계·정·혜를 제대로 실천 수행하는 비구·비구니 승가가 완전히 사라지는 것이 빠띠빳띠 사사나의 사라짐입니다. 그래서 빠띠빳띠의 마지막은 계율을 말합니다. 계율이 깨지면 정과 혜도 무너집니다.

세 번째로 사라지는 것이 빠리얏띠 사사나(pariyatti sāsana, 교학의 사사나)입니다. 제대로 된 승가도 없고, 바른 계율을 제대로 지키지 못하는 스님만 남아 스님의 모습만 지닌 채, 계·정·혜를 실천하지 않고 교리 공부만 하고 있는데, 그 교학마저도 사라집니다. 이때 붓다의 가르침이 문자로 기록된 것이 남아 있지만 아무도 그 뜻을 모릅니다.

네 번째로 사라지는 것이 링가 사사나(liṅga sāsana, 출가자 모습의 사사나)입니다. 즉 스님들이 평복으로 입는 가사가 점점 사라지는데, 어쩌다 입게 되면 행사 때만 입습니다. 마침내 가사가 더욱 작아져 귀걸이로 만들어 가사를 귀에 걸고 다닙니다. 삭발도 하지 않고 결혼도 합니다. 이렇게 시간이 갈수록 스님의 모습 자체까지 사라집니다.

다섯 번째로 사라지는 것이 사리라 사사나(sarīra sāsana, 사리의 사사나)입니다. 이 세상에 있는 붓다의 모든 사리가 붓다께서 처음 깨달은 장소인 보리수나무 밑에 모여 완전히 사라집니다. 붓다께서 이 세상에 사리를 남겨 두는 이유가 이 세상에 붓다가 오셨다는 증거를 사람들에게 보여 주고 그들로 하여금 신심을 일으키고 공부하고 수행하게 하기 위함인데, 이때는 더 이상 필요가 없기 때문에 사라집니다. 그리하여 붓다의 가르침은 이 세상에서 완전히 사라집니다. 그것을 사리라다뚜 빠리닙바나(사리의 열반)라고 합니다. 암흑의 시대가 오는 것이지요. 이때 스승 없이 혼자 깨어 스스로 사성제를 깨달으면 벽지불이 되는 것입니다.

붓다의 빠리닙바나(완전한 소멸, 열반)에 세 가지가 있지요? 29세에 출가하여 35세에 보리수나무 밑에서 모든 번뇌를 버리고 깨달을 때를 낄레사 빠리닙바나(번뇌의 완전한 소멸)라고 하고, 80세에 열반하실 때를 칸다 빠리닙바나(오온의 완전한 소멸)라고 하고, 불법이 완전히 사라져 세상에 흩어져 있던 붓다의 사리들이 보리수나무 밑으로 모여 모두 사라질 때를 사리라다뚜 빠리닙바나(사리의 완전한 소멸)라고 합니다.

5) 삼반뉴따 붓다의 네 가지 필수 요건

삼반뉴따 붓다가 될 수 있는 네 가지 필수 요건이 있습니다. 적어도 이 네 가지 자격을 갖추어야 삼반뉴따 붓다라고 할 수 있습니다.

첫째, 완벽한 외모(mahāpurisa lakkhanā, 마하뿌리사 락카나)입니다. 마하(큰, 위대한), 뿌리사(남자, 사람), 마하뿌리사(귀인), 락카나(특징, 외모, 모습). 붓다는 32가지 큰 상과 80가지 작은 상을 가진 최고의 인상을 갖추신 분이십니다. 이것은 원인과 결과를 말합니다. 붓다가 되기 위해서 선업을 엄청나게 많이 하셨고 그 선업의 공덕들이 붓다가 되는 마지막 생에 모두 다 나타나는 것입니다. 그래서 눈으로 보는 외모에도 부족함이 하나도 없는, 이 세상에서 유일하게 완벽한 외모를 가지게 됩니다. 그래서 태자가 태어날 때 사주 보는 사람들이 전륜성왕 아니면 붓다가 되리라고 예언을 하게 되는 것입니다. 여기서 32가지 큰 상과 80가지 작은 상 하나하나에는 빠라미의 원인이 각각 있습니다. 우리도 빠라미를 열심히 하면 32가지 큰 상과 80가지 작은 상을 모두 가지지는 못하겠지만 한두 가지씩 가질 수도 있습니다.

둘째, 빠라미 공덕이 완벽합니다. 붓다는 무수한 겁 동안 해 왔던 빠라미 공덕의 힘이 넘치시는 분입니다. 모든 중생들이 행한 빠라미를 합쳐도 붓다 한 분의 빠라미 공덕에 미치지 못합니다.

셋째, 스승 없이 스스로 바르게 깨달아 최고의 아라한의 도 지혜(Arahatta magga)를 갖춤으로써 모든 번뇌에서 벗어나신 최초의 아라한입니다.

붓다께서는 스승 없이 스스로 바르게 깨달을 수 있을 정도로 과거에 아주 많이 닦았습니다. 어떤 아이가 배우지도 않고 수학 박사처럼 안다고 하면 전생의 기억을 잊지 않은 것으로 이해할 수 있습니다. 붓다께서는 사성제를 깨닫기 위해서 무수한 겁을 배우고 수행하고 가르치며 살아 왔기 때문에 싯닷타 태자로 태어나 깨닫게 되는 것인데, 그것은 신기한 일이 아니고 당연한 일입니다. 모두 원인과 결과입니다.

사실 붓다가 되는 때보다 빠라미를 하면서 지나온 그 기간과 양이 더 대단합니다. 이렇게 빠라미를 해 온 이력이 없으면 절대로 깨달을 수 없습니다. 그래서 곰곰이 생각해 보면 결과보다 원인이 더 대단함을 알 수 있습니다. 붓다라는 결과를 위해 빠라미라는 원인을 얼마나 많이 해 왔는지, 그 빠라미 공덕의 힘을 말하고 싶은 것입니다. 그것은 다른 사람들이 가지지 못하는 것입니다. 유일무이한 외모나 삼마삼붓다의 공덕도 다 여기서 나옵니다. 하나도 공짜가 없습니다.

대승불교에서 흔히 말하는 '모두가 부처'라는 말은 조심해야 하는 말입니다. 아무나 붓다가 되지 못합니다. 인간 중심의 가르침이라고 보고 격려하는 말은 되겠지만, 너무 쉽게 모두가 붓다라고 말하면 붓다가 되기 위해서 해 온 엄청난 노력을 무시하면서 붓다의 가치를 깎아내리는 말이 될 수 있습니다. 그렇다고 붓다를 신격화하라는 것은 아닙니다. 논리적으로 합리적으로 따져보고 마땅한 신심을 가지고 좋은 의도로 말하는 것이 필요하다는 말입니다.

또 하나 대승불교에서는 아라한에 대한 잘못된 개념을 가지고 있는데, 아라한을 무시하고 비판하는 말을 하면서 모두 붓다가 되어야 한다고 합니다. 목표를 높게 가지는 것은 좋지만 아라한을 무시하면 깨달을 수 없습니다. 그것은 깨달음의 길에서 걸림돌이 되는 업 중의 하나입니다. 붓다의 가르침에 나옵니다. 아라한뿐만 아니라 아나함, 사다함, 수다원 등 모든 깨달은 분을 무시하고 막말을 하다 보면 그것이 업이 되어 자신의 깨달음에 장애가 됩니다. 예화가 있습니다.

어떤 노스님이 탁발하다가 신도가 주는 죽을 받아서 그 자리에서 앉아 드셨습니다. 뒤에 있던 젊은 스님이 그 모습을 보고 매우 부끄러워하였습니다. 거지처럼 죽을 먹는다고, 스님으로 예의가 없고 스님의 품격을 떨어뜨린다고 생각하며 마음속으로 노스님을 욕하였습니다. 노스님은 아라한이며 신통지가 있었는데, 젊은 스님의 마음을 읽고는 가만히 있다가 젊은 스님이 탁발 끝내는 것을 보고 다가와서 물었습니다.

"스님! 부처님 가르침에서 의지처를 가졌습니까?"

이 말은 수다원이 되었는지를 물어보는 것입니다.

"아직 안 되었습니다."

"그러면 수행해도 소용없겠다."

수행해도 소용없다는 말은 수행해도 깨닫지 못한다는 말입니다. 그 말을 들은 젊은 스님은 깜짝 놀라 그 자리에서 무릎을 꿇고 삼배를 올리며 사죄하였습니다.

"스님! 제가 잘못했습니다."

젊은 스님도 눈치가 빨랐습니다. 아침에 자기가 늙은 스님을 욕했던 것을 상기하고, 또 늙은 스님의 경지를 알고 즉시 참회하는 것입니다. 늙은 스님은 위장이 안 좋아 배가 고프면 트림이 심하게 올라오기 때문에 따뜻한 것을 빨리 먹어 위열을 내려야 한다고 말해 주었습니다.

이렇게 깨달은 자를 욕하면 수행해도 깨달을 수 없습니다. 알지 못하면서 아라한을 무시하면 수행에 큰 장애를 가져오기 때문에 말조심해야 합니다. 아라한을 무시하면 붓다를 무시하는 것과 똑같다고 알아야 합니다.

붓다도 아라한입니다. 아라한이라고 따로 있는 것이 아닙니다. 아라한이란 '아라(적)'와 '아하(죽인다)'의 합성어입니다. 아라한은 번뇌라는 적을 모두 죽인 분입니다. 아라한이 살생하는 분이라는 의미가 아니고 적 중에서 제일 무서운 적이 탐·진·치라는 번뇌인데, 그 번뇌를 다 죽였다는 말입니다. 우리가 일반적으로 생각하는 적은 내가 미워하는, 나의 이익을 해치고 나를 싫어하는 상대방이라고 알고 있는데, 그런 적은 나를 미워해도 한계가 있습니다. 한 생뿐입니다. 그러나 번뇌는 수백 수천 생, 아니 무수한 생 동안 나를 죽일 수 있습니다.

우리는 번뇌 때문에 계속 태어나고 죽습니다. 번뇌는 너무 잔인합니다. 번뇌가 나를 지옥으로 떨어지게 합니다. 내가 가진 탐·진·치가 나를 지옥으로 가게 합니다. 우리는 상대에게 번뇌를 가지고 말하고 행동하고는 자신이 이겼다고 착각하는데 사실은 지는 것입니다. 번뇌의 결과를 자신이 받아야 하기 때문에 자신만 고통스럽습니다. 그래서 말 한 마디, 행동 하나, 마음 한 생각을 조심하고 또 조심하며 사띠하라는 말이 그 뜻입니다. 이렇게 지독한 번뇌를 모두 죽인 분이 아라한이고, 붓다도 그런 아라한 중의 한 분이라는 말입니다. 그러나 붓다는 최초의, 최고의, 스승 없는 아라한입니다.

넷째, 모든 것을 다 아는 지혜인 삽반뉴따 냐나를 가져야 합니다. 붓다께서는 아라한의 지혜로 깨닫자마자 모든 것을 아는 지혜인 삽반뉴따 냐나가 같이 생겨 최고의 아라하따 막가(아라한 도 지혜)를 가지게 됩니다. 사리불도 아라한이고 오비구도 아라한이지만, 그분들에게 아라한의 지혜가 일어날 때 이런 모든 것을 다 아는 지혜는 없습니다. 그러나 붓다에게 아라한의 도 지혜가 일어날 때, 삽반뉴따 냐나가 같이 일어나기 때문에 '아눗따라삼마삼보디'라고 합니다. 아눗따라(위없는 최고의), 삼마(스스로), 삼(올바르게), 보디(깨달음의 지혜). 보디가 깨달음이기 때문에 붓다께서 앉았던 나무를 보리수나무라고 합니다. 보리수나무가 따로 있는 것이 아니고 붓다께서 그 나무 밑에서 깨달음을 얻었기 때문에 보리수나무라고 할 뿐, 나무의 종류는 밤나무도 될 수 있고 망고나무도 될 수 있습니다.

이와 같은 네 가지 조건을 완벽하게 갖추어야 삽반뉴따 붓다가 될 수 있음을 이해한다면 '붓다의 공덕'을 새기며 아는 것이 얼마나 큰 기쁨인지 체득할 수 있을 것입니다.

6) 붓다 출현의 의의

붓다는 모든 것을 아시는 분으로 정의를 내렸습니다. 모든 것을 안다는 말은 지혜의 표현입니다. 안다고 할 때 틀리게 아는 사람이 있고 올바르게 아는 사람이 있습니다. 또 틀린 것을 옳다고 거꾸로 아는 사람이 있고 옳은 것을 틀렸다고 거꾸로 아는 사람도 있습니다. 붓다는 바른 것을 올바르게 스스로 아는 분인데 그것을 삼마삼붓다라고 합니다. 올바르게(삼마), 스스로(삼), 아는 분(붓다). 삼마삼붓다는 누가 가르쳐서가 아니고 누구한테 배워서가 아니라 스스로 노력하여 깨달았다는 말입니다. 붓다께서 깨달을 때는 신이 필요 없고 창조자도 필요 없고, 도와주는 사람이 필요 없습니다. 이렇게 붓다께서는 스스로 법을 깨달았다는 것을 이해해야 합니다.

모든 것을 아는 지혜가 없다면 붓다라고 할 수 없습니다. 싯닷타 태자는 우리와 똑같은 인간이었지만 이 세상에서 최고의 위없는 분이 되는 이유가 지혜 때문입니다. 모든 것을 아는 완성된 지혜가 있어서 이 세상에서 최고로 거룩하고 고귀한 분이 되는 것입니다. 그런 붓다의 지혜를 삽반뉴따 냐나(모든 것을 아는 지혜)라고 합니다.

그러면 이런 지혜는 무엇을 알고 있을까요?

① 원인과 결과, ② 옳은 것과, 그른 것, ③ 선과 악, ④ 좋은 것과 나쁜 것 이 네 가지로 압축해 볼 수 있습니다. 즉 생각과 말과 행동에서 이것이 옳고 저것은 옳지 않다, 이것은 선이고 저것은 악이다, 이런 결과가 왜 나타나는지, 또 이 원인으로 인해서 어떤 결과가 나올지를 확실하게 압니다. 결과 하나에 원인이 백 가지 있으면 그 백 가지를 다 알고, 천 가지가 있으면 그 천 가지를 다 알고, 만 가지가 있으면 그 만 가지를 다 압니다. 그때 원인들이

어떻게 서로서로 조합이 되고, 어떻게 상호작용해서, 어떻게 결과물을 만들어 내는지 확실하게 아는 것입니다. 그것이 붓다의 지혜입니다.

그러나 붓다께서는 모든 것을 안다고 해도 아는 것을 다 말하지는 않습니다. 아는 것을 다 말하자면 45년(깨닫고 난 뒤 설법하시는 기간)이 너무 짧습니다. 붓다께서 알고 계시는 것은 우리에게 가르치는 것보다 천 배 만 배 수억 배 더 많이 있지만, 우리가 이해할 수 있는 범위를 벗어나거나 우리에게 유익함이 없는 것은 이야기하지 않으셨습니다. 이번 생에 우리가 꼭 알아야 하는 급하고 중요한 것만 이야기하셨습니다. 그리고 다음 생에 유익하거나 모든 생을 초월하는 출세간의 이야기를 하셨습니다. 그것만 해도 45년이라는 세월이 모자랍니다. 그래서 붓다께서는 모르는 것 없이 다 아시지만 우리에게 꼭 필요한 것만 말씀하신다고 이해해야 합니다.

붓다께서 모든 것을 아시는 분이라고 할 때 그렇게 아는 것이 왜 대단할까요? 붓다께서 모든 것을 아신다 해도 그것은 나와 상관이 없다고 생각할 수도 있습니다. 그러나 그분이 아는 것은 온 세상 모든 중생들이 필요로 하는 것입니다. 온 세상이 찾고 원하는 것을 그분이 알게 되었기 때문에 그분을 대단하다고 하는 것입니다. 붓다를 믿고 안 믿고는 어디까지나 그 사람의 자유이고 그 사람의 지혜 수준이지만, 붓다께서는 모두를 위해서 모든 것을 다 아는 분이 되셨습니다. 예를 들면 아침에 해가 떴습니다. 해가 '한국 사람만을 위해서' 혹은 '미얀마 사람만을 위해서'라고 하는 것은 없습니다. 해가 뜨면 해는 그냥 온 세상을 비춥니다. 어떤 사람은 햇빛이 싫다고 눈을 감을 수도 있고, 지하실로 들어갈 수도 있겠지만 그렇게 해도 해는 전혀 상관하지 않고 매일 뜨고 집니다. 여러분들도 붓다를 그렇게 이해하시면 됩니다. 붓다께서는 해가 뜨는 것과 같이 온 세상의 모든 존재들의 행복과 이익을 위해서 이 세상에 오셨다고 알아야 합니다.

모든 중생들은 고통을 싫어하고 고통에서 벗어나고 싶어 합니다. 붓다께서 알게 된 것이 바로 그 고통입니다. 그런데 단지 고통을 안다고 해서 대단하다고 말하고 싶지는 않습니다. 모든 중생들도 고통을 알고 고통에서 벗어나려고 노력합니다. 그런데 붓다가 고통을 아는 수준과 우리가 고통을 아는 수준이 다릅니다. 또한 붓다께서는 고통을 일으키는 원인들을 확실하게 알고 계십니다. 거기서부터 엄청난 차이가 나지요.

깨달은 자도 아니고 깨달은 자의 제자도 아니기 때문에 사성제를 모를 수밖에 없는 중생들은 고통을 겪고 있지만 그 고통의 원인을 모릅니다. 왜 고통이 나에게 오는지 알지 못합니다. 예를 들면 개에게 돌을 던지면 개는 돌을 던진 사람을 잡지 않고 돌을 잡으러 뛰어갑니다. 돌에게 화를 내지요. 그러나 사자에게 돌을 던지면 사자는 돌을 던진 사람에게 덤벼듭니다. 그와 같이 고통을 알지만 고통의 원인을 모르는 사람은 개처럼 하고 있다고 말할 수 있습니다. 고통을 일으키는 원인과 상대해야 되는데 고통만을 가지고 괴롭다, 괴롭다 하고 있으니 결국 고통에서 벗어나지 못하는 것입니다.

이렇게 온 세상이 고통에서 벗어나지 못하고 힘들어하고 있는 이유가 고성제를 제대로 모르고 또 고성제의 원인인 집성제(갈애)를 아예 모르기 때문인데, 붓다께서 그 진리를 깨달았다는 것입니다. 붓다께서 고통이 뭔지 확실하게 알자, 둑카아리야삿짜(dukkhaariyasaccā, 고성제)가 생겼습니다. 고성제는 이 세상에 살아 있는 모든 중생들이 겪고 있는 분명한 현실입니다. 그리고 그 고통을 좋아하는 중생은 하나도 없습니다. 고통을 고통이 아니라고 억지 부릴 수 있는 사람이나 신, 범천도 없습니다. 그냥 맹목적으로 눈 감고 무조건 아니라고 말할 수는 있겠지만 고통을 느끼고 있을 것입니다. 이렇게 붓다께서 "고통이 있다."라고 말씀하시는 것은 이 세상의 진리를 말하는 것입니다.

고통의 원인은 사무다야아리야삿짜(samudayaariyasaccā, 집성제), 즉 갈애입니다. 붓다께서는 고통을 확실하게 알고 고통의 원인을 제거하셨지만 중생들은 모르기 때문에 고통의 원인을 제거할 수가 없습니다.

이렇게 붓다께서는 고성제를 알고 집성제도 알게 되었지만, 그보다 더 대단한 것이 고통의 완전한 소멸을 알았다는 것입니다. 알고 있을 뿐만 아니라 직접 성취하고 도달하셨습니다. 붓다께서는 고통의 완전한 소멸과 그 무엇에도 묶여 있지 않은 완벽한 자유와 다시는 고통으로 돌아가지 않는 완전한 행복인 닙바나(열반)를 깨달으셨습니다. 그것이 니로다아리야삿짜(nirodhaariyasaccā, 멸성제)입니다.

그보다 더 대단한 것은, 고성제를 알고 집성제를 모두 제거하여 완벽한 자유, 완전한 행복인 멸성제에 도착할 수 있는 수행법인 막가아리야삿짜(maggaariyasaccā, 도성제)를 깨달으셨다는 것입니다. 그래서 이 네 가지를 사성제(The four novel truth)라고 하는데 붓다께서는 이것을 깨달아 붓다가 되셨습니다.

아리야삿짜(ariyasaccā, 고귀한 진리)라고 하는 의미는 두 가지입니다. 아리야(고귀한), 삿짜(진리), 즉 고귀한 진리라는 뜻이 하나 있고, 다른 하나는 아리야(고귀한 성인들의), 삿짜(진리), 즉 고귀한 성인(聖人)들의 진리라는 뜻입니다. 진리 자체가 고귀하기 때문에 고귀한 진리이고 또 그 진리를 아는 사람을 고귀하게 만들기 때문에 고귀한 진리가 되는 것입니다. 고귀한 진리를 알면 모든 고통에서 벗어나게 됩니다. 붓다께서 고귀한 진리를 깨달았기 때문에 이 세상에서 위없는 유일한 분, 최상의 의지처, 최상의 이론가, 최상의 가르침을 내리신 분, 온 세상에 은혜를 베푸신 분이 되셨습니다. 온 세상이 고통에서 벗어나 행복하게 되는 고귀한 진리(사성제)를 찾아주신 고귀한 분이 붓다라고 이해해야 합니다.

우리는 고통을 겪고 있지만 고통의 원인을 모르기 때문에 고통에서 벗어날 수 없습니다. 고통의 원인을 알고 고통의 원인을 제거할 수 있어야 고통의 소멸인 완전한 행복을 가질 수 있습니다. 그 방법이 바로 붓다께서 찾아주신 도성제입니다. 지금 우리가 수행하고 있는 팔정도 수행이 바로 그것입니다. 팔정도를 수행하면 바로 행복해집니다. 많이 수행하면 많이 행복해집니다. 완전하게 하면 완전하게 행복해집니다. 붓다께서 그 길을 찾아 주셨고, 또 그 길은 누가 가든 행복할 수 있습니다. 어떤 중생이건 도성제를 실천하게 되면 일단 고성제를 알게 됩니다. 도성제를 수행하지 않으면 고통을 행복이라고 착각하고 고통을 계속 가지려고 합니다.

그러나 도성제를 실천 수행하게 되면 고통이 뭔지를 확실하게 알게 되어 고통을 행복으로 착각하지 않게 되고, 그러면 고통의 원인인 집성제를 버리게 되고 고통의 완전한 소멸인 멸성제에 도착할 수 있습니다.

붓다께서는 사성제를 알고 당신 혼자만의 행복으로 멈추지 않고 모든 중생들도 같이 행복할 수 있도록 알려 주셨습니다. 전기를 발견한 사람이 에디슨인데 그 덕에 우리는 많은 것을 잘 보고 잘 살게 되었습니다. 그래서 에디슨을 위대한 과학자라고 말합니다. 그러나 전기만으로는 이번 생이나 다음 생의 고통을 다 해결하지 못합니다. 이 세상에는 대단한 과학자들과 이론가들이 많아 우리가 편하게 살게 되어 그들을 대단하다고 하지만, 그들이 우리에게 줄 수 있는 행복은 한계가 있는 일시적인 행복입니다. 언젠가는 모두 다 고통으로 돌아갑니다. 그러나 붓다께서 우리에게 주는 행복은 한계가 없는 행복이고 다시 고통으로 돌아가지 않는 행복입니다. 그래서 붓다가 최고로 고귀합니다. 그냥 막연하게 최고라고 하는 것이 아니고 논리적으로, 합리적으로 말하는 것입니다.

그러면 붓다께서 말씀하시는 고통이 무엇인가요? 생로병사와 삼세를 윤회하는 고통입니다. 이 세상에서 늙음을 좋아하는 사람이 있을까요? 늙음을 좋아하는 사람이 있다면 붓다를 대단하다고 할 수 없습니다. 모두 다 늙음이 싫기 때문에 어떻게 하면 젊게 보일까 고민합니다. 젊어지려고 사람들이 얼마나 노력하고 있습니까! 늙음이 고통이라고 알기 때문에 아니라고 부정할 수 있는 사람은 단 한 사람도 없습니다. 아픔을 좋아하는 사람이 있습니까? 역시 한 명도 없습니다. 아플 때 아프지 않으려고 이 병원 저 병원을 찾아다닙니다. 사람들이 태어나 죽을 때까지 노력하는 것 중 하나가 늙지 않으려고, 아프지 않으려고, 또 죽지 않으려고 하는 것입니다. 죽음을 좋아하는 사람도 없습니다. 임종의 순간까지 안 죽으려고 끝까지 명줄을 붙잡다가 죽습니다. 그런 사실을 보면 삶이 고통이 아니라고 말할 수 있는 사람은 단 한 명도 없습니다. 게다가 모두가 자신의 삶이 고통이라고 알더라도 그 고통의 원인을 모릅니다.

늙음, 죽음, 아픔은 태어났기 때문에 있는 것이며, 태어나지 않으면 그것들은 없습니다. 그래서 태어남 자체가 고통이라는 말입니다. 우리는 태어남을 축복이라고 생각하지만 사실은 태어남 자체가 늙음을 가져오고 죽음을 가져옵니다. 태어나면서부터 늙음에 당하고, 아픔에 당하고, 죽음에 당하고 있습니다. 우리는 고문당하는 것을 아주 싫어합니다. 고문하는 것을 매우 잔인하다고 생각하지요? 그런데 늙음만큼 고문을 잘하는 자가 어디 있어요? 아픔만큼 고문을 잘하는 자가 또 어디 있어요? 죽음만큼 잔인한 자가 또 어디 있어요? 그런데 그 세 가지를 불러오는 것이 태어남입니다. 그래서 태어남이 고통이고, 늙음이 고통이고, 아픔이 고통이고, 죽음이 고통인 것입니다. 그것을 부인할 수 있는 자는 범천에도 없고, 신에도 없고, 인간에도 없습니다. 그것은 진실입니다. 그런 진실을 안다면 대단한 지혜를 갖춘 사람이라고 할 수 있는데 그분이 바로 붓다입니다.

그런데 여기서 고통이 단 한 번뿐이라면 굳이 우리가 걱정할 필요가 없습니다. 한 번 태어나서 한 번 죽고 끝나면 우리가 그렇게 예민하게 생각할 필요가 없습니다. 우리가 그렇게 많이 돌아다니면서 문제의 답을 찾을 필요가 없겠지요. 그런데 우리는 태어나면 늙고 병들고 죽어야 되고, 죽으면 또 다시 태어납니다. 선택의 여지가 없습니다. 죽으면 틀림없이 태어납니다. 내가 태어나지 않는다고 믿고 안 믿고는 내 생각입니다. 피할 수 없는 사실은, 내가 죽으면 반드시 다시 태어난다는 것입니다. 내가 안 믿는다고 안 태어나는 것이 아닙니다. 내가 믿어서 태어나는 것도 아닙니다. 생사는 원인과 결과입니다. 태어날 수 있는 원인들이 꽉 차 있는 사람은 누가 태어나지 말라고 해도 태어나야 하고, 스스로 태어나지 않으리라고 선언해도 무조건 태어납니다. 다음 생이 없다고 호언장담해도 태어납니다. 불자가 아니라고 해도 태어나고 기독교인이라고 해도, 이슬람 교인이라고 해도 태어나야 합니다. 태어날 수 있는 원인을 가지고 있기 때문에 태어나는 것입니다. 불로 태우면 뜨겁지 않다고 해도 뜨겁듯이 그것은 바꿀 수 없는 사실입니다.

태어나면 늙음이 따라오고 아픔이 따라오고 죽음이 따라옵니다. 그냥 곱게 늙고 곱게 아프고 곱게 죽는 것이 아니고, 태어날 때부터 죽을 때까지 걱정 근심이 아주 많아, 괴롭게 늙어가고 괴롭게 아프고 괴롭게 죽어갑니다. 몸의 고통과 마음의 괴로움을 겪으면서 죽어갑니다. 사랑하는 사람과 살아 있으면서도 헤어져야 하고, 또 죽음으로 인해 헤어집니다. 그리고 미워하는 사람을 안 만나고 싶은데 만나야 합니다. 소원대로 되고 싶은데 안 됩니다. 원하는 대로 다 되는 사람이 없고, 가지고 싶은 것 다 가질 수 있는 사람도 없고, 하고 싶은 대로 다 할 수 있는 사람도 없습니다. 그렇게 불만족스럽게 살고 또 늙어 가고 아프고 죽어야 됩니다. 그것이 고통이 아니면 다른 고통이 뭐가 있겠습니까? 우리가 고통이라고 말하는 것들이 다 거기에 들어갑니다.

모든 고통들이 다 똑같은데 다른 모습으로 변장하고 오면 우리는 헷갈리게 됩니다. 얼굴을 바꾸면 다른 사람인 줄 알지요. 그러나 윤회하면서 얼굴을 백 개 천 개 수만 개 수억 개로 바꾸어도 고통은 고통일 뿐입니다. 모든 고통은 태어남에서 시작하고, 결국 늙고 병들어 죽습니다. 죽어서 다시 태어나면 모습은 달라지지만 겪게 되는 고통의 과정은 똑같습니다. 그러나 태어나지 않으면 늙지도 않고 아프지도 않고 죽지도 않습니다. 그런데 그것이 내 마음대로 됩니까? 내가 태어나고 싶지 않다고 태어나지 않는 것이 아닙니다.

태어나게 하는 원인을 알고 제거할 수 있어야 태어나지 않는 것입니다. 그렇게 하신 분이 붓다입니다. 다시 태어나야 하는 모든 원인들을 소멸시켰기 때문에, 다시 태어나게 하는 번뇌를 제거하고 제압했기 때문에, 붓다께서는 다시 태어나지 않는 것입니다.

이렇게 늙음이, 병이, 죽음이, 태어남이 고통입니다. 태어났기 때문에 늙고 병들고 죽는데 그것이 고통입니다. 또 죽어서 다시 태어나는 것이 고통입니다. 그래서 윤회가 끝이 없고 시작이 안 보입니다. 그런 가운데 붓다께서 생로병사 삼세윤회 모든 고통에서 벗어날 수 있는 법을 깨달았기 때문에 이 세상에서 최고의 위없는 성자가 되는 것입니다. 본인이 깨닫고 고통에서 벗어나 행복한 것뿐만 아니라, 모든 중생들을 고통에서 벗어나 행복하게끔 가르치기 때문에 그분이 최고라는 것입니다. 다른 가르침은 행복을 주겠다고 말하지만 사실이 아닙니다. 그들은 현실적으로 본인들도 행복하지 못하고 고통에서 벗어나지도 못합니다. 다른 사람들에게 행복할 거라는 사견을 가르치고 본인조차도 사견에 잡혀 있는 상황입니다.

붓다께서는 사성제라는 진리를 알고 고통과 고통의 원인을 다 떨쳐 내고 생로병사 삼세윤회에서 깨어나신 분이십니다. 지혜로 어리석음을 깨트린 것입니다. 어리석음이 어둠이라면 지혜와 진리가 밝음입니다. 어리석음이 푹 자고 있는 것이라면, 밝은 지혜는 깨어난 것입니다. 그래서 붓다를 깨어난 자라고 말합니다. 윤회에서 중생들이 푹 자고 있습니다. 지옥생으로 태어나도 푹 자고, 동물로 태어나도 푹 자고, 아수라·아귀로 태어나도 푹 자고, 사람으로 태어나도 푹 자고, 신으로 태어나도 푹 자고, 범천으로 태어나도 푹 자고 있는 것이 윤회의 어둠입니다. 여태까지 한 번도 깨어나지 못했습니다. 계속 생로병사를 반복하면서 푹 자고 있습니다. 밤에도 자고 낮에도 자고, 눈 뜨고 자고 눈 감으면서 자고, 항상 어둠 속에서 자고 있습니다. 윤회라는 긴 밤에서 끝도 없이 자고 있습니다. 우리가 자는 밤이 12시간이라면 윤회는 셀 수 없는 긴 밤입니다. 우리가 자는 밤의 어두움은 해가 안 떠서 어두운 것이지만, 윤회의 어두움은 지혜가 없는 어리석음의 어두움입니다. 그 어둠속에서 중생들이 푹 자고 있습니다.

윤회라는 긴 밤에서, 어리석음이라는 어두움 속에서, 누가 깨워 주지 않았는데, 혼자서 스스로 깨어나신 분이 붓다입니다. 그래서 사성제를 아는 지혜로운 자와 윤회라는 긴 밤에서 홀로 깨어난 자를 붓다라고 하는 겁니다.

붓다를 그렇게 알고 붓다의 가르침을 따라 실천하면 우리도 고통을 알게 됩니다. 이 몸과 마음이 얼마나 고통스러운지, 생로병사가 얼마나 고통스러운지, 윤회가 얼마나 고통스러운지 알고, 더 이상 이 삶에 욕심을 내지 않게 됩니다. 그것이 고성제를 알고 집성제를 버리는 것입니다. 그렇게 고통과 고통을 일으키는 원인을 버리면 멸성제입니다. 욕심 없는 것이 고통의 원인이 사라진 것이고, 그러면 고통이 사라진 닙바나(열반)에 도착하는 것입니다. 그래서 삼세윤회로부터 스스로 최초로 깨어난 붓다가 우리에게 무슨 의미로 다가오는지 알면서 붓다를 모범으로 삼아 열심히 수행하다 보면 우리도 틀림없이 고통에서 벗어나고 행복할 것입니다.

그런 붓다의 공덕이 아홉 가지 있습니다. 붓다를 계속 생각하는 수행을 하기로 결심하고 흔들림 없는 청정한 믿음으로 적절한 거처에 조용히 머물면서 부처님의 아홉 가지 공덕을 암송하고 숙지하는 것을 '붓다누사띠'라고 합니다. 붓다(부처님을), 아누(반복해서), 사띠(기억하고 있는 수행). 붓다누사띠를 할 때 처음에는 부처님의 아홉 가지 공덕을 순서대로 암송합니다. 그러다가 어느 하나가 본인의 마음에 와 닿으면 그 하나를 집중적으로 암송하고 숙지하시면 됩니다.

2. 불보의 아홉 가지 공덕

부처님의 아홉 가지 공덕을 독송하겠습니다.

"Itipi so bhagavā arahaṃ sammāsambuddho
이띠삐 소 바가와 아라항 삼마삼붓도
Vijjācaraṇa sampanno sugato lokavidū
윗자짜라나 삼빤노 수가또 로까위두
Anuttaropurisa dammasārathī satthādeva manussānaṃ
아눗따로뿌리사 담마사라티 삿타데와 마눗사낭
Buddho bhagavā"
붓도 바가와

1) 아라한

Itipi so bhagavā arahaṃ.
이띠삐 소 바가와 아라항
이런 이유로 거룩하신 세존께서는 아라한입니다.

부처님의 첫 번째 공덕은 아라한입니다. 이띠삐(이런 이유로, 이런 능력을 가진 분이기 때문에), 소(그), 바가와(거룩하신 부처님), 아라항(아라한이다). 아라한이란 뜻을 알고 깊이 새기면서 암송하면 우리 마음은 아라한이라는 부처님의 의미로 가득 차게 될 것입니다.

그러면 왜 아라한이라고 말합니까? 그 이유를 『청정도론』에서 다섯 가지로 설명하고 있습니다.

(1) 번뇌에서 멀다

Ārakattā arahaṃ
아라깟따 아라항
모든 번뇌로부터 멀고도 너무 멀기 때문에 아라한이다.

아라깟따(멀리 떨어져 있기 때문에), 아라항(아라한이다). 아라한의 '아라'에 '아라깟따'의 뜻이 들어 있습니다. 여기서 멀다고 할 때 무엇으로부터 멀다는 말입니까? 번뇌로부터 엄청 멀다고 하는 것입니다. '멀다, 가깝다'를 생각해 보면 가까운 곳에 있는 것이 오기가 쉬울까요, 멀리 있는 것이 오기가 쉬울까요? 우리에게 번뇌가 자주 오는 것은 가까워서 쉽게 오는 것입니다. 너무 가까워서 우리가 번뇌로 갈 때도 빨리 가고, 번뇌가 우리에게 올 때도 빨리 옵니다. 우리는 욕심을 부리는 것이 아주 쉽습니다. 왜냐하면 가까이 있기 때문입니다. 손을 뻗어 가질 수 있는 거리에 있는 것은 언제든지 가질 수 있습니다. 우리에게 번뇌는 그렇게 가까이 있습니다. 화내고 싶으면 언제든지 화낼 수 있고 욕심부리고 싶으면 언제든지 욕심을 부릴 수 있습니다. 질투·시기·자만·나태·혼침·들뜸·후회·의심·사견·부끄러움 없음·두려움 없음 등등 이렇게 나쁜 마음의 상태들이 쉽게 일어나는 것은 가까이 있기 때문입니다.

그러나 붓다에게는 번뇌가 아주 멀리에 있습니다. 얼마나 멀리 있습니까? 생길 수 없을 정도로 멀리 있습니다. 붓다께서는 강한 힘으로 모든 번뇌를 완전히 제거했기 때문에 아라한이 되셨습니다. 아라한이란 번뇌가 하나도 없다는 뜻입니다. 아라한에게는 나쁜 마음의 성향이 하나도 없습니다. 우리 마음에 욕심이 있으면 밤에 잠도 못 잘 정도로 마음이 괴롭고 힘들어집니다. 그럴 때에는 '아라한이신 붓다께서는 이런 욕심이 하나도 없는 분이시다. 그분의 마음은 얼마나 평화롭고 고귀하고 깨끗할까?' 이렇게 숙고하면서 자신의 마음의 나쁜 성향을 고쳐야 합니다.

'이띠삐'는 여기에서 '아라깟따'를 말합니다. 아라깟따는 '멀다', '멀고도 아주 멀다'라는 뜻입니다. 즉 번뇌가 마음속으로 들어오지 못 할 정도로 아주 멀리 떨어져 있기 때문에 아라한이라는 말입니다.

'소 바가와 아라깟따띠 아라한'을 마음속에 깊이 새기면서 독송해 보세요. 아주 큰 공덕이 됩니다. 뜻을 알고 독송하면 우리의 마음이 깨끗이 청소됩니다. 독송할 때 뜻을 모르는 사람과 뜻을 아는 사람의 공덕은 천지 차이입니다. "나모석가모니불"을 부를 때도 뜻을 모르고 독송하는 것보다는, 석가(석가족에서), 모니(출가하신), 불(부처님께), 나모(절 올립니다)라고, 뜻을 깊이 알고 하는 것이 좋습니다. "나모 따사 바가와또 아라하또 삼마삼붓다사"로 예불할 때도, 나모(예경 올립니다), 따사 바가와또(그 존귀하고 거룩하신 부처님께), 아라하또(모든 번뇌를 여의신 부처님께), 삼마삼붓다사(스스로 올바르게 진리를 깨달으신 부처님께)로 그 뜻을 새기면서 절하는 것이 좋습니다. 아라하또(모든 번뇌를 여읜 분)와 아라까또(모든 번뇌에서 멀리 있는 분)는 똑같은 말입니다. 이렇게 뜻을 알고 삼배를 올리면 시작할 때부터 마음의 자세가 달라집니다.

붓다는 번뇌에서 완전히 먼 사람입니다. 어떤 사람이 꼬투리를 잡으려고 매일 잠도 자지 않고 붓다를 감시하였는데, 붓다의 말과 행동에서 번뇌를 조금도 발견할 수가 없었다고 합니다. 결국 그 사람은 감동을 받아 붓다께 귀의하였습니다. 그렇게 번뇌에서 먼 분이 붓다입니다.

번뇌에서 멀기 때문에 아라한이고, 적 중에서 제일 무서운 번뇌라는 적을 다 죽여 버렸기 때문에 아라한이라고 할 때, 붓다와 아라한은 똑같습니다. 붓다도 번뇌가 없고 아라한도 번뇌가 없습니다. 그러나 붓다와 다른 아라한과의 차이는 다른 아라한은 습관을 버리지 못한 것입니다. 만약에 욕하는 것이 습관이 된 사람은 아라한이 되어도 욕이 나옵니다. 아라한이지만 습관이 너무 굳어서 계속 나타나는 것이지 번뇌로 하는 것은 아닙니다. 욕을 해도 화가 없습니다. 그런 습관적인 행동을 와사나(vāsanā, 마음에 남아 있는 것, 과거의 경향, 습기習氣)라고 하는데 붓다께서는 그런 와사나까지 다 버렸습니다. 와사나로 욕을 잘하는 아라한이 있었는데 그런 아라한을 보면 사람들은 헷갈립니다. 아라한이 욕을 할 수 있는가? 그러나 화를 내면서 욕을 하는 것이 아니고 또 나쁜 의도로 욕을 하는 것이 아니라 습관적으로 욕이 튀어나온다고 알아야 합니다.

(2) 모든 적(번뇌)을 죽이다

Arīnaṃ hatattāpi arahaṃ
아리낭 하땃따삐 아라항

번뇌라는 모든 적들을 다 죽였기 때문에 아라한이다.

아리낭(적들을, 원수들을), 하땃따(죽였다). 적들을 다 죽였기 때문에 아라한입니다. 적이 무슨 뜻입니까? 적 가운데 제일 무서운 적이 번뇌입니다. 번뇌만큼 나를 손해 보게 하는 적이 없습니다. 그래서 적 가운데 제일 무서운 적이 번뇌이고, 번뇌를 다 죽여 버린 자가 아라한입니다. 적을 죽일 때 사용하는 무기가 무엇입니까? 여기서는 칼이나 총이 아니고 도 지혜입니다. 그래서 '소 바가와 이띠삐 아라한'이라고 할 때 '이띠삐'가 여기에서는 탐·진·치·자만·질투·시기 등등의 모든 번뇌들을 성스러운 도의 지혜로 완전히 죽였기 때문에 아라한이라는 뜻입니다.

번뇌를 죽일 수 있는 도 지혜의 힘이 대단하지요? 이것을 보면 도 지혜의 힘이 아주 존경스럽습니다. 나는 한 순간, 한 순간 번뇌를 죽이는 것이 이렇게 힘이 드는데, 붓다께서는 아예 모든 번뇌를 다 죽이셨다는 것입니다. 이렇게 보면 우리가 지금 수행하는 것이 보통일이 아닙니다. '아, 내가 이렇게 한 순간 한 순간 번뇌를 죽일 수 있다면 다음에는 붓다처럼 나도 번뇌를 완전히 죽일 수 있겠구나. 나에게도 번뇌를 완전히 죽일 수 있는 아라한의 도 지혜가 생기겠구나.'라고 이해되면 지금 이 수행이 얼마나 의미가 깊은지 느낄 수 있습니다.

그리고 붓다께서는 "백 번 전쟁에서 이기는 장군보다 한 번 자기의 마음을 이기는 수행자가 더 대단하다."라고 하셨습니다. 이렇게 자기 마음을 이기는 것이 엄청나게 어려운 일입니다. 특히 마음의 번뇌를 이기는 것이 아주 어렵습니다. 붓다는 이렇게 이기기 힘든 번뇌를 완전히 다 죽이셨습니다. 그것이 도 지혜의 힘입니다. 도 지혜는 공짜로 되는 것이 아니고 하늘에서 던져주는 것도 아닙니다. 도 지혜를 얻기 위해서 붓다께서도 우리처럼 수행하셨다는 것을 알아야 합니다. 그리고 내가 지금 수행하는 것이 아라한으로 가고 있는 숭고한 길이라는 것을 마음 깊이 새겨야 합니다.

붓다께서는 아라한의 도 지혜로 번뇌를 완전히 잘라 버렸습니다. 우리는 붓다처럼 아라한의 도로 번뇌를 다 잘라내진 못하더라도 수행하면서 순간순간 위빳사나 지혜가 일어날 때마다 번뇌를 자르고 있습니다. 그렇게 계속 수행하면 위빳사나 지혜가 힘이 100% 꽉 찰 때, 도 지혜로 넘어가면서 완전히 번뇌를 잘라 버립니다. 아라한의 둘째 의미는 아리낭(번뇌라는 적들을), 하땃따(도 지혜의 칼로 완전히 죽였다), 그래서 아라항(아라한)입니다.

(3) 윤회의 바퀴살을 부수다

Arānaṃ hatattāpi arahaṃ
아라낭 하땃따삐 아라항
모든 윤회의 바퀴살을 다 부수어 버렸기에 아라한이다.

아라낭(윤회의 바퀴 살, 바퀴 축, 바퀴 테두리), 하땃따(부숴 버렸다), 그래서 아라한이다. 아라한은 윤회를 일으키고 있는 어리석음·무지·무명·갈애·성냄 등으로 연결되는 모든 번뇌의 굴레를 다 부숴 버렸습니다. 그래서 다시는 생로병사를 반복하는 윤회의 고통에서 시달릴 필요가 없습니다. 이렇게 윤회의 모습을 마치 바퀴가 돌아가는 모양에 비유를 많이 합니다. 빙빙 도는 윤회 바퀴가 있으면, 그 중심축에 아윗자(무명, 어리석음)와 딴하(갈애, 탐욕)가 있는데 그것이 번뇌의 굴레입니다. 거기서부터 바퀴살로 십이연기가 계속 퍼져 나가고 있는 것이 업의 굴레입니다. 그 다음에 바깥의 큰 테두리에서 중생들이 삼세윤회를 빙빙 돌고 있는데 그것이 과보의 굴레입니다. 일반 중생들은 욕계 11개 세상에서 생사를 반복합니다. 색계 선정이 있으면 16개 색계 범천 세상에서 태어나고 죽기를 반복하고, 무색계 선정이 있으면 4개의 무색계 범천 세상에서 태어나고 죽고를 반복합니다. 그래서 바깥의 큰 테두리가 31천이 되는 것입니다.

그런 식으로 윤회의 세상을 마치 바퀴 그림으로 그린 것이 있는데 이 그림을 이해하면 아주 재미있습니다. 중심축의 아윗자(무지·무명)와 딴하(갈애)라는 번뇌에서 시작해서 바퀴살이 퍼져 가는 것이 우리가 하는 선업과 불선업입니다. 선업과 불선업은 오온(정신·물질)을 통해서 생깁니다. 눈으로 보고, 귀로 듣고, 코로 냄새 맡고, 혀로 맛을 보고, 몸으로 감촉에 닿으면서, 마음으로 생각하면서 업을 짓습니다. 그런 식으로 눈·귀·코·혀·몸·마음이라는 육입이 형상·소리·냄새·맛·감촉·법이라는 여섯 가지 대상을 가지는데, 거기서 촉(팟사, 접촉)하고, 수(웨다나, 느낌)가 있고, 갈애(딴하, 탐욕)가 일어납니다. 좋으면 욕심을 부리고, 싫으면 화를 내는 등의 불선업을 짓거나 또는 지금처럼 보시·지계·수행으로 선업을 짓기도 합니다. 그러면 불선업의 과보로 사악처에 태어나고, 선업 공덕으로 인간이나 천신으로 태어나고, 선정의 공덕으로 범천에 태어나지만, 어디에서 태어나든 윤회에서 빙빙 돌고 있다는 의미입니다.

그런데 붓다는 윤회의 바퀴 축에서 시작해서 살을 다 부숴 버리고 끝에 있는 큰 테두리까지 다 부숴 버렸습니다. 윤회의 바퀴를 다 망가뜨리고 부숴 버렸다는 그런 의미로 '하땃따'라는 말을 씁니다. 그래서 세 번째 아라한의 뜻은 윤회의 모든 살과 축들을 다 부숴 버렸다는 '아라낭 하땃따삐 아라한'이 됩니다.

붓다께서는 윤회의 바퀴를 박살내었기 때문에 다시 태어나지 않습니다. 사악처는 말할 것도 없고 인간으로도, 천신으로도, 범천으로도 태어나지 않습니다. 붓다는 불선업은 물론이고 선업의 업장도 완전히 소멸시켰습니다. 태어나지 않기 때문에 늙음도 없고 병듦도 없고 죽음도 없습니다. 완전한 행복인 닙바나에 도착하셨습니다. 그런 의미로 세 번째 아라한의 의미를 '소(그) 바가와(존귀하신 붓다께서는) 삼사라(윤회의) 짜까로(바퀴) 아라낭(축, 살) 하땃따(부숴 버리다), 그래서 아라한이다'라고 설명하고 있습니다.

(4) 공양을 받을 만하다

Arahati arahaṃ
아라하띠 아라항
모든 예경과 공양을 받을 만하기 때문에 아라한이다.

아라하띠(받을 만하다, 가치가 있다, 합당하다). 누가 와서 절을 해도 받을 만하다. 자기보다 나이 많은 사람, 공부 많이 한 사람, 인간의 왕, 신의 왕, 범천의 왕이 와서 절을 해도 받을 자격이 있다는 말입니다. 이 세상의 그 누가 와서 무엇을 올리든 그 모든 예경과 공양을 받을 만한 분이 붓다입니다. 왜냐하면 붓다만큼 청정한 분이 이 세상에 없고, 붓다만큼 번뇌를 완전히 버린 분이 없기 때문입니다. 또한 붓다처럼 윤회에서 최초로 벗어난 분이 없기 때문에 붓다는 이 세상에서 둘이 없는 최고입니다. 모든 번뇌에서 벗어나 청정하기에 온갖 공양과 예경을 받을 만한 분이 아라한입니다.

세상 모든 존재들이 와서 붓다에게 예경을 올려도 다 받을 만한 충분한 자격이 있다는 의미가 '아라하띠 아라항'입니다. 사악처의 중생들, 모든 인간들과 인간의 왕, 모든 천신과 천신의 왕, 범천과 범천의 왕, 이 세상 모든 존재들이 와서 올리는 예경과 공양을 받을 만한 공덕을 갖추신 분이라는 뜻으로 '아라하띠 아라항'이라고 합니다.

(5) 비밀이 없다

A rahati arahaṃ
아 라하띠 아라항
은밀하게 숨는 자리가 없기 때문에 아라한이다.

다섯 번째 아라한의 뜻을 자세히 풀이하면 다음과 같습니다.

So bhagavā na raho karoti pāpāni arahaṃ.
소 바가와 나 라호 까로띠 빠빠니 아라항

세존은 나쁜 일을 하기 위해 숨는 자리가 없어 아라한이다.

소 바가와(그 거룩하신 붓다는), 빠빠니(나쁜 일을), 까로띠(하기 위해서), 라호(비밀, 숨는 자리가), 나(없다). 붓다에게는 다른 사람에게 보이지 않으려고 숨기는 더러운 것이 하나도 없습니다. 모든 것이 청정합니다. 나쁜 일을 하고자 하는 원인이 없습니다. 나쁜 일은 번뇌 때문에 하게 되는데 붓다에게는 번뇌가 하나도 없기 때문에 나쁜 생각, 나쁜 말, 나쁜 일을 하지 않습니다. 그래서 숨길 것이 없습니다. 우리가 나쁜 짓을 할 때에는 대개 다른 사람 몰래 합니다. 왜냐하면 나쁜 일을 한다는 것이 부끄럽고 두렵기 때문입니다. 좋은 일이라면 다른 사람이 알아도 상관없습니다. 그런데 나쁘고 안 좋은 일이기 때문에, 발각되면 벌 받는 것이 두렵기 때문에 사람들이 몰래 숨어서 합니다. 그러나 붓다에게는 숨어서 해야 하는 번뇌들이 다 없어졌기 때문에 몰래 하기 위한 숨는 자리가 필요 없습니다. 그것이 '아 라하'의 뜻입니다.

이렇게 아라한이라는 단어 속에 여러 가지 의미가 담겨 있습니다. 그것을 하나로 묶어 『청정도론』에서 다음과 같이 표현하고 있습니다.

Ārakattā hatattā ca, kilesārīna so muni;
아라깟따 하땃따 짜, 낄레사리나 소 무니
Hatasaṃsāra cakkāro, paccayādīna cāraho;
하따상사라 짝까로, 빳짜야디나 짜라호

Na raho karoti pāpāni, arahaṃ tena vuccatīti.
나 라호 까로띠 빠빠니, 아라항 떼나 웃짜띠띠
출가자는 번뇌를 멀리 여의었고, 번뇌라는 적을 모두 죽여 버렸고, 윤회의 바퀴살을 파괴했고, 모든 공양과 예경을 받을 만하고, 은밀하게 숨어서 비밀리에 불선업을 저지르지 않기 때문에 아라한이라고 한다.

소(그), 무니(출가자, 부처님), 낄레사리나(번뇌에서), 아라깟따(멀기 때문에), 아라한입니다. 아리낭(번뇌라는 모든 적을), 하땃따(다 죽여 버렸기 때문에), 아라한입니다. 삼사라 짝까로(윤회의 바퀴에서 축과 살과 테두리를 모두 다), 하따(부숴 버렸기 때문에), 아라한입니다. 빠짜요디나(온갖 공양과 예경을), 아라호(받을 만하기 때문에), 아라한입니다. 빠빠니(나쁜 일을), 까로띠(하려고), 라호(은밀하게 숨는 자리가, 비밀이), 나(없기 때문에), 아라한입니다.

붓다누사띠 수행은 '소 바가와 이띠삐 아라한,……'이라고 암송, 숙지하면서 하는데 '이띠삐'라고 할 때마다 다섯 가지 아라한의 뜻을 하나씩 기억하는 것입니다. '이띠삐'가 바로 '아라깟따, 하땃따, 하땃따, 아라하, 아라호'입니다. 이렇게 구체적으로 말하면 어렵기 때문에 '이띠삐' 한마디로 압축합니다. '이띠삐(이런 이유로)', 어떤 이유입니까? 번뇌에서 멀기 때문에, 번뇌라는 모든 적을 죽여 버렸기 때문에, 윤회 바퀴의 모든 축과 살과 테두리를 다 부숴 버렸기 때문에, 모든 예경과 공양을 받을 만하기 때문에, 나쁜 일을 하기 위해 숨는 자리가 없기 때문에 아라한이라고 한다는 것입니다.

우리는 '아라한'이라고 계속 부르면서, 붓다가 어떤 분인가를 이해해야 합니다. 붓다께서는 번뇌가 아예 없는 아라한 도를 깨달으신 청정하고 고귀한 분입니다. 그리고 모든 윤회의 굴레를 다 부숴 버려 더 이상의 생로병사가 없는 분입니다. 그렇게 위대한 분이시기에 온 세상이 올리는 예경과 공양을 받을 만합니다. 그리고 나쁜 일을 하기 위한 숨는 자리가 없습니다. 그래서 아라한이라고 한다는 의미를 잘 이해하면서 열심히 암송하다 보면 중간에 어느 하나가 본인의 마음에 와 닿을 것입니다. 그러면 그것을 집중적으로 암송, 숙지하시면 됩니다.

2) 삼마삼붓도

Itipi so bhagavā sammāsambuddho
이띠삐 소 바가와 삼마삼붓도
이런 이유로 거룩하신 세존께서는 삼마삼붓다입니다.

붓다의 두 번째 공덕은 삼마삼붓도입니다.

Sammā sāmañca sabbadhammānaṃ buddhattā pana
삼마 사만짜 삽바담마낭 붓닷따 빠나
sammā sambuddho.
삼마 삼붓도
모든 법들을 올바르게 스스로 깨달았기 때문에 삼마삼붓도입니다.

삼마(올바르게), 사만짜(스스로, 스승 없이), 삼바담마낭(모든 법들을, 모든 진리를), 붓닷따(깨달았기 때문에), 삼마삼붓도(정등각자), 스스로 올바르게 깨달은 분이 붓다입니다.

(1) 올바르게 스스로 법을 깨닫다

스스로 올바르게 깨달은 분인 삼마삼붓도가 얼마나 대단합니까! 모든 중생들이 고통에서 벗어나 행복할 수 있는 법, 그렇게 어렵고 미묘하고 대단한 법을 붓다께서 올바르게 스승 없이 스스로 깨달았습니다. 그래서 붓다께서는 삼마삼붓도라는 공덕을 가지십니다.

우리가 스스로 알 수 있는 것이 무엇이 있는지 생각해 보세요. 태어날 때부터 지금까지 5~60년을 살았지만 그동안 스스로 깨달은 것이 무엇이 있습니까? 붓다께서는 온 세상이 행복할 수 있는 대단한 진리를 올바르게 스스로 깨달으셨습니다. 누가 "나는 신이다. 그래서 내가 모든 것을 다 알고 있다."라고 한다면 그것은 착각이고 거짓말입니다. 신은 사람들의 상상 속에서 만들어진 것입니다. 창조자를 믿는 것은 올바르지 않습니다. 신을 이야기하면서 깨달아 닙바나를 성취했다고 한다면 그것은 올바른 닙바나가 아닙니다. 오직 붓다만 올바르게 알았고 스스로 깨달았고 완전한 닙바나에 도착하셨습니다. 큰소리친다고 다 사실은 아닙니다. 붓다께서는 깨달았다고 큰소리치는 것이 아니고, 있는 그대로의 사실을 정직하고 단호하게 말씀하시는 것입니다. 그리고 붓다께서 깨달은 법은 진리이고 진실입니다.

붓다의 삼마삼붓도라는 공덕은 원인 따라 갖추게 되는 공덕입니다. 네다섯 살짜리 어린이는 자기 아버지가 이 세상에서 최고인 줄 아는데 붓다의 공덕은 그렇게 착각하는 말이 아닙니다. 신을 믿는 종교를 가르치는 사람들은 신이 어떤 존재이고 무엇을 하고 있는지 제대로 모르면서 무조건 신의 뜻이라고, 모든 것 중에서 신이 제일이라고 착각하면서 큰소리칩니다. 사실 신을 따져 보면 그 안에는 알맹이가 없습니다.

그러나 우리가 붓다를 삼마삼붓도라고 할 때는 붓다께서 직접 실천했던 빠라미에 따라 나타나는 결과입니다. 스스로 깨달았다는 것은 하루아침에 되는 일이 아닙니다. 수많은 겁에서 수많은 생을 거쳐서 스스로 알게끔 훈련해 온 것입니다. 그래서 전생에 수행했던 힘이 누적되어 이번 생에 스스로 깨닫게 되는 것입니다. 우리는 누가 대신 깨닫게 해주겠다고 해도 그것을 기다리지 말고 스스로 직접 노력해야 합니다. 우리가 했던 불선업이 녹아버리게끔, 우리가 안 했던 선업이 생기게끔 노력해야 합니다. 공짜로 닙바나로 가게 해 주겠다고 한다면 틀림없이 사기라고 알아야 합니다. 세속에도 공짜라는 것은 없습니다. 공짜로 준다고 말하거나 조금 투자하고 큰 이익을 얻게 해 주겠다고 말한다면 그것은 틀림없는 사기입니다. 마찬가지로 신을 믿고 따르기만 하면 된다는 말을 받아들이면 우리는 사기당하는 것입니다.

붓다는 올바르게 스승 없이 스스로 모든 법을 알고 깨달았기 때문에 삼마삼붓다입니다. 붓다의 공덕을 바르게 알고 깊이 마음에 새기면서 독송하는 것이 중요합니다. '붓다는 어떤 분인가?'라고 확실하게 알면서 한 번 올린 삼배가, 모르고 올린 백팔 배보다 삼천 배보다 만 배보다 더 가치가 있습니다. 의미를 모르고 무조건 부처님께 절하는 것도 선업이지만, 그것은 타 종교인들이 신을 믿는 것과 똑같습니다. 진정한 불자라면 믿음 밑에 지혜가 깔려 있어야 됩니다. 지혜 없는 믿음은 사견을 믿는 것과 같습니다. 맹목적인 믿음이지요.

불자의 믿음은 뿌리가 지혜입니다. 알고 믿어야 됩니다. 붓다를 믿는다고 하면 붓다가 어떤 분인지를 먼저 알아야 됩니다. 우리가 붓다를 좋아하는 것은 우리가 원하는 것을 해주기 때문이 아닙니다. 또 인간과 세상을 창조했다고 말하는 신처럼 좋아하는 것이 아닙니다. 그러면 우리가 왜 붓다를 좋아할까요? 붓다는 탐·진·치라는 번뇌가 없는 아라한이기 때문입니다.

성경에 보면 신이 화가 나서 사람들을 죽이기도 합니다. 신이 질투, 욕심, 화 등의 번뇌를 가지고 살생을 합니다. 신도 탐·진·치로 꽉 차 있고, 나도 탐·진·치로 꽉 차 있으면 서로 다를 게 하나도 없는데 신을 모실 필요가 있을까요? 없습니다. 우리가 "부처님께 귀의합니다."라고 하는 것은, 붓다께서 어떤 분이시고, 무엇을 깨달아 성자가 되셨는지를 제대로 알고, 그때 생기는 지혜의 힘으로 믿는 것입니다. 그것이 붓다께서 우리들에게 가르치는 진정한 믿음입니다.

믿음은 pāḷi어로 삿다(saddha)인데 '맑음'이라는 뜻이 있습니다. 삿다(믿음)가 왜 맑음인가요? 지혜로 알기 때문에 맑습니다. 붓다가 번뇌가 없는 분이라는 것을 확실하게 알기 때문에 내 마음도 맑고 깨끗합니다. 마음속에 흐릿하고 어둡고 더러운 것이 하나도 없습니다. 번뇌라는 더러움이 없습니다. 마음이 싫어하고 미워하는 것이 없기 때문에 그 맑은 마음으로 믿는 것이 믿음입니다. 붓다에 대해서 바르게 알면 내 마음이 투명하게 맑고 깨끗해집니다. 그런 맑은 마음을 믿음이 있는 마음이라고 합니다. 이렇게 붓다를 믿고 삼보에 믿음이 있다고 할 때, 붓다에 대해서 무엇을 알고 있는지 따져 보아야 합니다. 제대로 알아야 제대로 된 믿음이 생기고, 제대로 알지 못하면 맹목적으로 믿거나 절대적으로 믿거나 아니면 틀리게 믿게 됩니다. 지혜가 없는 믿음은 잘못된 믿음이 될 수 있습니다. 올바른 믿음이 되기 위해서는 우리에게 지혜가 필요하다는 것을 꼭 알아야 합니다.

(2) 깨달으신 법은 무엇인가?

우리가 붓다를 우러르며 예경 올리는 것은 붓다께서 모든 중생들의 행복을 찾아 주셨기 때문입니다. 그러면 붓다께서는 어떤 방법으로 우리들을 행복하게 해 주셨습니까? '삼마 사만짜 삽바담마낭 붓닷따 빠나 삼마삼붓도'라고 할 때 붓다께서는 어떤 진리를 스스로 올바르게 깨달았습니까? 바로 사성제입니다. 붓다께서는 모든 중생들이 겪고 있는 고통(고성제, 오취온)을 알았습니다. 그리고 모든 중생들을 고통에서 벗어나게 해 주고 싶어서 '고통이 어디에서 오는가?'를 숙고하셨습니다. 그 결과 고통의 원인(집성제, 갈애)을 알게 되었고, 그리고 고통과 그 고통의 원인을 다 소멸시킬 수 있는 수행 방법(도성제, 팔정도)을 알게 되었습니다. 그 수행 방법으로 본인이 먼저 고통을 알고 고통의 원인을 소멸시키고 닙바나(멸성제)에 도착하였습니다. 그리고 본인이 알았던 닙바나를 모든 중생들에게 회향하셨습니다. 이렇게 완전한 행복인 닙바나로 갈 수 있는 길을 붓다께서 올바르게 스스로 깨달으시고 우리들에게도 그 길을 자세히 알려 주셨던 것입니다.

닙바나의 길은 모든 중생들을 위해서이지, 불자만을 위한 것이 아닙니다. 이 세상에 살아 있는 모든 중생들을 위한 길입니다. 살아 있는 모든 중생들은 똑같이 윤회의 고통을 겪고 있습니다. 어떤 종교를 믿든, 어떤 생을 지니고 있든 상관없이 살아 있는 중생이라면 틀림없이 이 윤회의 고통을 겪고 있습니다. 태어남 때문에 늙고 병들고 죽습니다. 사랑하는 사람과 헤어지고 미워하는 사람과 만나게 되고, 원하는 것 얻지 못하고, 갖고 싶은 것 갖지 못하고, 되고 싶은 것 되지 못하고, 하고 싶은 것 하지 못하고, 그런 고통이 많습니다. 걱정과 근심으로 꽉 차 있고 눈물 흘리며 울고불고 합니다. 중생은 울면서 태어나고 울면서 살고 울면서 죽어 갑니다. 그런데 다시 또 울면서 태어납니다. 그렇게 고통스러운 세상인데, 중생들은 너무 어리석기에 태어남(생일)을 축하하면서 고통을 행복으로 착각하고 있습니다. 중생은 어리석음 속에서 푹 자고 있고, 윤회라는 긴 밤에서 푹 자고 있습니다. 모든 범부 중생들이 어리석음 속에서 푹 자고 있는 가운데, 고통을 고통으로 알고, 고통의 원인인 욕심을 버리고, 고통의 끝인 닙바나(소멸, 멸성제)에 도달할 수 있는, 쾌락과 고행의 양쪽 극단을 피하는 중도를 붓다께서는 올바르게 스스로 알아 깨달았습니다. 여러분들이 매 순간

하고 있는 팔정도 수행인 도성제가 행복을 위한 유일한 길입니다.

어떤 사람들은 행복의 길을 찾았다고 하지만 사실은 자기는 행복하지 못한 경우도 있습니다. 그런 상태에서 다른 사람을 행복하게 해주겠다고 하는데, 그것은 참으로 말이 안 되는 소리입니다. 붓다께서는 스스로 진리를 찾았고, 스스로 수행하여 직접 닙바나에 도달하여 완전한 행복을 성취하셨습니다. 그리고 남도 열반하여 행복할 수 있게끔 가르칩니다. 사실 수많은 붓다의 제자들이 깨달아 닙바나를 누렸습니다. 아라한, 아나함, 사다함, 수다원 등 붓다의 수많은 제자들이 이 세상에 잘 오셨다가 가셨습니다. 지금도 많이 계시고 앞으로도 많이 계실 것입니다.

그래서 '삼마 사만짜 삽바담마낭 붓닷따 빠나 삼마삼붓도'를 제대로 아는 이런 지혜가 아주 대단합니다. 우리는 그런 붓다를 알고 따르는 것입니다.

(3) 어떻게 그 법을 깨달으셨는가?

붓다께서는 사성제를 깨닫고 붓다가 되는데 그러면 그 법을 어떻게 깨달으시는가?

Abhiññeyye dhamme abhiññeyyato buddho,
아빈녜예 담메 아빈녜야또 붓도
특별하게 알아야 하는 법을 특별하게 알았기 때문에 붓다이다.

아빈녜예(특별하게 알아야 하는), 아비(아주 특별하게, 확실하게), 녜예(아는 것, 지혜), 담메(법들을), 아빈녜야또(특별하게 알았기 때문에), 붓도(붓다)이다.

붓다가 아무나 다 알 수 있는 것을 안다고 하면 뭐가 대단하겠습니까? 붓다께서는 특별한 것을 아십니다. 이 세상 인간들이 모르고 있는 사실을 특별하게 알아야, 신들이 알지 못하는 진리를 특별하게 알아야, 범천들이 알지 못하는 진리를 특별하게 알아야 '아빈녜예 담메 아빈녜야또 붓도'가 됩니다.

그러면 붓다는 법을 어떻게 특별하게 알고 계실까요?

(가) 빠린녜예 담마

Pariññeyye dhamme pariññeyyato buddho sammāsambuddho
빠린녜예 담메 빠린녜야또 붓도 삼마삼붓도
확실하게 알아야 하는 법을 확실하게 알았기에 삼마삼붓다이다.

빠린녜예(아주 완벽하게 아는 것), 빠리(확실하게 나누어서, 분석해서, 꿰뚫어서), 녜예(아는 것), 담메(법들을), 빠린녜야또(완벽하게 알았다), 붓도(깨달은 자), 삼마삼붓도(올바르게 스스로 아는 정등각자)이다.

붓다께서는 알아야 하는 법을 분석해서 꿰뚫어 틀림없이 완벽하게 아십니다. 그것이 무슨 뜻입니까? 알아야 하는 법은 고통입니다. 고통을 붓다께서는 확실하게 아셨습니다. 고통을 안다는 것이 고성제를 안다는 것입니다. 고성제는 알아야 하는 것으로서 매우 중요합니다. 우리는 고성제를 모르기 때문에 고성제를 행복이라고 착각하고 있습니다. 문제는 거기에 있습니다. 고성제를 행복이라고 착각하고 있으면 우리는 고성제를 버려야 한다고 생각할까요, 고성제를 가져야 한다고 생각할까요? 고통인 줄 모르고 행복이라고 착각하면 고통인 것을 자꾸 가지려고 하면서 애착하고 집착합니다. 그것이 어리석음이고 사견이고 욕심입니다. 알기 때문입니까, 모르기 때문입니까? 모르기 때문입니다. 그렇게 모르는 것이 어리석음·무지·무명입니다.

붓다에게는 어리석음이 없기 때문에 고통을 고통으로 압니다. 그것이 고성제를 아는 지혜입니다. 고통을 고통으로 아니까 고통을 버립니다. 고통을 행복으로 착각하지 않는다는 사실이 아주 중요합니다. 우리 중생들은 고통을 행복으로 착각하기 때문에 윤회하는 것입니다. 인간도, 천신도, 범천도 고통을 행복이라고 착각하고 있습니다. 착각하기 때문에 고통뿐인 삶을 계속 거머쥐고 욕심냅니다. 그러면 계속 고통스러울 수밖에 없습니다. 그래서 붓다께서 고통을 고통으로 알았다는 사실이 대단한 것입니다.

고통을 모르고 고통에서 벗어날 수 있을까요? 못 벗어납니다. 고통에서 벗어나기 위해 제일 먼저 해야 하는 일이 고통을 아는 것입니다. 내 문제가 무엇인지를 모르고 문제를 해결할 수 있을까요? 질문을 받았는데 무엇을 물어보는지 모르면 대답을 잘할 수 있겠습니까? 질문조차 이해하지 못하면서 어떻게 정답을 말하겠습니까? 우리의 문제가 고통을 고통으로 모른다는 것입니다. 고통을 모르면 절대로 고통에서 벗어나지 못합니다.

붓다의 특별한 지혜인 '아빈 냐나'는 중생들이 모르는 고성제를 아는 것입니다. 인간들 중에서 공부 잘하는 학자나 떵떵거리는 권세가나 재벌도 고통을 모르면 고통 속에서 사는 범부일 뿐입니다. 신이나 범천도 고통을 모르면 고통 속에 사는 중생입니다.

고성제를 아는 것이 고통에서 벗어나 행복해지는 길입니다. 그 행복은 다시 고통에 빠지지 않는 완전한 행복입니다. 고성제를 아는 것이 붓다를 아주 특별하고 대단한 사람으로 만드는 이유입니다. 다시 말해서 모든 중생들이 행복할 수 있는 기회를 붓다께서 주시는 것입니다. 그것을 '빠린녜예 담메 빠린녜야또'라고 합니다. 확실하게 알아야 하는 고통을 확실하게 알기 때문에 붓다라고 말할 수 있습니다. 삼마삼붓도(올바르게 스스로 깨달은 붓다)라고 말할 때 무엇을 깨달았는지 이해가 되나요? 둑카삿짜(고성제)를 깨달은 것입니다. '빠린녜예 담메 빠린녜야또'라고 할 때 고성제를 남김없이 확실하게 안다는 것입니다. 이것은 알고 저것은 모른다는 그런 부분적인 앎이 붓다에게는 없습니다. 빠리(완벽하게), 녜야(안다), 빠지는 것 없이 확실하게 알기 때문에 붓다입니다.

(나) 빠하땁베 담마

Pahātabbe dhamme pahātabbato buddho sammāsambuddho
빠하땁베 담메 빠하땁바또 붓도 삼마삼붓도
버려야 하는 법을 다 버렸다, 그래서 정등각자이다.

빠하땁베 담메(버려야 하는 법), 빠하땁바또(버렸기 때문에), 붓도(부처), 삼마삼붓도(정등각자), 삼마(올바르게), 삼(스스로).

우리는 버려야 하는 것을 아직 버리지 못하였기 때문에 윤회에서 고통스럽게 끊임없이 빙빙 돌고 있습니다. 붓다께서는 다 버렸습니다. 그러면 버려야 하는 것이 무엇인가요? 고통을 고통인 줄 모르고 있는 어리석음과, 고통을 행복으로 착각하고 있는 사견과, 고통을 행복인 줄 알고 욕심 부리고 있는 갈애입니다. 갈애를 비롯한 모든 낄레사(번뇌)를 버려야 합니다. 그런데 우리는 도리어 욕심을 키우고 있습니다. 태어나서 죽을 때까지 매일 밤낮으로 열심히 하고 있는 일이 무엇입니까? 버려야 하는 욕심을 열심히 모으면서 살고 있습니다.

그렇게 어리석은 삶을 살고 있음이 이해가 되나요? 붓다와 우리가 뭐가 다른지 잘 생각해 보시기 바랍니다. 붓다는 버려야 하는 것을 버렸습니다. 그렇게 버릴 수 있는 이유가 무엇입니까? 고통을 고통으로 알기 때문입니다. 어리석음이 없어 고통을 고통으로 알기 때문에 욕심을 내지 않고 모든 번뇌를 다 버릴 수 있는 것입니다. 번뇌를 다 버렸다는 것이 무슨 뜻입니까? 집성제를 버렸다는 말입니다. 집성제는 갈애입니다. '버려야 하는 집성제를 완전히 버렸다. 그래서 붓다이다.' 즉 알아야 하는 고성제를 다 알기 때문에 붓다이고, 버려야 하는 집성제를 다 버렸기 때문에 붓다입니다.

(다) 삿치까땁베 담마

Sacchikātabbe dhamme sacchikātabbato buddho
삿치까땁베 담메 삿치까땁바또 붓도
sammāsambuddho
삼마삼붓도
성취해야 하는 법들을 성취했기 때문에 정등각자이다.

삿치까땁베(성취해야 하는 것, 도달해야 하는 것을), 삿치까땁바또(성취했다, 도달했다. 직접 가졌다).

다른 사람 말로만 듣고 끝나는 것이 아니고 본인의 눈으로 직접 보는 것과 같이 닙바나를 보고 닙바나에 도달하였습니다. 멸성제(닙바나)는 성취해야 하는 것입니다. 도달해야 하는 목적지가 멸성제입니다. 멸성제를 말로 끝내는 것이 아니고 본인의 눈으로 직접 보는 듯이 성취하고 올바르게 스스로 도착했기 때문에 삼마삼붓도입니다.

멸성제를 이론적으로만 알고 직접 도달하지 못한 사람을 붓다라고 말한다면 그 붓다는 대단하지 않습니다. 세상에는 이론적으로만 말하는 사람들이 많은데, 붓다는 그렇지 않고 체험해서 직접 깨달은 것만 말씀하십니다. 붓다는 닙바나(열반)를 언제든지 즐길 수 있습니다. 붓다는 언제든지 과 선정으로 들어가거나 멸진정으로 들어가서 바로 닙바나를 누릴 수 있는 분이십니다. 법문하시다가도 법문 듣는 사람이 "사두, 사두, 사두!"를 부르는 순간 일 분도 안 걸리는 사이에 붓다께서는 닙바나를 누릴 수 있습니다. 붓다는 그 정도로 멸성제(닙바나)를 직접 성취하신 분입니다. 멸성제를 성취했다면 고성제(고통)의 소멸과 집성제(고통의 원인)의 소멸을 알고 있는 분이란 말입니다. 대단하지요?

우리가 붓다를 대단하다고 하는 이유는 본인이 직접 모든 고통을 소멸시키는 길로 가셨고 또 모든 중생들도 고통의 소멸로 갈 수 있게끔 가르치신 분이기 때문입니다. 사실 스스로 깨달아 알고, 그것을 우리에게 알려 주고 그 길로 잘 갈 수 있도록 이끌어 주시는 분만큼 고맙고 귀한 분이 어디 있겠습니까? 그것도 차별없이 모든 중생들에게 보여 주셨습니다. 붓다께서는 모든 중생들을 똑같이 불쌍하게 여기시고 똑같은 자비를 베풀고 똑같은 지혜로 대해 주십니다. 그런 붓다가 삼마삼붓다입니다.

(라) 바웨땁베 담메

Bhāvetabbe dhamme bhāvetabbato
바웨땁베 담메 바웨땁바또
buddho sammāsambuddho
붓도 삼마삼붓도
수행해야 하는 법들을 다 수행했기 때문에 정등각자이다.

바웨땁베(훈련해야 되는, 반복해야 되는, 수행해야 하는), 담메(법들을), 바위땁바또(수행했기 때문에, 훈련했기 때문에, 많이많이 반복하면서 수만 번 수억 번 본인이 스스로 수행해 왔기 때문에), 그 분이 삼마삼붓다입니다.

이론적으로는 알지만 실천을 하지 않는다면 사실은 모르는 것과 같습니다. 그래서 알아야 하는 것을 알기 위해서 붓다께서는 끊임없이 수행해 왔습니다. 한 생만이 아닙니다. 여러분들이 일주일 했다고, 십 일 했다고, 보름 했다고, 한 달 했다고, 일 년 했다고, 십 년 했다고, 백 년 했다고 큰소리치지 마세요. 붓다께서는 백 생, 천 생, 만 생을 넘어 십만 생, 백만 생, 백억 생을 넘어서 무수한 겁을 지나는 동안 꾸준히 수행을 해 오셨습니다.

붓다께서는 그렇게 수행하셔서 마지막 생에 싯닷타 태자로 태어나서 부처로 깨달았습니다. 붓다께서 이 법을 알기 위해서 얼마나 고군분투 하셨는지를 아셔야 합니다. 붓다께서는 빠라미를 하면서 본인이 혼자 깨닫기 위해서는 이 무수한 겁 네 번과 십만 겁 전에 깨달을 수 있었습니다. 그러나 그 기회를 놓아 버리고 혼자 깨닫는 것보다는 붓다로 크게 깨달아서 모든 중생들에게 회향하고 싶다고, 모든 중생들을 돕고 싶다고, 깨달을 수 있는 준비가 되어 있는 자에게 깨달을 수 있는 길을 가르치고 싶다고 원을 세우고 고군분투하신 세월이 무수한 겁이 네 번이 지난 것입니다. 우리가 지금 살고 있는 한 겁만 해도 시작해서 멸망할 때까지 엄청난 기간을 지나야 되는데, 그러한 무수한 겁을 네 번 지난 것입니다. 숫자를 세다가 그 많은 숫자를 다 못 세어서 지워 버린 것이 네 번입니다. 1부터 시작한 숫자가 헤아릴 수 없이 너무 많아서 지워 버리고 다시 1부터 시작하는, 그런 것을 네 번 지나고 또 십만 만 겁을 거치면서 부처가 되기 위해서 수행해 왔던 것입니다.

그래서 깨달음은 하루아침에 되는 일이 아니고 하늘에서 누가 던져 주는 것이 아니고 누가 창조해 준 것이 아니고, 붓다께서 직접 배우고 실천했던 것입니다. 국가대표 운동선수가 되기 위해서 십 년 넘게 하루에 몇 시간씩을 훈련해야 합니까?

붓다께서 부처가 되기 위해서 얼마나 오랫동안 노력했는지를 여러분들이 비교해 보세요. 뭔가 하나를 잘하려면 그것을 반복해서 많이 해야 합니다. 시간적으로도 엄청나게 많이 투자하고, 마음의 행동과 입의 행동과 몸의 행동으로도 무수히 반복해야 합니다. 그런데 지금 우리는 얼마나 수행했습니까? 지금 우리가 하고 있는 것은 아무것도 아닙니다. 우리는 붓다에 비하면 아주 조금만

한 것인데, 왜 안 되느냐고 그렇게 생각하는 것은 부끄러운 일입니다.

여러분들이 붓다를 얼마나 존경해야 되는 분인지, 왜 모셔야 하는지 알아야 합니다. 붓다께서는 무수한 겁을 지나면서 '바워땁베담메 바워땁바또', 해야 하는 도성제(팔정도)를 끊임없이 실천 수행했습니다. 팔정도를 끊임없이 수행해 왔기 때문에 고통을 고통으로 알고, 고통이 갈애 때문에 생기는 것도 알았습니다. 그렇게 고통을 알고 갈애를 버리니 저절로 닙바나(열반)에 도달하였습니다. 고통과 고통의 원인을 소멸시킬 수 있는 방법은 오로지 이 도성제(팔정도)뿐입니다. 그래서 이 말을 잘 기억하시기 바랍니다.

> "도성제를 끊임없이 수행해야 고성제를 알고 집성제를 버리면서 멸성제에 도착한다."

붓다가 깨달은 것이 사성제이고 우리도 수행하여 깨달아야 하는 것이 똑같이 사성제입니다. 매 순간 우리가 보고 있는 고통이 바로 몸과 마음입니다. 이 몸과 마음이 오온이고 고성제입니다. 우리는 그것을 모르고 고통을 행복이라고 착각하고 있습니다.

몸과 마음을 끊임없이 관찰하는 것이 중요합니다. 그것이 수행입니다. 끝도 없이 생로병사로 윤회의 굴레를 빙빙 돌고 있는 고성제라는 몸과 마음을 계속 관찰하는 것이 도성제입니다. 도성제 때문에 번뇌가 사라지고, 어리석음이 사라지기 때문에 고(苦)를 고(苦)로 알게 되는 것입니다. 관찰하는 순간에 어리석음이 사라지기 때문에 고에 대한 사견이 없어집니다. 고통을 행복이라고 착각하지 않습니다. 고(苦)를 고(苦)로 알고 고(苦)를 행복이라고 착각하지 않을 때 집성제를 버리게 됩니다. 고(苦)를 아는 것은 도성제를 수행하기 때문이고 집(集)을 버리는 것도 도성제를 수행하기 때문입니다.

여러분들이 한 순간 한 순간 관찰할 때마다 고(苦)를 알고 집(集)을 버리고 있는 것입니다. 그러면 욕심의 순간적인 소멸이 됩니다. 그것이 따당가니로다(순간소멸)입니다. 십이연기로 볼 때는 어리석음(아윗자)이 소멸하면, 행(상카라)이 소멸하면, 식(윈냐나)이 소멸하면, 명색(나마루빠)이 소멸하면, 촉(팟사)이 소멸하면, 수(웨다나)가 소멸하면, 갈애가 소멸되면, 마침내 생(生)이 소멸한다는 말입니다. 생이 소멸되는 것이 바로 닙바나입니다. 이렇게 관찰하는 순간 십이연기를 역방향으로 돌면서 순간소멸을 이루게 하는 것이 바로 도성제입니다. 붓다께서 올바르게 특별하게 안다는 것이 바로 그것입니다.

'아빈녜예 담메 아빈녜야또 붓도'에서 확실하고 특별하게 알아야 하는 법이 사성제입니다. 사성제를 특별하게 알고 나서 붓다가 되었습니다. 이 세상에는 헤아릴 수 없이 많은 중생들이 있는데 그 누구도 알아내지 못한 이 진리를 혼자서 올바르게 스스로 깨달았기 때문에 붓다가 대단한 것입니다. 그런데 혼자만 깨닫고 혼자만 행복하다면 전혀 대단하지 않습니다.

붓다께서는 그 진리를 발견하여 모든 중생들이 고통에서 벗어나 행복할 수 있는 길을 우리들에게 가르쳐 주시기 때문에 우리가 붓다께 절하고 붓다를 따르고 붓다를 모시는 것입니다. 우상숭배가 아닙니다. 우리는 붓다가 너무 감사하여 잊을 수가 없기 때문에, 붓다의 은혜를 아무리 열심히 갚아도 모자라기 때문에 불상을 만들면서까지 잊지 않으려고 하는 것입니다. 붓다는 이 세상에서 모든 중생들에게 제일 은혜로운 분입니다. 붓다는 세상의 어둠을 깨달음의 빛으로 밝혀준 위대한 분이시기 때문입니다.

붓다께서 어떤 바라문에게, "붓다는 어떤 사람이라고 생각하는가?" 이렇게 물으시고 다음과 같이 대답하셨습니다.

Abhiññeyyaṃ abhiññātaṃ bhāvetabbañca bhāvitaṃ,
아빈네이양 아빈냐땅 바웨땁반짜 바위땅
나는 알아야 하는 것을 다 꿰뚫어 알고 수행해야 하는 것을 완벽하게 했다.

Pahātabbaṃ pahinaṃ me tasmā buddhosmi brāhmaṇa"
빠하땁방 빠히낭 메 따스마 붓도스미 브라흐마나
그리고 버려야 하는 것을 다 완벽하게 버렸다. 그래서 내가 부처이다.

(4) 붓다께서 수행하신 구체적 방법

붓다께서는 어떻게 사성제를 깨달았습니까?

Cakkhuṃ dukkhasaccaṃ
짝쿵 둑카삿짱
눈이 고성제이다.

짝쿵(눈이) 둑카삿짜(고성제)이다. 눈이 고통이라고 어떻게 알아요? 붓다도 우리처럼 위빳사나 수행을 해서 알게 됩니다. 매 순간 볼 때마다 '봄 봄……'이라고 관찰하고, 물론 '봄, 봄'이라고 붓다께서는 명칭을 붙이지 않으셨겠지만 볼 때마다 사띠(sati)하는 것입니다. 사띠는 잊지 않음, 기억하고 있음, 놓치지 않음, 주의 깊음, 조심스러움, 깨어있음입니다.

볼 때마다 눈을 관찰하니까 눈의 실재를 알게 됩니다. 눈을 관찰하니 '아! 이 눈이 있음이 고통스럽구나. 눈의 물질이 계속 생기고 사라지고 생기고 사라지고 하는구나. 눈으로 보면서 번뇌가 일어나는구나.'라고 알게 됩니다. 또 눈이 하나 생겨서 계속 있는 것이 아님을 알게 됩니다. 여기서 눈이란 눈알을 말하는 것이 아니고 눈동자 안에 형상을 잡아낼 수 있는 눈의 감성 물질(맑은 물질)을 말합니다. 눈의 감성 물질이 계속 생기고 사라지고 있는 것을 지혜의 눈으로 봅니다.

눈의 감성 물질이 있기 때문에 어떻게 되나요? 형상을 보게 됩니다. 형상을 보기 때문에 어떻게 되나요? 보고 즐거운 느낌이 나면 욕심이 생기고, 괴로운 느낌이 나면 화가 납니다. 또 덤덤한 느낌이 나면 어리석음이 생깁니다. 그래서 이 눈을 가지게 됨으로써 엄청나게 복잡해집니다. 욕심을 부리면 욕심 따라 보고 또 보고, 보고 싶은 것을 더 보기 위해 그것을 돈으로 사서 가지게 되고, 남자가 여자를, 여자가 남자를, 나중에는 부모가 되어 아들딸을 데리고 살게 됩니다. 내가 사랑하고 좋아하는 것이 망가지면 매우 괴롭습니다. 내가 가지고 싶은 것을 다른 사람이 가져가기도 합니다. 그러면 서로 가지려고 싸우게 됩니다. 마침내 전쟁까지 일어납니다. 이렇게 매우 복잡해집니다. 눈이 존재하는 자체가 너무 고통스럽습니다. 그래서 짝쿵 둑카삿짜(눈이 고통이다)라고 압니다.

눈으로 보는 것이 고통임을 아니까 눈이 생기기를 바라는 욕심이 사라지고, 더 이상 눈을 가지고 싶지 않다고 합니다. 눈을 가지지 않기 위해서는 태어나지 말아야 합니다. 그래서 태어나고자 하는 생의 욕심이 없어지고, 욕심이 없어지니까 다시 태어나지 않는 것입니다. 되고 싶은 것이 많으면 고통이 많아집니다. 되고 싶은 것을 줄이면 고통이 줄어듭니다. 되고 싶은 것이 전혀 없으면 고통이 아예 없습니다. 이렇게 갈애가 없으면 태어남이 없고 태어남이 없으면 늙음도 병듦도 죽음도 없어 고통이 없습니다. 조금의 고통도 없는 것이 닙바나(열반)입니다.

붓다는 '짝쿵 둑카삿짜(눈이 고성제이다)'라는 것을 알았습니다. 그러면 왜 눈이 생기는가? 원했기 때문입니다. 눈이 생기는 것은 과보입니다. 우리가 사람으로 태어나는 업을 지었기 때문에 사람으로 태어나 죽을 때까지 '업생물질(業生物質)'의 하나인 눈의 감성물질이 만들어집니다.

물질이 만들어지는 원인이 네 가지가 있는데 업, 마음, 온도(기후), 음식입니다. 눈은 업 때문에 생깁니다. 우리가 음식을 먹어서 눈이 생긴 것이 아닙니다. 우리 마음이 눈을 가지자고 해서 눈이 생긴 것도 아닙니다. 또 온도(기후) 따라 눈이 생기지도 않습니다. 온도(기후) 따라 눈이 생긴다면 겨울에 생기는 눈, 여름에 생기는 눈, 가을에 생기는 눈이 있을 것입니다. 눈은 업으로만 생깁니다. 그러면 그 업을 누가 지었습니까? 욕심이 지었습니다. 그때 무엇인가를 하고 싶어 했고 무엇인가가 되고 싶어 했습니다. 그런 갈애로 인해 업이 되었고, 그 업보로 사람으로 태어났고, 태어났기 때문에 눈이 생겼습니다.

Tassa mūlakāraṇabhāvena samuṭṭhāpikā purimataṇhā
땃사 물라까라나바웨나 사뭇타삐까 뿌리마딴하
samudayasaccaṃ,
사무다야삿짱
눈이 생기는 근원은 과거의 갈애이고 그것이 집성제이다.

따사(이 눈에), 물라까라나바웨나(원초적인 뿌리라고 할 수 있는), 사무타삐까(눈을 생기게끔 하고 있는), 뿌리마딴하(과거에 있었던 갈애가, 전생에 업을 지을 때 있었던 번뇌가), 사무다야삿짜(집성제, 원인)입니다.

과거에 있었던 갈애가 집성제이고, 현재 있는 눈이 고성제입니다. 현재의 눈을 생기게끔 한 과거의 원인이 갈애이지만 갈애와 함께 어리석음도 있습니다. 어리석음이 있다면 취착이 있습니다. 거기에 모든 번뇌가 들어갑니다. 그래서 전생에 있었던 갈애를 비롯한 모든 번뇌가 이번 생에 사람으로 태어날 업을 만든 집성제입니다. 그 집성제로 인해서 고성제인 눈이 생겼습니다.

Ubhinnaṃ appavatti nirodhasaccaṃ
우빈낭 압빠왓띠 니로다삿짱
두 가지(고성제·집성제)가 생기지 않는 것이 멸성제이다.

우빈낭(두 가지가, 고성제와 집성제가), 압빠왓띠(생기지 않으면), 니로다삿짜(멸성제)입니다.

눈이 생기지 않는다면 왜 눈이 생기지 않는가? 눈을 생기게 하는 번뇌가 없어졌기 때문입니다. 번뇌를 도성제로 잘라냈습니다. 깨달음의 도 지혜로 번뇌를 뿌리까지 잘라 버릴 때, 원인이 죽었으니 원인 따라 생기는 고성제가 사라지게 됩니다. 두 가지는 고성제와 집성제이고 그 두 가지의 소멸이 멸성제입니다.

> Nirodhapajānanā paṭipadā maggasaccanti evaṃ
> 니로다빠자나나 빠띠빠다 막가삿짠띠 에왕
> Ekekapaduddhārenāpi sabbadhamme sammā sāmañca buddho
> 에께까빠둣다레나삐 삽바담메 삼마 삼만짜 붓도
> 소멸을 아는 실천 수행법이 도성제이다. 이것은 모든 법을 올바르게 스스로 깨닫게 하는 유일한 길이다.

니로다(소멸을), 빠자나나(아는), 빠띠빠다(수행법이), 막가삿짜(도성제)입니다. 깨달을 수 있는 힘을 가지고 있는 수행법이 도성제입니다. 모든 법을 올바르게 스스로 깨달아 닙바나로 가는 유일한 길이 도성제입니다. 도성제는 팔정도를 말합니다. 그것은 여러분들이 매 순간 수행하고 있는 팔정도입니다. 여러분들이 매 순간 노력(정정진)하고, 사띠(정념)하고, 집중(정정)하고 있는 것이 도성제입니다. 매 순간 있는 그대로의 사실을 알고 있는 지혜(정견과 정사유)가 도성제입니다. 바른 말(정어)을 하고, 바른 행동(정업)을 하고, 바른 생계(정명)를 하는 것이 도성제입니다. 이와 같이 도성제가 소멸을 알 수 있는 유일한 길입니다.

붓다께서 어떻게 깨달으셨는지 이해가 되나요? 눈을 관찰하면서 눈이 고성제임을 알았고 눈을 생기게 하는 이유가 전에 있었던 번뇌인 집성제임을 알았고 이 두 가지가 소멸하는 것이 멸성제이고, 멸성제인 소멸로 갈 수 있는 길이 도성제라고, 붓다께서 실제 눈으로 보면서 깨달았습니다. 그리고 들으면서 깨달았습니다. 들으면서 어떻게 알았습니까? 귀가 고성제이다, 그리고 귀의 들음을 일으키고 있는, 전에 업을 지었던 번뇌가 집성제이고, 고성제와 집성제의 두 가지의 소멸이 멸성제이다, 그리고 멸성제로 갈 수 있는 길이 도성제라고 알았습니다. 냄새를 맡으면서도 마찬가지입니다. 코가 무엇입니까? 고성제입니다. 그리고 이 코를 계속 생기게끔 하고 있는, 전에 업을 지을 때 있었던 번뇌가 집성제입니다. 그 두 가지의 소멸이 멸성제입니다. 멸성제를 성취할 수 있는 수행법이 도성제입니다. 이렇게 매 순간 6문에서 사성제를 깨닫고 있는 것입니다.

앎을 더 확대시키면 눈과 형상과 안식이 고성제입니다. 그리고 그때 생긴 촉(觸, 팟사, 감각 접촉)과 수(受, 웨다나, 느낌)가 고성제입니다. 수(느낌)에서 갈애를 일으키면 갈애가 새로운 집성제가 되는 것이지요.

우리가 수행하고 있으면 매 순간 사성제를 깨닫고 있는 것입니다. 볼 때 보는 것을 관찰하면 수(느낌)에서 갈애로 넘어가지 않습니다. 그러면 취착이 없기 때문에 번뇌가 없고 번뇌가 없으면 업이 생기지 않아 과보도 없습니다. 즉 미래의 태어남이 없습니다. 이것을 찰나소멸이라고 하지요.

과보가 생기지 않게 업장을 소멸시킬 수 있는 것은 위빳사나 수행뿐입니다. 현재의 업장 소멸과 위빳사나 수행은 이렇게 밀접한 관계가 있습니다. 위빳사나 수행의 힘이 100% 차서 깨달음의 도가 될 때 과거의 업장까지 소멸시킵니다. 그래서 위빳사나 수행이야말로 윤회에서 벗어날 수 있는 유일한 길입니다. 사마타(선정계발) 수행은 업장을 소멸시킬 수는 없습니다. 사마타 수행은 선업이지만 업장이 쌓여지는 것입니다. 즉 선정의 힘으로 범천이 되지만 범천도 윤회합니다. 반면에 위빳사나 수행은 업을 쌓지 않게 하고 오히려 위빳사나 지혜가 힘이 꽉 차서 도 지혜가 될 때는 과거의 업장까지 소멸시킵니다. 그래서 수다원은 사악처를 윤회하지 않고, 사다함은 욕계 선처를 딱 한 번만 윤회하고, 아나함은 범천으로만 윤회하고, 아라한은 윤회를 종식시킵니다.

사마타 수행을 하는 것은 선정으로 마음의 집중력을 향상시켜 위빳사나 수행을 더 세밀하게 잘하기 위함입니다. 그래서 사마타 수행만 고집하면서 욕심내면 잘못하는 것입니다. 사마타 수행을 하더라도 위빳사나 지혜로 올라가기 위한 계단으로 삼으면 됩니다.

Esa nayo sotaghānajivhākāyamanesu.
에사 나요 소따가나지화까야마네수
이런 식으로 귀·코·혀·몸·마음에서도 사성제를 깨달았다.

에사 나요(똑같은 방법으로, 눈에서 관찰한 것과 마찬가지로), 소따(귀), 가나(코), 지화(혀), 까야(몸), 마나(마음)에서도 붓다께서 사성제를 깨달았다고 말하고 있습니다.

Eteneva nayena rūpādīni cha āyatanāni,
에떼네와 나예나 루빠디니 차 아야따나니
이와 같이 형상 등 여섯 가지 대상에서도 사성제를 깨달았다.

에떼네와 나예나(이 방법대로), 루빠디니 차 아야따나니(형상으로 시작하는 여섯 가지 대상들)[3]라는 말입니다. 형상·소리·냄새·맛·감촉·법 등의 이 여섯 가지 대상에서도 붓다께서 사성제를 깨달았습니다.

Cakkhuviññāṇādayo chaviññāṇakāyā,
짝쿠윈냐나다요 차윈냐나까야
안식(眼識) 등 여섯 가지 식에서도 사성제를 깨달았다.

짝쿠윈냐나다요(안식 등등), 사성제를 깨달았듯이 안식·이식·비식·설식·신식·의식이라는 여섯 가지 식에서도 사성제를 깨달았습니다.

Cakkhusamphassādayo cha phassā,
짝쿠삼팟사다요 차 팟사
안촉(眼觸) 등 여섯 가지 촉에서도 사성제를 깨달았다.

3 루빠디니 차 아야따다니(형상으로 시작하는 6가지 대상들): '루빠디니'는 '루빠'와 '아디니'의 합성어로, 루빠(형상), 아디(~등등, 시작함), 차 아야따다(6가지 대상, 6처處).

'안·이·비·설·신·의'의 육입(六入)이 각각의 여섯 가지 대상을 만나는 것을 촉(phassā팟사)이라고 합니다. 촉은 우리가 두 손을 마주 잡듯이 육체적으로 직접 서로 맞닿는 것이 아니고 정신적인 접촉(mental contact)입니다. 눈과 형상이 촉하고, 귀와 소리가 촉하고, 코와 냄새가 촉하고 혀와 맛이 촉하고, 몸과 닿음이 촉하고, 마음과 법이 촉합니다. 이렇게 눈의 촉(안촉), 귀의 촉(이촉), 코의 촉(비촉), 혀의 촉(설촉), 몸의 촉(신촉), 마음의 촉(의촉), 이 여섯 가지 촉에서 붓다께서 사성제를 깨달았습니다.

Cakkhusamphassajādayo cha vedanā,
짝쿠삼팟사자다요 차 웨다나
안촉수(眼觸受) 등 여섯 가지 수(느낌)에서도 사성제를 깨달았다.

'안·이·비·설·신·의'의 육입에서 각각의 여섯 가지 대상과 접촉하게 되면 각각에 따른 여섯 가지 수(受, 느낌)가 일어납니다. 눈과 함께한 촉을 통해서 생기는 수(느낌)인 안촉수(짝쿠삼팟사자웨다나, 眼觸受)가 있습니다. 귀와 함께한 촉을 통해서 생기는 수(느낌)인 이촉수(소따삼팟사자웨다나, 耳觸受)가 있습니다.

수(느낌)는 촉하면 반드시 일어나게 되는 결과입니다. 눈으로 볼 때, 보고 즐거운 느낌이나 괴로운 느낌이나 덤덤한 느낌이 생길 수 있습니다. 귀로 소리를 들을 때, 듣고 괴로운 느낌이나 즐거운 느낌이나 덤덤한 느낌이 생길 수 있습니다. 코로 냄새를 맡을 때, 냄새 맡고 즐거운 느낌이나 덤덤한 느낌이나 괴로운 느낌이 생길 수 있습니다. 이렇게 육입에서 생기는 여섯 가지 촉이 있고, 여섯 가지 촉에 따라 생기는 여섯 가지 느낌(안촉수·이촉수·비촉수·설촉수·신촉수·의촉수)이 있습니다.

느낌의 종류는 세 가지가 있지요? 행복한(sukha수카), 괴로운(dukkha둑카), 괴롭지도 행복하지도 않은 중간 느낌(adukkhamasukhā아둑카마수카)으로 표현합니다.

느낌을 다섯 가지로 말하기도 하는데, 그때는 정신적 느낌과 육체적 느낌으로 세분합니다. 그래서 육체적 행복(sukha수카), 육체적 고통(dukkha둑카), 정신적 즐거움(somanassa소마낫사), 정신적 괴로움(domanassa도마낫사), 그리고 중간 느낌인 덤덤함(upekkhā우뻭카)으로 나눕니다. 붓다께서는 이 느낌에서도 똑같이 사성제를 깨달았습니다.

> Rūpataṇhādayo cha taṇhākāyā,
> 루빠딴하다요 차 딴하까야
> 형상 등 여섯 가지 대상들에 대한 갈애에서 사성제를 깨달았다.

느낌에 따라 갈애가 생깁니다. 느낌에서 즐거운 느낌이 오면 욕심이 생기고, 괴로운 느낌이 오면 성냄이 생기고, 덤덤한 느낌이 오면 어리석음이라는 번뇌들이 생깁니다. 이런 식으로 형상·소리·냄새·맛·감촉·법들에서 마음이 딴하(갈애)를 일으키면 그 갈애에 대해서도 붓다께서 사성제를 깨달았습니다.

Rūpavitakkādayo cha vitakkā,
루빠위딱까다요 차 위딱까
형상 등 여섯 가지 대상에서 일으키는 생각이 있으면 거기에서 사성제를 깨달았다.

루빠위딱까(형상에 대한 일으키는 생각), 마찬가지로 소리에 대한 일으키는 생각, 냄새에 대한 일으키는 생각, 맛에 대해 일으키는 생각, 감촉에 대해 일으키는 생각, 법에 대해 일으키는 생각들이 있습니다. 위딱까(일으키는 생각)는 이것저것 마음을 계속 일으키고 생각을 자꾸 일으키고 있는 것입니다. 그런 여섯 가지 위딱까에서도 사성제를 깨달았습니다.

Rūpavicārādayo cha vicārā,
루빠위짜라다요 차 위짜라
형상 등 여섯 가지 대상에서 지속적 고찰이 있으면 거기에서도 사성제를 깨달았다.

형상·소리·냄새·맛·감촉·법, 이 여섯 가지 대상에 마음이 가서 자꾸 살피고 있는 것이 위짜라(지속적 고찰)인데, 위짜라에 대해서도 사성제를 깨달았습니다.

Rūpakkhandhādayo pañcakkhandhā,
루빠칸다다요 빤짝칸다
색온 등의 오온에 대해서도 사성제를 깨달았다.

오온은 색온·수온·상온·행온·식온입니다. 색온은 이 몸을 말하고 수온·상온·행온·식온은 정신을 말합니다. 즉 오온이 바로 우리의 몸과 마음입니다. 이 오온을 관찰하면서 붓다께서는 사성제를 깨달았습니다.

Dasa kasiṇāni,
다사 까시나니
열 가지 까시나를 수행하셨다.

열 가지 까시나(kasiṇa)는 ① 빠타위(Pathavī, 흙) ② 아뽀(āpo, 물) ③ 떼조(tejo, 불) ④ 와요(vāyo, 바람) ⑤ 닐라(nīla, 짙은 밤색) ⑥ 삐따(pīta, 노란색) ⑦ 로히따(lohita, 빨간색) ⑧ 오다따(odāta, 흰색) ⑨ 아까사(ākāsa, 허공) ⑩ 알로까(āloka, 광명)입니다.

이 열 가지 까시나를 관찰하면서 사마타 수행을 하셨습니다.

Dasa anussatiyo,
다사 아누사띠요
열 가지 계속해서 생각하는 수행을 하셨다.

다사(10가지), 아누사띠(계속 잊지 않고 숙지함, 수념隨念). 열 가지 수념은

① 붓다눗사띠(Buddhānussati, 부처님의 공덕을 숙지하는 것)
② 담마눗사띠(Dhammānussati, 법의 공덕을 숙지하는 것)
③ 상가눗사띠(Saṅghānussati, 상가의 공덕을 숙지하는 것)

④ 실라눗사띠(Sīlānussati, 계율을 숙지하는 것)

⑤ 짜가눗사띠(Cāgānussati, 보시의 공덕을 숙지하는 것)

⑥ 데와따눗사띠(Devatānussati, 천신들의 공덕을 숙지하는 것)

⑦ 우빠사마눗사띠(Upasamānussati, 닙바나의 공덕을 숙지하는 것)

⑧ 마라나눗사띠(Maraṇānussati, 죽음을 숙지하는 것)

⑨ 까야가따사띠(Kāyagatāsati, 32가지 부분상을 숙지하는 것)

⑩ 아나빠낫사띠(Ānāpānassati, 들숨 날숨을 계속 숙지하는 것)

이런 식으로 열 가지를 숙지하는 법을 '아눗사띠'라고 하는데 그것들도 수행하셨습니다.

Uddhumātakasaññādivasena dasa saññā,
웃두마따까산냐디와세나 다사 산냐
부푼 것 등의 열 가지 시체의 부정을 보는 수행을 하셨다.

다사산냐(열 가지 지각〈상想〉)는 다사아수바(dasa asubhā, 열 가지 시체의 부정〈不淨, 더러움〉을 보는 수행)와 같은 말인데,

① 웃두마따까(Uddhumātaka, 부푼 것)

② 위닐라까(vinīlaka, 검푸른 것)

③ 위뿝바까(vipubbaka, 문드러진 것)

④ 윗칫다까(vicchiddaka, 끊어진 것)

⑤ 윅카이따까(vikkhāyitaka, 뜯어 먹힌 것)

⑥ 윅킷따까(vikkhittaka, 흩어진 것)

⑦ 하따윅킷따까(hatavikkhittaka, 뿔뿔이 흩어진 것)

⑧ 로히따까(lohitaka, 피가 흐르는 것)

⑨ 뿔라와까(puḷavaka, 벌레가 우글거리는 것)

⑩ 앗티까(aṭṭhika, 해골이 된 것)

시체를 들판에 버려 두면 날이 지나면서 이렇게 점점 썩어갑니다. 그 변화를 열 가지 단계로 보고 지혜를 계발하는 사마타 수행법인데 그런 수행도 하셨습니다.

Kesādayo dvattiṃsākārā,
께사다요 드왓띵사까라
머리카락 등 몸의 32부분상을 보는 부정수행도 하셨다.

머리카락, 몸의 털 등등을 32가지로 나누어 몸의 더러움을 보는 수행법도 실천하셨습니다.

몸의 32부분상은 께사(kesā, 머리카락), 로마(lomā, 몸의 털), 낙카(nakhā, 손발톱), 단따(dantā, 이빨), 따조(taco, 피부), 망상(maṃsaṃ, 근육), 나루(nhāru, 인대), 앗티(aṭṭhi, 뼈), 앗티민장(aṭṭhimiñjaṃ, 골수), 왁깡(vakkaṃ, 콩팥), 하다양(hadayaṃ, 심장), 야까낭(yakanaṃ, 간장), 낄로마깡(kilomakaṃ, 늑막), 삐하깡(pihakaṃ, 비장), 빱파상(papphāsaṃ, 폐), 안땅(antaṃ, 장), 안따구낭(antaguṇaṃ, 장간막), 우다리양(udariyaṃ, 위장 내 음식물), 까리상(karīsaṃ, 대변), 맛타룽강(matthaluṅgaṃ, 뇌), 삣땅(pittaṃ, 담즙), 셈항(semhaṃ, 가래), 뿝보(pubbo, 고름), 로히땅(lohitaṃ, 혈액), 세도(sedo, 땀), 메도(medo, 지방), 앗수(assu, 눈물), 와사(vasā, 임파액), 켈로(khelo, 침), 싱가니까(siṅghānikā, 콧물), 라시까(lasikā, 관절액), 뭇땅(muttaṃ, 소변)입니다.

Dvādasāyatanāni,
드와다사야따나니
12처(處)를 알고

12처(눈 · 귀 · 코 · 혀 · 몸 · 마음 · 형상 · 소리 · 냄새 · 맛 · 감촉 · 법)에서도 사성제를 깨달았습니다.

Aṭṭhārasa dhātuyo,
앗타라사 다뚜요
18계(界)를 알고

18가지 요소가 무엇입니까? 눈 · 귀 · 코 · 혀 · 몸 · 마음이라는 여섯 가지 감각 장소(육입)와, 형상 · 소리 · 냄새 · 맛 · 감촉 · 법이라는 여섯 가지 대상(육경)과, 거기서 생기는 안식 · 이식 · 비식 · 설식 · 신식 · 의식 이라는 여섯 가지 마음(육식)의 18가지 요소들에서도 사성제를 깨달았습니다.

Kāmabhavādayo nava bhavā,
까마바와다요 나와 바와
감각적 쾌락의 욕망계의 존재 등 아홉 종류의 존재도 알고

까마바와(욕계), 루빠바와(색계), 아루빠바와(무색계) 등등의 삼세 윤회 모든 중생들과 그 세계를 알았습니다.

나와바와(아홉 종류의 존재)는

① 까마바와(kāmabhava, 감각적 쾌락의 욕망계의 존재)

② 루빠바와(rūpabhava, 색계 존재)

③ 아루빠바와(arūpabhava, 무색계 존재)

④ 사산니바와(sasaññībhava, 유상有想 존재)

⑤ 아산니바와(asaññībhava, 무상無想 존재)

⑥ 네와산니나산니바와(nevasaññīnāsaññībhava, 비상비비상非想非非想 존재)

⑦ 에까오까라바와(ekavokārabhava, 한 무더기 존재)

⑧ 짜뚜오까라바와(catuvokārabhava, 네 무더기 존재)

⑨ 빤짜오까라바와(pañcavokārabhava, 다섯 무더기 존재)

Paṭhamādīni cattāri jhānāni,
빠타마디니 짯따리 자나니
초선정 등 네 가지 선정을 닦고

초선부터 2선, 3선, 4선의 네 가지 선정을 닦아 알았습니다.

Mettābhāvanādayo catasso appamaññā
멧따바와나다요 짜땃소 압빠만냐
자애 등 사무량심을 닦는 수행을 하고

자애를 비롯한 사무량심을 실천 수행합니다. 사무량(catasso appamaññāyo)은 ① 멧따(Mettā, 자애) ② 까루나(karuṇā, 연민) ③ 무디따(muditā, 수희) ④ 우뻭카(upekkhā, 평정)입니다. 붓다께서는 사무량심으로 사는 삶을 브라흐마위하라(brahmavihāra, 고귀한 삶)이라고 하셨습니다.

Catasso arūpasamāpattiyo
짜땃소 아루빠사마빳띠요
네 가지 무색계 선정을 증득하고

무색계 선정이 네 가지가 있습니다.

① 아까사난짜야따나(Ākāsānañcāyatana, 공무변처空無邊處),

② 윈냐난짜야따나(viññāṇañcāyatana, 식무변처識無邊處),

③ 아낀짠냐야따나(ākiñcaññāyatana, 무소유처無所有處),

④ 네와산냐나산냐야따나(nevasaññānāsaññāyatana, 비상비비상처非想非非想處)

Paṭilomato jarāmaraṇādīni,
빠띨로마또 자라마라나디니
늙음 죽음 등에서 역방향으로 숙지하고

십이연기를 역방향으로, 늙음 병듦 죽음으로부터 내려오면서 왜 죽었는가? 태어났기 때문에. 왜 태어났는가? 업이 있었기 때문에. 왜 업을 지었는가? 취착했기 때문에. 왜 취착했는가? 갈애 때문에. 왜 갈애를 가지는가? 수(느낌)가 있었기 때문에. 왜 수가 있었는가? 촉(정신적 접촉) 때문에……, 이런 식으로 십이연기를 역방향으로 숙지하면서 사성제를 깨달았습니다.

Anulomato avijjādīni paṭiccasamuppādaṅgāni ca yojetabbāni.
아누로마또 아윗자디니 빠띳짜사뭅빠당가니 짜 요제땁바니
무명 등에서 시작하여 그로 인해서 생기는 연기법을 순방향으로 숙지해서 알고

십이연기를 순방향으로, 어리석음·무지·무명 때문에 행업을 하고, 그렇게 행했기 때문에 식이 태어나고, 태어나는 식이 있기 때문에 명색(정신과 물질)이 생기고, 명색이 생기기 때문에 눈·귀·코·혀·몸·마음의 육입이 생기고, 그것이 형상·소리·냄새·맛·감촉·법과 촉하고, 촉하기 때문에 괴로움·즐거움·쾌감·불쾌감·덤덤함 등등의 느낌(수)들이 생기고, 느낌 따라 갈애(번뇌)를 일으키고, 갈애를 일으키니까 취착하고, 취착하니까 다시 업을 짓고, 업을 지으니까 다시 태어나고 늙고 죽습니다. 이런 식으로 십이연기를 순방향으로 숙지하여 사성제를 깨달았습니다.

Tatrāyaṃ ekapadayojanā, jarāmaraṇaṃ dukkhasaccaṃ,
따뜨라양 에까빠다요자나, 자라마라낭 둑카삿짱
jāti samudayasaccaṃ,
자띠 사무다야삿짱
이것을 하나로 묶어 말하면, 늙음과 죽음이 고성제이고, 태어남이 집성제이고

따뜨라양 에까빠다요자나(이제 이것을 한 구절로 묶어 말하면), **자라마라나**(늙음과 죽음이), **둑카삿짜**(고성제)이고, **자띠**(태어남), **사무**

다야삿짱(집성제)입니다. 왜 늙어야 하는가? 왜 아파야 하는가? 왜 죽어야 하는가? 모두 다 태어남 때문입니다. 그래서 태어남이 집성제입니다. 태어남을 원인으로 해서 늙고 병들고 죽어 갑니다.

Ubhinnampi nissaraṇaṃ nirodhasaccaṃ,
우빈남삐 닛사라낭 니로다삿짱
두 가지가 모두 꺼져 버리는 것이 멸성제이고

우빈남삐(두 가지가, 자띠〈생生〉와 자라마라나〈노사老死〉), 태어남과 늙음·죽음이라는 두 가지, 즉 고성제와 집성제의 두 가지가, 닛사라낭(고요해지는 것, 조용해지는 것, 꺼져 버리는 것)이 니로다삿짜(멸성제)입니다.

Nirodhapajānanā paṭipadā maggasaccanti
니로다빠자나나 빠띠빠다 막가삿짠띠
소멸을 잘 아는 수행법이 도성제이고

니로다빠자나나(소멸로 갈 수 있는, 소멸을 잘 아는), 빠띠빠다(수행법)가 막가삿짱(도성제)입니다.

Evamekekapaduddhārena sabbadhamme sammā sāmañca
에와메께까빠둣다레나 삽바담메 삼마 사만짜
buddho anubuddho paṭibuddho, sammāsambuddho.
붓도 아누붓도 빠띠붓도, 삼마삼붓도

이와 같이 사성제 구절을 낱낱이 들어 모든 법을 바르게 스스로 깨달았고 알아야 하는 법들을 추론해서 알았고 또 직접 수행해서 알고 깨달음으로 완벽하게 알았기 때문에 삼마삼붓도이다.

지금까지 사성제 구절을 낱낱이 들어 쭉 말해 왔던 것이 바로 붓다께서 매 순간 '아누붓도 빠띠붓도'[4] 하면서 삼마삼붓도가 되신 방법입니다. 위빳사나 수행으로 반복해서 알고, 도 지혜를 알고, 과 지혜를 알고, 그렇게 '아누붓도 빠띠붓도'로 완벽하게 아는 것이 붓다의 삼마삼붓도 공덕입니다.

이렇게 지혜로 알고 믿어야 우리의 믿음이 제대로 됩니다. 지혜가 바탕인 믿음이 아주 중요합니다. 그냥 말로만 "부처님 믿습니다."라고 하면 아무 소용이 없습니다.

우리가 흔히 말하는 불자의 종류가 세 가지 있습니다. 부모가 불자라서 어릴 때부터 절에 따라 다니는 모태 불자가 있고, 매일 예불하며 독송하고 사경하며 믿음으로 믿는 신심 불자가 있고, 업과 과보, 연기법, 24조건, 사성제, 팔정도에 대한 붓다의 가르침을 잘 알고 실천 수행하는 지혜 불자가 있습니다. 이 중 지혜 불자의 공덕이 최고입니다. 불자들은 지혜가 있어야 합니다. 여러분들이 지혜 불자가 될 수 있도록 돕기 위해서 삼마삼붓다의 공덕을 『청정도론』의 내용을 인용하여 세밀하게 설명하였습니다.

4 아누붓도 : ① 모든 세간(로끼야) 법을 안다 ② 알아야 할 법들을 추론해서 안다
빠띠붓도 : ① 출세간(로꿋따라) 법을 안다 ② 직접 실천 수행하여 깨달아서 안다

3) 윗자 짜라나 삼빤노

Itipi so bhagavā vijjācaraṇasampanno,
이띠삐 소 바가와 윗자짜라나삼빤노
이런 이유로 거룩하신 세존께서는 윗자짜라나삼빤노입니다.

붓다의 공덕 세 번째는 '윗자짜라나삼빤노'입니다. 소 바가와(그 거룩하신 부처님이), 이띠삐(이런 이유로), 윗자(지혜가), 삼빤노(완벽한), 짜라나(실천 수행이), 삼빤노(완벽한), 그래서 윗자짜라나삼빤노(지혜와 실천 수행이 완벽하다)입니다.

윗자는 지혜이고 아윗자는 어리석음·무지·무명입니다. '윗자'라는 단어의 뿌리는 '윗디'입니다. '윗디'는 '뚫는다, 관통한다, 찌른다'는 뜻입니다. 즉, 기계로 벽을 뚫듯이 관통하는 것입니다. 뭔가가 막고 있으면 그것을 꿰뚫어서 저쪽 반대편 혹은 그 뒤를 다 볼 수 있다는 말입니다.

'윗자'는 꿰뚫어 보는 지혜를 말합니다. 벽으로 가려져 있어도 벽 너머에 뭐가 있는지 알 수 있습니다. 땅속에 있으면 '윗자'로 이 땅속에 뭐가 있는지 압니다. 과거가 시간의 벽으로 가려져 있어도 과거를 알 수 있고, 미래가 아직 오지 않아도 알 수 있습니다. 지금 원인을 꿰뚫어 보면서 앞으로 이것이 어떤 결과를 가져올 것이라고 압니다. 지금 결과를 보면서 과거에 무슨 원인이 있었는지 꿰뚫어 압니다.

'윗자'는 우리가 일반적으로 알고 있는 자아 등의 개념을 넘어,

궁극적 실재까지 꿰뚫어 보는 지혜입니다. 물질·정신·오온으로, 또한 물질과 정신을 원인에 따른 결과로, 그 물질과 정신이 끊임없이 일어나고 사라지는 사실 등을 꿰뚫어 볼 수 있는 지혜입니다. 그래서 무상·고·무아를 알고 모든 번뇌를 버릴 수 있는 지혜가 '윗자'입니다.

붓다께서는 그런 윗자(지혜)가 삼빤노(완벽)하여 모든 것을 다 아시는 분이 되셨습니다. 하나도 부족함이 없습니다. '윗자삼빤나'라고 해서 그냥 공짜같이, 붓다이니까 그 모든 지혜를 당연히 가지는 것이라고 착각하면 안 됩니다. 뒤에 '짜라나'가 나오면서 윗자를 가지게 되는 이유를 설명합니다.

'짜라나'에서 '짜라'는 계속하는 것을 말합니다. '짜라나'는 반복해서 많이 하는 것으로 실천 수행 열다섯 가지를 가리킵니다.

실천 수행은 한두 번 하는 것을 말하는 것이 아닙니다. 수십 번, 수백 번, 수천 번, 수만 번, 수십만 번, 수백만 번, 수천만 번, 수억만 번 하는 것입니다. 그래서 수행은 한 생에서만 하는 것이 아니라 몇 생에 걸쳐서 하는 것인데, 붓다께서는 우리가 살고 있는 겁을 포함하여 셀 수 없이 많은 무수한 겁 네 번을 지나고 또 십만 겁을 거쳐 수행하여 붓다가 되셨습니다. 붓다만큼 오랫동안 그리고 많이 수행했던 사람은 어디에도 없습니다. 붓다가 되어 모든 것을 안다는 것이 공짜가 아닙니다.

우리도 공짜로 알 수 없습니다. 수행은 조금만 하고 다 알고 싶다면 그것은 욕심입니다. 붓다께서는 무수한 겁을 지나면서 수행하셔서 '윗자짜라나'가 완벽합니다. 해야 하는 것이 두 가지가 있으면 두 가지를 다 했고 세 가지가 있으면 세 가지를 다 했고 네 가지 있으면 네 가지를 다 했습니다. 이와 같이 빠짐없이 해야 하는 '짜라나'들을 완벽하게 해왔습니다. 해야 하는 일을 하나도 빠짐없이 해야, 되는 일도 완벽하게 됩니다. 내가 해야 하는 일에서 하나라도 빠졌다면 결과도 불완전하고 부족하게 됩니다. 우리는 많이 부족합니다. 그것은 무슨 뜻입니까? 해야 하는 일을 덜하고 있다는 것입니다. 붓다께서는 해야 하는 실천 수행을 양과 질적인 면에서 빠짐없이 다 하셨고, 해야 하는 기간도 부족함이 없이 채우셨기에 붓다가 되셨다고 알아야 합니다.

> Vijjāhi pana caraṇena ca sampannattā vijjācaraṇasampanno.
> 윗자히 빠나 짜라네나 짜 삼빤낫따 윗자짜라나삼빤노
> 지혜와 실천 수행이 완벽하기 때문에 윗자짜라나삼빤노입니다.

붓다의 세 번째 공덕 '윗자짜라나삼빤노'는 '윗자삼빤노'와 '짜라나삼빤노'로 나누어 설명합니다. 윗자히(지혜도), 짜라네나 짜(실천 수행도), 삼빤낫따(완벽하기 때문에), 윗자짜라나삼빤노입니다.

무엇이 완벽합니까? 윗자삼빤낫따, 지혜가 완벽합니다. 짜라네나 짜 삼빤낫따, 해야 하는 실천 수행을 빠짐없이 완벽하게 했습니다. 그러면 '짜라나'가 원인입니까? 결과입니까? '짜라나'가 원인입니다. '짜라나'라는 원인이 있기 때문에 '윗자'라는 결과가 있습니다. 붓다께서 모든 지혜를 갖추신 것은 결과입니다. 지혜를 갖추기 위해서 해야 하는 일을 다 했습니다. 그것이 짜라나삼빤나입니다.

붓다께서는 이론과 실천이 완벽한 분입니다. 이론만 한 것이 아니고 실천도 했습니다. 이론을 그냥 추론으로 끝낸 것이 아니고 '짜라나'로 실험하고 실천했습니다. 한두 생이 아닌 무수한 생을 거쳐서 수행 실천하여 나온 틀림없는 지혜입니다. 실천도 이론도 완벽한 것이 붓다의 '윗자짜라나삼빤노' 공덕입니다.

"천국이 있다. 지옥이 있다. 내가 지옥을 알고 천국을 알고 있기 때문에 너희들이 나를 믿으면 모두 천국으로 다 보내 주겠다." 라고 말하는 사람이 있을 때, 만약 그것이 사실이 아니라면 얼마나 허탈하겠습니까? 그 사람이 우리를 천국으로 보낼 능력이 없다면 그를 믿은 것이 얼마나 억울하겠습니까? 붓다께서는 그런 말씀을 하나도 하지 않으십니다. 본인이 직접 실천해서 확실하게 아는 것을 말씀하십니다. 붓다께서는 지옥에도 떨어져 봤고, 동물로도 태어나 봤고, 아수라·아귀로도 태어나 봤고, 인간으로, 신으로, 범천으로 셀 수 없이 많이 태어났었습니다. 그래서 태어남이 고통이라는 것을 확실하게 알았습니다.

태어나면 무조건 노·병·사가 있습니다. 생로병사가 있으면 어디에 태어나든 고통입니다. 그것을 아시고 붓다께서는 태어나지 않는, 늙지 않는, 아프지 않는, 죽지 않는, 그것이 무엇인가를 계속 찾았습니다. 그렇게 열심히 실험하고 실천하여 찾았던 것을 마지막 생에 싯닷타 태자로 태어나 완성하셨습니다. 그것이 '아마따(죽지 않음)'인 '닙바나(열반)'입니다. '아마따'를 찾게 되는 것이 '윗자짜라나삼빤노' 때문입니다.

붓다께서 "고통이 있다. 고통의 원인과 고통의 소멸이 있다. 고통의 원인과 고통의 소멸인 닙바나(열반)로 가는 유일한 길인 팔정도가 있다."라고 말씀하실 때, 알고 말하는 것입니까? 확실하게 알고 말하는 것입니다. 그렇게 아는 것을 누가 가르쳐 주어서 아는 것입니까, 직접 본인이 실천 수행해서 아는 것입니까? 본인이 직접 실천 수행해서 아는 것입니다. 이런 점을 본다면 붓다는 진짜 우리가 믿고 의지할 만한 분입니다. 그런 뜻으로 우리가 '윗자짜라나삼빤노'를 이해해야 합니다.

"윗자히 빠나 짜라네나 짜 삼빤낫따 윗자짜라나삼빤노!"

외울 만하지요? 그렇게 길지 않으면서 뜻이 아주 좋습니다. 윗자히빠나(알아야 하는 것을 다 아는 지혜), 짜라네나짜(해야 하는 일들을 빠짐없이 하셨던 실천 수행이), 삼빤낫따(완벽하기에), 그분을 '윗자짜라나삼빤노'라고 합니다. 우리가 그 정도만 알아도 붓다의 공덕을 아예 모르고 절하는 사람과는 공덕의 무게가 엄청나게 차이가 있습니다.

붓다께 무조건 절하는 것은 선업이긴 하지만 붓다에 대해서 아는 것이 별로 없어 믿음의 깊이가 얕습니다. 그러나 절도 안 하는 사람보다는 훨씬 낫습니다. 실체가 없는 신을 모시는 사람보다 붓다께 절하는 사람의 선업이 비교할 수 없이 큽니다. 그런데 똑같은 불자끼리 보면 지혜가 약한 믿음 불자보다는 큰 지혜를 가진 지혜 불자가 가지는 공덕이 더 큽니다. 붓다께서 무수한 겁 전부터 지금까지 수행하면서 지혜가 완벽하고 그 지혜를 위해서 해야 하는 일을 빠짐없이 다 한 대단한 분이라는 사실을 알고, 그 공덕을 깊이 이해하면서 존경심으로 절을 올릴 때, 그 사람의 공덕이 아주 크다는 말입니다. 그런 공덕의 차이는 미래에 받게 되는 과보의 차이로 이어집니다.

여러분들이 하고 있는 번뇌와의 전쟁이 매우 어려운 일입니다. 그래서 내가 하고 있는 일이 어떤 의미를 가지는지 이해할수록 그 일에서 성공하는 사람들에 대한 존경심이 높아집니다. 직접 번뇌와 전쟁해 보니까 붓다가 어떤 분인지 감을 잡습니다. 붓다께서 걸어갔던 길을 걸어가 봐야 붓다가 얼마나 대단한지 우리가 제대로 느낄 수 있습니다. 내 수행력의 깊이가 깊을수록 붓다에 대한 존경심이 더 커지고, 붓다께서 걸어가신 깨달음의 길과 붓다께서 하셨던 일들에 대한 이해력이 엄청나게 깊어집니다.

우리가 붓다를 몰라서 그렇지, 붓다를 제대로 알면 붓다를 믿지 못하거나 따르지 않을 수 없습니다. 누구와 비교해 봐도 붓다만큼 완벽한 사람을 찾을 수 없습니다. 붓다가 살아 계셨던 45년 동안 하루하루 하셨던 일들을 읽어 보면 붓다의 모습과 붓다의 능력, 붓다의 위대함이 다 드러납니다. 더없이 인간적이면서도 위없는, 최상의, 하나밖에 없는 분이라고 아주 쉽게 느낄 수 있을 정도로 붓다의 삶의 여정은 붓다를 있는 그대로 보여 주고 있습니다. 붓다는 저 멀리 하늘에 있는 것이 아니고, 우리의 상상이나 누구의 말에 있는 것도 아니고, 전생에 이어온 일대기와 이력이 다 있습니다. 이렇게 붓다의 가르침은 우리 스스로 느끼고 이해할 수 있고, 따라 실천하면 체험으로 붓다께서 어떤 분이신지 분명하게 알 수 있습니다. 그리고 붓다의 가르침을 그대로 바르게 따라 실천하면 우리도 붓다처럼 될 수 있습니다.

불법은 다른 가르침과는 완전히 다릅니다. 다른 가르침에서는 신들이 무엇을 해서 신이 되었는지 모르고 어떻게 신의 세계로 갈 수 있는지 방법이 없습니다. 그러면서도 지도자들은 무조건 자기들 지시대로 하라고 합니다. 그런데 어떤 경우 지도자는 가르침을 따르지도 않고 자기들 마음대로 하기도 합니다. 붓다의 가르침 이외의 다른 가르침들은 다 그렇습니다. 그러나 붓다께서는 본인이 말하는 대로 본인이 다 실천했습니다. 그리고 붓다가 가르치는 대로 우리가 따라 하면 우리도 똑같이 붓다가 될 수 있다고 말씀하셨습니다. 그런 가르침은 붓다의 가르침 하나뿐입니다.

이렇게 붓다께서는 붓다가 될 수 있는 실천법(짜라나)을 다 하시고 지혜(윗자)를 깨달았습니다. 우리도 우리가 해야 하는 짜라나를 다 실천함으로써 깨달을 수 있다는 것을 알아야 합니다.

(1) 윗자(vijjā, 지혜)

Tattha vijjāti tissopi vijjā aṭṭhapi vijjā.
땃타 윗자띠 띳소삐 윗자 앗타삐 윗자
거기에 세 가지 지혜와 여덟 가지 지혜가 있다.

땃타(거기에, 윗자삼빤노라는 말에), 윗자띠(지혜라는 것이), 띳소삐 윗자(세 가지 지혜), 앗타삐 윗자(여덟 가지 지혜).

윗자(지혜)를 세 가지로 분석하기도 하고 여덟 가지로도 분석할 수 있습니다. 이렇게 알면 윗자에 대해서 완벽하게 알게 되어 붓다께서 정말 대단한 분이라고 확실하게 느끼게 됩니다.

(가) 세 가지 지혜

세 가지 지혜를 간단하게 'pudiā(뿌디아)'라고 합니다. '뿌 · 디 ·

아'라는 단어 세 가지만 기억하면 여러분들은 붓다의 세 가지 지혜를 알게 됩니다. 그리고 '뿌·디·아', '뿌·디·아'……라고 죽을 때까지 독송해도 여러분들은 걱정이 없습니다. 그렇게 독송하면서 죽으면 틀림없이 좋은 곳으로 갑니다. '뿌·디·아'라는 붓다의 지혜와 공덕의 힘으로 선처로 가는 것입니다.

① 뻡베니와사누사띠(숙명통)

'뿌'는 '뻡베니와사누사띠(pubbenivāsanussati)'에서 따온 말입니다. 그것이 붓다의 첫째 지혜입니다. '뻡베니와사누사띠'는 전생을 보는 지혜입니다. 뻡베(과거, 전생). 지금으로 볼 때 어제가, 어제를 기준으로 볼 때 그저께가, 올해를 기준으로 볼 때 지난해가, 이번 생을 기준으로 볼 때 전생이 '뻡베'입니다. 니와사(살았던 것을), 아누사띠(따라서 계속 기억하는 것)입니다. 한두 생이 아니고, 이번 생부터 쭉 거슬러 올라가서 직전 전생과 그 전생의 전생…… 그렇게 붓다께서 자기가 살아 왔던 전생들을, 대충대충 아는 것이 아니고 확실하게 구체적으로 봅니다.

그러면 전생을 보는 것이 무슨 의미가 있는가? 전생을 보니까 현재가 왜 이런지를 알게 됩니다. '내가 그 생에서 무슨 일을 하였고, 무슨 일을 했기 때문에 이렇게 태어나고 이렇게 사는구나.'라고 본인에 대해서 모두 다 압니다.

붓다께서는 본인뿐만 아니라 이 세상의 모든 중생들에 대해서도 알고 싶으면 한순간에 다 알 수 있습니다. 그러나 알려고 하지 않으면 모릅니다. 전깃불처럼 항상 켜져 있는 것은 아닙니다. 붓다의 지혜가 매 순간 켜져 있으면서 온 우주에 있는 모든 중생들이 과거에 어떻게 살았는지를 보고 있다고 생각한다면 그것은 아닙니다. 붓다께서는 필요성이 없으면 하지 않으십니다. 그러나 필요하다면, 어떤 중생을 보고 그 중생이 어디서 와서 어떻게 살았는지를, 그의 전생을 수억만 개까지 원하는 대로 볼 수 있습니다. 그 중생이 과거에 그렇게 살아서 지금 이렇다고 압니다. 그 힘이 '뻡베니와사누사띠'입니다.

지금 현재 우리 인생을 보면 대부분 어릴 때 받은 상처로, 또는 어릴 때 좋았던 추억들로 채우며 살고 있습니다. 불만족스러웠던 것을 채우려고, 좋아했던 것을 다시 가지려고, 원했던 삶을 살려고 합니다. 전생에도 마찬가지였습니다. 전생에 했던 일들이 지금도 영향을 미치고 있습니다.

나는 지금 현재 보이는 것만 알지만 붓다께서는 보이지 않는 과거도 다 알고 있기 때문에 이 윤회가 얼마나 고통스러운지를 압니다. 고통을 알게 되니 고통의 원인도 알고, 고통과 고통의 원인을 소멸시킬 수 있는 법도 압니다. 이것이 고집멸도(苦集滅道, 사성제)를 아는 지혜입니다. 이런 지혜의 힘들이 다 바탕이 되어 있기 때문에 숙명통이 생기는 것입니다. 이것이 '뻡베니와사누사띠'의 '뻐'의 의미입니다.

② 딥바짝쿠(천안통)

'디'는 '딥바짝쿠(dibbacakkhu)'에서 따 온 말입니다. 딥바(천신), 짝쿠(눈), 딥바짝쿠는 천안, 천신들의 눈을 말합니다. 천신의 눈은 일반 사람들보다 보는 것이 더 많습니다. 붓다께서는 그런 천신들보다 더 잘 봅니다.

딥바짝쿠(천안통)는 죽음과 태어남을 보는 지혜입니다. 천안은 어떤 중생이 죽었다면 어디서 어떤 업으로 다시 태어날지를 압니다. 지금도 죽어 가는 중생들이 많이 있습니다. 우리가 몰라서 그렇지, 이 순간에도 죽어 가는 사람이 있고, 죽어 가는 신이나 범천이 있고, 죽어 가는 동물이 있고, 죽어 가는 아수라와 아귀가 있고, 죽어 가는 지옥 중생이 있습니다. 붓다께서는 원하면 바로 '어떤 지옥 중생이 죽어서 사람으로 태어났다. 어떤 사람이 죽어서 지옥으로 떨어졌다. 어떤 사람이 죽어서 귀신으로 태어났다. 귀신이 죽어서 천신으로 태어났다.'라고 알 수 있습니다. '딥바짝쿠'가 있기 때문에 보이는 것입니다.

그러면 그렇게 보는 것이 무슨 의미가 있는가? 업과 과보에 대한 의심이 사라집니다. 이렇게 붓다께서는 전생과 내생에 대해서 조금의 의심도 없습니다. 윤회에 대한 의심이 하나도 없습니다. 그래서 '딥바짝쿠'에서 '디'를 가져와서 '뿌·디'가 되는 것입니다.

③ 아사와카야냐나(누진통)

'아'를 '아사와카야냐나(āsavakkhayañāṇa)'에서 가지고 와서 '뿌·디·아'라고 말합니다. 아사와(번뇌), 카야(없어지는 것), 즉 모든 번뇌가 사라지는 지혜입니다. 아사와(번뇌)에 네 가지[5]가 있습니다. 까마사와(오욕락에 젖어 있는 것), 바와사와(생의 욕심에 젖어 있는 것), 딧타사와(사견에 젖어 있는 것), 아위자사와(어리석음에 젖어 있는 것)입니다.

5 cattāro āsavā(네 가지 아사와〈번뇌〉) ; ① kāmāsavo(감각적 욕망 번뇌) ② bhavāsavo(존재 번뇌) ③ diṭṭhāsavo(사견 번뇌) ④ avijjāsavo(무명 번뇌)

모든 중생들이 그렇게 아사와에 빠져서 살고 있습니다. 오욕락에 젖어 있고, 어떤 사람이 되고 싶다는 생의 욕심에 빠져 있고, 상견이나 단견, 아상·인상·중생상·수자상 등의 사견에 빠져 살고 있습니다. 그리고 어리석음에 빠져 진리가 무엇인지 전혀 모르고 고통을 행복으로 착각하며 살고 있습니다. 그러나 붓다에게는 그런 '아사와'들이 모두 사라졌습니다.

'아사와카야'는 아라한의 도와 과입니다. 수다원의 도와 과, 사다함의 도와 과, 아나함의 도와 과를 거쳐서 아라한의 도와 과를 깨달아 모든 번뇌가 끝나는 것이 '아사와카야'입니다. 앞에서 말한 '뺍베니와사누사띠(전생을 아는 지혜, 숙명통)'와 '딥바짝쿠(죽음과 태어남을 아는 지혜, 천안통)'는 선정에서 오는 신통지입니다. 마지막 세 번째 '아사와카야냐나(번뇌 소멸, 누진통)'는 위빳사나에서 오는 아라한의 도 지혜입니다. 이렇게 붓다에게는 사마타와 위빳사나 지혜가 다 있습니다. 사마타라는 선정 수행을 완성하고 그 선정의 힘으로 신통력이 생기니 숙명통과 천안통이 생기는 것입니다. 그리고 마지막 번뇌를 제압한 누진통은 위빳사나 수행의 힘으로 오는 도의 지혜입니다. 그 세 가지가 완벽한 것이 '윗자삼빤노'입니다.

붓다께서는 본인의 과거뿐만 아니라 다른 사람의 과거까지도 알고 분명하게 보여 주셨습니다. 어떤 사람들이 과거에 어떻게 살았는지를 쭉 말하면서, 그들이 죽어서 어디로 가는지를 바로 보여 주셨습니다. 붓다께서 살아 계실 때 같이 있었던 스님들에게, 왕들에게, 신들에게, 뺍베니와사누사띠(숙명통), 딥바짝쿠(천안통) 같은 그런 붓다의 능력을 보여 주셨습니다.

한때 붓다께서 탁발하는데 개가 엄청나게 짖었습니다. 어떤 부잣집 개인데 붓다께서 그 개를 보면서 이름을 불렀습니다. "또데야, 너는 인간으로 살 때도 나에게 욕하였지. 그래서 개가 되었다. 그 불선업으로 개로 태어났는데 지금 또 나를 보고 짖고 있으니 어찌하면 좋겠느냐?" 하니 개가 기가 팍 죽어 아무 소리도 못 내고 그 뒤로는 그냥 자고 있었습니다.

그 개는 주인인 부자가 매우 사랑하는 개입니다. 주인은 개에게 보통 사람들도 못 먹는 좋은 밥을 주고, 보통 사람이 자지 못하는 아주 좋은 잠자리에서 키웠습니다. 그런 개가 부처님의 한마디에 기가 죽어서, 자기 잠자리에 가지도 못하고 나무를 태워 재가 많은 더러운 곳에서 자고 있었습니다. 주인이 산책 갔다가 돌아와서 보니 자기 개가 이상하게 기가 죽어 있고 또 더러운 곳에서 자고 있으니 놀라 어떻게 된 것이냐고 하인들에게 물었습니다. 집에 있던 하인들이 아침에 그런 일이 있었다고 자초지종을 말했습니다. 그 말을 듣자마자 주인이 엄청나게 화를 냈습니다. 왜냐하면 '또데야'는 자기 아버지 이름이었기 때문입니다. 결국 자기 아버지가 죽어서 개가 되었다는 말인데, 그 말에 씩씩거리며 붓다께 따지려고 찾아갔습니다. 주인이 붓다께 가서 욕하고 고함을 지르니 붓다께서 말씀하셨습니다.

"나는 사실대로 말한 것이다. 나는 알고 말한다. 그러면 그 개가 그대의 아버지란 것을 입증하는 증거를 보여 주면 믿겠는가?"

"예, 그러면 믿겠습니다."

"그대는 아버지에게 받지 못한 재산이 있지 않은가?"

그 말을 듣고 주인은 깜짝 놀랐습니다. 사실 아버지에게 받아야 하는 재산 중에서 받은 것도 있고 받지 못한 것도 있었습니다. 받지 못한 것을 계속 찾고 있었는데 찾을 수가 없었습니다. 아버지가 어디 넣어 두었는지 말을 하지 않고 돌아가셨기 때문입니다.

"집에 가서 그 개를 잘 먹여라. 맛있는 것을 많이 먹이고 아주 좋은 잠자리에서 재우면서 그 개가 잠들기 직전, 잠이 들려고 할 때 잘 다독이면서 물어보아라. '아버지, 어떤 재산이 있지요? 그것이 어디에 있습니까?' 그러면 찾을 수 있을 것이다."

그러자 주인은 '그래, 그 말이 사실이라면 나는 재산을 찾게 될 것이고, 아니면 부처님이 거짓말을 한다고 다 공개할 것이다.' 그렇게 생각하면서 집에 돌아와서 개를 잘 먹이고 개가 잠이 들려고 할 때 물어보았습니다. 의사들이 최면을 걸면서 물어보는 것처럼 물어보는 것이지요. 그러자 개가 비몽사몽 상태에서 앞으로 걸어가는 것입니다. 그래서 주인이 그 뒤를 따라 가서 개가 가리키는 자리에 땅을 파보니 물려받지 못한 재산이 나오는 것이었습니다. 그때부터 개주인은 불자가 되었습니다. '아! 우리 아버지가 개가 된 것이 사실이구나. 아버지가 살아 있을 때 바라문이었는데 부처님을 아주 많이 미워하고 욕했었지. 그 죄로 개로 태어난 것이 사실이구나.'

이렇게 붓다께서는 한두 가지가 아니고 많은 사람들의 전생을 보여 주셨습니다. 지금 죽어서 바로 어떻게 되는지 보여 주신 것도 있습니다. 사람들이 많이 있는데 누가 와서 욕하면 공개적으로 그 사람이 전생에 어떻게 살았는지 다 말해 주었습니다. 그것이 붓다의 신통지입니다. 또 사람들이 서로 원수가 되어 죽이면서 살면, 그 사람들에게 전생에서 서로 얽혀 있는 악연을 말해 주고 이번 생에 서로 용서하고 참회하고 살도록 가르쳤습니다. 이런 것이 '뻡베니와사누사띠'입니다. 그리고 지금 죽은 사람이 어디에 태어나는지, 어떤 사람이 죽어서 어디로 갔는지, 어떤 업으로 지금 여기서 이렇게 태어났는지를 알고 있는 지혜가 '딥바짝쿠'입니다.

이와 같은 신통지는 붓다께서 선정을 닦아서 색계 5선까지 간 다음에 그 선정을 기술적으로 계속 반복하면서 다섯 가지 자유자재함[6]을 얻은 후에 나오는 능력입니다.

붓다가 되기 전날 인도 미얀마 달력으로 2월 보름에, 한국 달력으로는 4월 보름날 밤, 저녁 무렵 6시와 10시 사이에 '뻡베니와사누사띠(전생을 보는 지혜)'가 생깁니다. 그때는 아직 붓다가 아니었습니다. 붓다가 되기 직전부터 이 신통지가 생겼습니다. 위빳사나 수행자들도 못 믿겠다면 열심히 수행해 보세요. 수행하다 보면 이번 생도 많이 기억납니다. 지금 50대라면 50대부터 거슬러 내려가며 40대, 30대, 20대, 10대…… 그때그때 있었던 중요한 일들이 기억납니다. 상처 받았던 일, 기뻤던 일, 행복했던 일, 처음에는 큰 것들이 기억나다가 다음에는 작은 것까지 기억납니다. 순서대로 쭉 내려가다가 상상 못할 정도로 자세하게, 한 살까지 기억하는 사람도 있습니다. 경전에는 태어나는 순간을 기억하는 경우도 있대요. 어떤 스님은 자기가 태어나서 어머니가 자신을 안고 뽀뽀하는데, 어머니의 말아 올린 머리가 풀려 내려와서 자기 가슴을

---

6 pañcahi vasitāhi(다섯 가지 자유자재함): ① āvajjanaṃ(전향) ② samāpajjanaṃ(입정) ③ adhiṭṭhānaṃ(머묾) ④ vuṭṭhānaṃ(출정) ⑤ paccavekkhaṇā(반조).

툭 치는 것까지 기억난다고 합니다. 사띠가 그렇게 좋아지는 것입니다. 그것은 과거를 그냥 생각하는 것이 아닙니다. 생각하는 것은 머리를 굴리는 것입니다. 생각하는 것은 사실이 아닌 것이 많고, 희미하고 확실하지 않습니다. 그러나 제대로 관찰해서 사띠가 좋아지면 과거가 선명하게 기억납니다.

위빳사나 지혜 네 번째 단계(우다얍바야냐나udayabbayañāṇa, 생멸을 보는 지혜)가 시작할 때, 즉, 위빳사나 지혜가 아주 강하게 성숙하려고 할 때 과거를 많이 기억합니다. 수행 중에 생각지도 못한 과거를 뚜렷하게 기억할 때는 수행이 좋아서 그런 경험을 하게 됩니다. 수행력이 안 좋은 사람은 그런 경험이 없습니다. 네 번째 단계의 위빳사나 지혜가 강력하게 일어나면 생멸을 아는 지혜가 시작되면서 그런 경험들이 많이 옵니다. 그런 사람들이 더 깊이 계속 수행하면 이번 생에 태어나는 마음인 재생연결식까지 기억하는 사람도 있습니다. 또 이번 생에 태어나기 직전 전생에서 죽을 때의 마음, 죽기 직전 마음 등을 알 때가 있습니다. 그런 식으로 전생이 보입니다.

그렇게 전생을 기억하는 것은 신통력이 있을 때만큼 구체적이지는 않습니다. 내 이름이 무엇인지, 어디서 죽었는지, 내가 과거에 어디에 있었는지, 구체적으로는 모르지만 남자인지 여자인지 정도는 알 수 있습니다. 그런 체험들을 가지면 나 같은 사람이 이 정도 수행해서 이 정도를 안다면 붓다 같은 분은 충분히 전생을 다 알 수 있겠다고 이해할 수 있습니다. 본인이 신통력을 갖고 있으면 더 확실하게 이해하겠지만 위빳사나 수행으로도 그렇게 이해할 수 있습니다. 그만큼 '사띠'로 알아차림이 예리해지고 속도도 엄청나게 빨라지는 것입니다. 그러나 머리 굴리면서 40세 때, 60세에…… 이렇게 생각하고 있으면 그것은 수행하고 있는 것이 아니고 망상 부리고 있는 것입니다. 끊임없이 관찰하고 있는 도중에 '사띠'가 매우 좋아지면서 탁탁 기억나는 것입니다.

이렇게 붓다에게는 저녁 6시에서 10시쯤에 계속 과거생들이 기억났습니다. 당신의 과거생들이 기억나는 것이지요. 보는 속도가 매우 빠르기 때문에 6시에서 10시, 대략 네 시간 안에 본인과 중생들의 과거를 다 알 수 있었습니다. 마음의 힘이 얼마나 센지 엄청나게 빠릅니다. 붓다께서는 당신의 전생을 쭉 보고, 여러 중생들의 과거도 많이 보게 됩니다. 보면서 무엇을 알았습니까? 업과 과보를 아는 것입니다. 윤회를 그렇게 다 아는 것입니다.

그리고 두 번째, 10시부터 새벽 2시까지는 지금 죽어 가고 있는 중생들을 많이 보게 됩니다. 죽어서 어디에 태어나게 되는지, 왜 그런지를 다 알게 됩니다. 십이연기를 다 알게 되는 것이지요. '이래서 이렇게 태어나는구나. 불선업으로 어디서 태어나고, 선업으로 어떻게 태어나고……' 직접 눈으로 보는 것과 같이 이 세상이 다 보입니다.

지옥에 떨어지고 동물로 태어나고 아수라·아귀로 태어나고 인간으로 태어나고 신으로 태어나고 범천으로 태어나고 있음을 다 봅니다. 그리고 범천이나 신이 죽어서 어디에 태어나는지, 왜 그런지가 다 보입니다. 그렇게 보고 있으면 죽으면 끝이라는 단견이 사라집니다. 죽지 않고 영원히 산다는 상견도 사라집니다. 몸은 죽어도 나의 영혼이 새 몸을 받아서 태어난다고 하지 않고, 몸과 마음이 여기서 깨끗이 죽고, 저기서 완전히 새로 태어나는 것임을 알게 됩니다. 저기서 완전히 새로 태어나지만 여기서의 영향을 100% 받아서 태어난다고 바르게 알게 됩니다. 십이연기는 붓다로 깨닫기 전부터 알고 있었습니다. 업과 과보, 원인 결과, 이것이 있어서 저것이 있게 되는 것임을 알고 있었습니다. 즉 붓다가 되기 전에는 십이연기를 추론하여 숙지하셨고, 붓다가 되고 나서는 깨달음으로 십이연기를 확실하게 아는 것입니다. 깨닫기 전에는 번뇌를 억누르면서 아는 지혜이고, 깨닫고 나서는 번뇌가 없는 도 지혜로 아는 지혜입니다.

이렇게 '뿌·디'라는 두 가지 지혜가 새벽 두 시까지 생기고, 새벽 두 시부터는 위빳사나를 시작하십니다. 새벽 두 시부터 위빳사나를 수행하여 새벽 동 트기 전에 깨닫게 됩니다. 붓다께서 위빳사나를 수행해서 무상·고·무아를 보고 수다원의 도와 과, 사다함의 도와 과, 아나함의 도와 과, 아라한의 도와 과를 거쳐서 붓다가 되니 새벽이 되었습니다. 그때가 요즘 시간 개념으로 보름 다음날인 16일 새벽입니다. 그런데 붓다께서 살아 계실 때는 하루의 시작이 동틀 때부터입니다. 붓다께서 동트기 직전에 깨달으시기 때문에 그 당시의 시간 개념으로는 보름날의 마지막 시간에 붓다가 깨닫게 되는 것이지요. 그래서 요즘도 인도 미얀마 달력으로 음력 2월 보름날(한국 음력 4월 보름날)을 '붓다 데이'로 정해서 기념하고 있습니다.

이렇게 새벽에 붓다가 되니 '뿌·디·아'가 완성되었습니다. '아'는 아사와카야, 번뇌가 다 없어졌다는 말입니다. 아사와라는 번뇌가 다 없어진 그때 붓다가 됩니다. '뿌·디·아'라는 지혜 세 가지가 붓다의 특징을 아주 잘 표현하는 말입니다.

(나) 여덟 가지 지혜

붓다의 지혜에는 '뿌 · 디 · 아'라는 세 가지 외에 다섯 가지가 더 있습니다. 그래서 '뿌 · 디 · 아'라는 세 가지 지혜에 위빳사나냐나, 마노마예이디, 잇디위다, 딥바소따, 빠라찟따위자나나(쩨또빠리야)를 더해서 여덟 가지가 됩니다.

④ 위빳사나냐나(위빳사나 지혜)

위빳사나냐나(vipassanañāṇa)란 몸과 마음을 대상으로 그것들이 매 순간 찰나로 생멸하는 것을 관찰함으로써 무상 · 고 · 무아를 꿰뚫어 아는 지혜를 말합니다. 위빳사나 지혜의 계발은 나마루빠빠릿체다냐나(nāmarūpaparicchedañāṇa, 정신 · 물질 구별의 지혜)부터 시작합니다. 즉 정신적인 현상과 육체적인 현상이 서로 다르다는 것을 뚜렷하게 구별하여 아는 지혜입니다. 수행을 열심히 하고 있으면 수행하는 사람이 따로 있고 관찰하는 사람이 따로 있는 것처럼 느껴집니다. 때로는 내가 한 사람이 아니고 여럿인 것처럼 느껴집니다. 이것이 정신과 물질을 구분하는 지혜가 생기는 단계입니다.

이런 지혜가 생기면 아상 · 인상 · 중생상 · 수자상이라는 사견이 사라지고 모두가 오직 정신 · 물질뿐임을 확실하게 알게 됩니다. 즉, 인간이란 인식 과정이 있는 정신과 인식 과정이 없는 물질로 이루어진 존재로, 모두가 똑같다고 보게 됩니다. 이렇게 너와 나로 구별하는 분별심이 없어지니까 이기심을 버리게 되고 자비가 일어나면서 세상을 한 가족처럼 보게 됩니다. 이것이 위빠사나 수행의 힘입니다.

그 다음 빳짜야빠릭가하냐나(paccayapariggahañāṇa, 원인 챙김의 지혜)가 생기는데, 그것은 물질과 정신의 조건, 즉 원인과 결과를 확실하게 파악하는 지혜입니다. 처음에는 가려우니까 긁는다거나, 발을 들려는 의도가 일어나니까 그에 따라 발이 들려진다는 것을 알게 됩니다. 눈을 깜빡이는 것도 의도가 있는데 수행력이 좋으면 그 의도까지 알게 됩니다.

이 지혜가 생기면 삶에서 일어나는 여러 가지 일들에 대한 이해력이 좋아집니다. 현재 결과에 대한 과거의 원인을 알고, 현재를 받아들이게 됩니다. 처음에는 가까운 원인을 아는데 갈수록 먼 과거 원인까지 알게 됩니다. 그러면서 지금 하고 있는 원인들을 보면서 미래까지 예측해서 알게 됩니다. 이렇게 알아 가면서 업과 과보에 대해서 더 이상 의심하지 않게 됩니다. 처음에는 단순하게 인과를 아는 것으로부터 시작하지만 계속 수행하면서 업과 과보를 알고 다음에는 순간순간 십이연기가 어떻게 굴러 가는지를 알고 다음에는 이 윤회가 어떻게 굴러 가는지 까지 다 알게 됩니다. 십이연기를 아는 것이 대단하지만 두 번째 지혜가 생기면 십이연기를 배우지 않았어도 아주 쉽게 이해할 수 있습니다. 본인이 수행 중 다 관찰했던 것이기 때문에 단어는 잘 몰라도 내용은 쉽게 알 수 있습니다.

이렇게 인과를 아는 지혜가 생기면 그 다음 생각과 말과 행동을 조심하게 됩니다. 생각이 한 찰나 한 찰나 일어나는 것들이 다 업이 되고 있음을 알고 무서워하게 됩니다. 그리고 억울해 하거나 원망하는 일이 없어집니다. 남을 지나치게 미워하거나 비방하지 않습니다. 다 원인 따라 나타난 결과임을 알고 받아들이는 것이지요. 누가 살생했다면 죄는 나쁘지만 살생하게 되는 원인이 있음을 알고 그를 미워하지는 않습니다. 인과로만 보지 사람을 보지 않는다는 말입니다. 그렇게 되면 용서하지 못할 일이 없게 되고 다 이해하고 받아들이면서 내 마음속에는 불선한 마음들이 일어나지 않게 됩니다. 위빠사나 지혜가 생기면 착하고 아름답게 심리 변화가 일어나는데 그러면서 인간이 청정하게 성장해 갈 수 있습니다.

그 다음 삼마사나냐나(sammasanañāṇa, 탐색의 지혜)가 생기는데 이것은 정신과 물질의 생멸을 보면서 무상·고·무아를 마음에 새기며 탐색하는 지혜입니다. 이때는 무상·고·무아를 세밀하게 아는 것이 아니고 거칠게 알고 몇 박자 늦게 아는 것입니다. 고통도 괴고(壞苦)나 행고(行苦)는 잘 모르고 고고(苦苦)만 확실하게 압니다. 이때는 마음으로 관찰하는 것보다 머리로 생각하는 것이 더 많습니다. 수행은 머리로 하는 것이 아니고 마음으로 하는 것입니다. 여기서 관찰력을 많이 높여 주면 다음 단계로 넘어갈 수 있습니다.

그 다음 우다얍바야냐나(udayabbayañāṇa, 생멸의 지혜)가 생기는데, 이 지혜는 미성숙 단계와 성숙 단계, 두 가지로 볼 수 있습니다. 미성숙 단계에서는 위빳사누빡낄레사(vipassanupakkilesa, 통찰지)의 오염이라고 하는 열 가지 통찰지의 오염(광명, 희열, 경안, 결의, 분발, 행복, 지혜, 확립, 평정, 욕구)의 특이한 경험을 하게 되는데, 이때 생멸을 쉽게 관찰하지만 아직은 힘이 약합니다. 오염이라고 하지만 번뇌는 아닙니다. 수행이 잘 진행되는 과정에서 나타나는 현상들입니다. 그래서 이때 광명을 보기도 하고 경안 등을 경험하면서 마치 자신이 깨달은 것처럼 혼동하기도 합니다. 이런 현상들이 나타날 때 좋아하면서 빠져 있지 말고 사띠를 더욱 예리하게 하여 더 열심히 관찰해야 합니다. 그러면 다 사라집니다. 성숙한 단계에서는 그 통찰지의 오염에 빠지지 않고 계속 수행함으로써 생멸을 더 빨리 그리고 확실하고 분명하게 알게 되는데, 이때 사띠의 힘이 아주 좋아집니다.

우다얍바야냐나 단계가 매우 중요합니다. 사실 이 단계가 진짜 위빠사나 지혜의 시작이라고 볼 수 있습니다. 위빠사나 지혜의 단계를 열 단계로 말할 때는 이 단계부터 시작합니다. 어떤 경전에서는 위빠사나 지혜의 단계를 여기서부터 시작하는 경우도 있습니다. 그렇다고 해서 앞의 세 단계가 없이 이 단계로 바로 갈 수는 없습니다. 이 지혜는 물질과 정신의 무상·고·무아를 아주 세밀하게 보는 단계입니다. 그래서 이 단계의 집중의 정도는 근접삼매와 흡사합니다.

우다얍바야냐나가 일어나려면 근접삼매 정도의 집중력이 있어야 하기 때문에 이때는 오장애나 속말(inner speech)이 거의 일어나지 않습니다. 속말이 무엇입니까? 생각이지요? 수행하다가 생각이 일어나면 집중이 깨어집니다. 이 단계에서는 생각을 하지 않으니 마음이 착 가라앉으면서 마음 토대에서 궁극적 실재의 생멸을 아주 뚜렷하게 능숙하게 세밀하게 관찰합니다. 생각이 없다고 모르는 것이 아닙니다. 바로 이 순간의 대상을 100% 확실하게 알고 있기 때문에 생각으로 새어 나가는 마음이 없다는 말입니다. 이렇게 무상·고·무아를 꿰뚫어 보려면 근접삼매 정도의 집중력이 있어야 하고, 이것이 위빠사나 수행의 시작이기 때문에 위빠사나 수행의 집중력이 결코 약한 것이 아님을 잘 이해하시기 바랍니다.

위빠사나 수행을 하면서 궁극적 실재만 관찰하고 있으면 개념이 깨지기 때문에 현실 감각이 떨어져 지금 자신이 어디에 있는지, 시간이 몇 시간인지 인식하지 못하게 되고, 마치 자신이 광활한 우주 속에 혼자 있는 듯합니다. 이때는 눈을 감거나 뜨거나 상관없이 마음이 개념에 덮어씌우지 않게 되고 궁극적 실재만 보게 됩니다. 개념을 보는 눈으로는 궁극적 실재를 볼 수 없어 무상·고·무아를 알 수 없고, 궁극적 실재를 보는 눈으로는 개념이 다 깨어져 보이지도 않습니다.

사띠가 궁극적 실재의 생멸을 따라 빠른 속도로 관찰하지 못하면, 즉 마음이 대상을 놓치지 않으려고 애를 쓰다가 지치면, 대상을 개념화시켜 고정시키고 그 대상에 집중하게 될 때가 있습니다. 그러면 선정으로 넘어가기도 합니다. 이것이 위빠사나 수행을 하다가 사마타 선정 수행으로 가버리는 경우입니다. 위빠사나 수행을 하다가 대상이 변하지 않으면 자신의 수행이 사마타 수행으로 가고 있다고 알아야 합니다. 우다얍바야냐나는 일곱 가지 청정 중에서 막가막가냐나닷사나위숫디(도와 도 아님을 아는 청정)에 속합니다. 그래서 이 지혜는 자신이 하고 있는 수행법에 대한 의심이 전혀 없습니다. 부처님께서는 이 단계의 위빠사나 지혜가 생기면 이번 생에 깨달을 수 있다고 하셨습니다. 이 지혜가 바로 이번 생에 깨달을 수 있는 다섯 가지 요소 중에 하나입니다.

그 다음 방가냐나(bhaṅgañāṇa, 무너짐의 지혜)가 생기는데 이때는 지혜가 예리해진 만큼 정신·물질의 일어나고 사라짐을 매우 빠르게 봄으로써 일어남은 보지 않고 무너짐만 보게 됩니다. 그래서 그 다음 지혜로운 두려움이 생기는데 그것이 바야냐나(bhayañāṇa, 무서움의 지혜)입니다. 그러면 윤회의 세계에서 의지할 만한 나라고 할 것이 진짜로 없음을 알게 되는데, 그것이 아디나와냐나(ādīnavañāṇa, 부정의 지혜)입니다. 이때 부정하는 마음은 화를 내는 마음이 아니고 아주 지혜로운 마음입니다. 즉, '오온이라는 존재가 좋은 것이 아니다, 더 이상 이 물질과 정신의 과정을 되풀이하고 싶지 않다.'라고 생각하며 존재하기를 원하지 않게 됩니다.

그 다음 닙비다냐나(nibbidāñāṇa, 역겨움·염오의 지혜)가 생겨 정신·물질로 존재함을 너무 지루해 합니다. 이때 사띠를 더 예리하게 올려 주면, 그 다음 문찌뚜까먀따냐나(muñcitukamyatāñāṇa, 벗어남을 원하는 지혜)가 생깁니다. 오온(고통)에서 간절히 벗어나고 싶어 합니다. 그래서 빠띠상카냐나(paṭisaṅkhāñāṇa, 다시 정진하는 지혜)가 생기면서 벗어나기 위해서는 위빳사나 수행이 유일한 길임을 확신하고 다시 노력합니다.

그 다음에 위빳사나 지혜의 마지막 단계인 상카루뻭카냐나(saṅkhārupekkhāñāṇa, 상카라에 대한 평정의 지혜)가 생기는데 이것은 조건 지어진 모든 현상에 대해서 중립을 지키는 평온한 마음입니다. 이때는 놀람과 기쁨으로 잘 반응하지 않습니다. 또 수행하는 자가 따로 없고 수행이 저절로 됩니다. 성숙한 위빳사나로 특별히 애쓰지 않아도 자연스럽게 수행이 됩니다. 즉 법이 수행하는 거지요. 그리고 번뇌가 많이 약해져 있어서 깨달음의 직전입니다. 여기까지가 '위빳사나냐나'입니다. 이 단계에서 멈추고 범부로 윤회하면서 깨달음을 이룰 때까지 빠라미를 계속할 수도 있고, 바로 깨달아 수다원 도로 올라갈 수도 있습니다.

만약 상카루뻭카냐나에서 깨달음으로 올라간다면, 상카루뻭카냐나에서 빠리깜마냐나(parikammañāṇa, 준비)로, 그 다음 우빠짜라냐나(upacārañāṇa, 근접)로, 그 다음 아눌로마냐나(anulomañāṇa, 수순)로, 그 다음 고뜨라부냐나(gotrabhūñāṇa, 종성)로, 그 다음 소따빳띠막가냐나(sotāpattimaggañāṇa, 수다원 도)로 곧바로 직진합니다. 이것은 깨달음으로 가는 마음 과정의 하나입니다. 빠리깜마냐나, 우빠짜라냐나, 아눌로마냐나, 고뜨라부냐나는 깨달음 직전에 한 번씩만 일어나는 자와나(속행) 마음들입니다. 상카루뻬카냐나에서 도 지혜로 곧장 넘어가는 일련의 마음 과정이므로 상카루뻬카냐나를 보다 세분화시킨 것이라고 보면 됩니다. 만약 도 지혜로 넘어가지 않으면 이들은 일어나지 않습니다.

아눌로마냐나(anulomañāṇa, 수순의 지혜)는 범부와 성인의 중간 역할을 하는 어뎁터(adapter)입니다. 아는 대상은 아직 오온이고 무상·고·무아를 보고 있습니다.

고뜨라부냐나(gotrabhūñāṇa, 종성의 지혜)는 범부에서 성인으로 넘어가는 경계에 있는 아주 특이한 마음입니다. 이것은 닙바나(열반)을 대상으로 하는 첫 번째 마음입니다. 그때 지혜가 아는 대상은 오온이 아니고 닙바나(열반)입니다. 오온의 무상·고·무아를 아는 것이 아니고 닙바나를 아는 지혜입니다. 그러나 사성제를 덮는 오염원들을 완전히 버리지 못했기 때문에 아직은 성인(聖人)이 아니고 범부입니다. 여기까지가 위빠사나 지혜입니다.

그 다음 도 지혜가 오면서 성인(聖人)이 됩니다. 소따빳띠막가냐나(sotāpattimagga ñāṇa, 수다원 도 지혜)는 조건 지어진 모든 것이 소멸됨을 보고 의심과 사견이 완전히 사라지는 단계입니다. 수다원은 오계를 절대로 어기지 않고 만약 수다원으로 죽는다면 다음 생에서도 수다원으로 태어나 오계를 기본적으로 지키게 됩니다.

즉 오계가 천성이 되는 거지요. 수다원 도의 마음은 윤회에서 딱 한 번 일어납니다. 수다원이 되면 더 이상 사악처로는 가지 않고 욕계 선처도 최대 일곱 번만 윤회하고 아라한이 됩니다.

사성제를 꿰뚫어 알게 되는 도 마음이 일어날 때 도 마음이 하는 역할을 보면 네 가지가 있습니다. 첫째 빠린냐(pariññā, 통달지)는 괴로움을 철저히 알게 하고, 둘째 빠하나(pahāna, 버림)는 괴로움의 원인인 갈애를 버리게 하고, 셋째 삿치끼리야(sacchikiriya, 도착함)는 갈애의 소멸인 닙바나에 도달하게 하고, 넷째 바와나(bhāvanāv 수행)는 성스러운 팔정도를 수행하게 합니다.

그런 도 마음 다음에 바로 과 마음이 두세 번 일어납니다. 그래서 수다원 도 다음에 소따빳띠팔라냐나(sotāpatti phala ñāṇa, 수다원 과의 지혜)가 두세 번 일어나는데 지혜가 예리한 사람은 세 번, 보통 지혜인 사람은 두 번 일어납니다. 이때도 과 마음의 대상은 닙바나(열반)입니다.

그 다음 빳짜웩카나냐나(paccavekkhanāñāṇa, 반조의 지혜)가 일어납니다. 빳짜웩카(반조)는 빠띠(paṭi, 뒤돌아, 다시), 아웩카나(avekkhanā, 봄)의 합성어인데 빠띠(paṭi)가 빳짜(pacca)로 변합니다. 이것은 되돌아보는 반조의 지혜입니다. 도, 과, 닙바나, 제거된 번뇌, 남은 번뇌를 반조하는 욕계 지혜 있는 아름다운 마음입니다.

반조의 지혜 다음 수다원은 욕계 마음으로 살다가 다시 수행해서 상카루뻭카냐나를 얻은 후 수다원 과 선정으로 들어갑니다. 선정에 들어 있는 동안의 수다원 과 마음은 셀 수 없을 정도로 많이 일어납니다.

⑤ 마노마예이디(마음으로 된 신통)

마노마예이디(manomayāiddhi)는 마노 · 마야 · 잇디의 합성어입니다. 마노(마음으로), 마야(됨, 이루어짐), 잇디(신통지). 마노마예이디는 나와 똑같은 몸과 마음을 하나 더 만드는 신통지입니다. 이렇게 똑같은 모습의 자신을 여럿 만들 수 있습니다. 붓다께서 신통력으로 만든 또 하나의 붓다를 '님미따(nimmita) 붓다'라고 합니다. 똑같은 부처님이기 때문에 진짜 부처님처럼 다 할 수 있습니다. 어느 때 붓다의 법문이 어려워 질문하는 사람이 없으면 진짜 부처님께서 또 한 분의 부처님을 만들어서 그 부처님이 질문하고 진짜 부처님이 대답하는 그런 경우가 경전들에 많이 나옵니다. 이때 만들어진 부처님을 '님미따(nimmita) 붓다'라고 합니다.

부처님께서는 아비담마를 천신들의 세상에서 설하실 때에도 '님미따 붓다'를 만들었습니다. '님미따 붓다'는 신들의 세상에서 계속 설법하고 있고, 진짜 부처님께서는 인간 세계로 내려가서 공양하시고 또 사리불과 이야기합니다. 그러나 신들은 그 사실을 모르고 부처님께서 계속 앉아서 법문하시는 줄 알아요. 신들의 한 시간은 인간 세상에서는 몇 개월 혹은 몇 년이 됩니다. 신들은 잠깐 법문을 듣는데 신들은 오래 살기 때문에 잠깐이고, 부처님은 인간이기 때문에 지상으로 내려와 공양을 하셔야 합니다. 내려올 때마다 님미따 붓다를 만드시는데 그런 신통지를 '마노마예이디'라고 합니다. 그것도 지혜의 힘입니다.

⑥ 잇디위다(만능 신통)

그 다음에 '잇디위다(iddhividhā, 만능 신통)'입니다. 위다(여러 가지로 다양하게), 잇디(만들 수 있다, 신통지). 부처님께서 비행기를 만들고 싶다면 마음을 한 번만 먹으면 비행기가 나타나고 사자를 만들고 싶다면 그런 사자가 바로 나타나고 코끼리를 만들고 싶으면 코끼리가 나타납니다. 이렇게 자기 마음대로 만들 수 있는 것이 '잇디위다'입니다. 이것을 '아빈냐(abhiññā)'라고 하기도 합니다. 냐나(지혜), 아빈냐(아주 특별한 지혜), 신통지를 말합니다. 신통지의 '지'가 지혜이지요. 신통이 '아비', 그래서 아주 특별한 지혜를 말합니다.

부처님께서는 공개적으로 많은 사람들에게 여러 가지 '잇디위다'를 보여 주셨습니다. 부처님께서 깨닫고 나서 고향으로 돌아가셨는데 부처님보다 나이 많은 사람들이 부처님께 절을 하지 않으려고 했습니다. 석가족이 자만심이 많아서 "싯닷타 태자는 우리보다 나이가 어린 아랫사람이다."라고 하면서 절을 하지 않으려고 하니 부처님께서 신통지를 보여 주셨습니다.

그것은 그들이 불선업을 짓지 않게끔 하려는 것입니다. 그래서 하늘로 날아 올라가, 오른쪽 눈썹에서는 불을, 왼쪽 눈썹에서는 물을 뿜으며 왼쪽 오른쪽에서 번갈아 계속 물과 불이 나오게 했습니다. 부처님께서 물과 불을 동시에 보여 주시는 쌍신변 신통지입니다. 그때는 엄청나게 빠른 마음입니다. 계속해서 신통지로 들어가서 물을 만들고 불을 만드는데, 물을 만들 때는 불이 없고, 불을 만들 때는 물이 없습니다. 엄청나게 빠른 속도로 나오기 때문에 사람들이 보기에는 계속해서 왼쪽에서 물이 나오고 오른쪽에서는 불이 나오는 줄 압니다. 온몸에서 계속 나오니까 사람들이 보기에는 동시에 나오는 것처럼 보입니다. 부처님의 온몸에서 물과 불이 계속 돌고 있는 것입니다.

석가족은 그것을 보고 놀라 모두 땅바닥에 엎드려 절하였습니다. 그때 그 신통력을 몇 명만이 아니라 나라 전체 사람들이 다 보았는데 모두 '나도 부처가 되고 싶다. 부처가 되도록 빠라미를 하겠다.' 이렇게 결심했답니다. 그 중에서 아직까지 한 명도 부처가 나오지 않았어요. 마음이란 것이 그렇습니다. 신통력을 볼 때는 믿음이 나고 환희심이 생겨서 '나도 부처가 되어야지.' 하지만 그 때뿐입니다. 그런 잇디위다의 예가 있습니다.

⑦ 딥바소따(천이통)

부처님께서는 어떤 소리를 듣고 싶으면 언제든지 들을 수 있습니다. 얼마나 먼 곳에서 이야기해도, 천신들이 하는 말이나 우주의 저쪽 끝에서 하는 말까지도, 뭐든지 부처님께서 원하시면 들을 수 있습니다. 24시간 내내 듣고 있다는 그런 뜻은 아닙니다. 그러나 부처님께서 들으려고 하시면 바로 들을 수 있습니다. 그것을 '딥바소따(dibbasota)'라고 합니다.

⑧ 빠라찟따 위자나나(빠랏사 쩨또빠리야냐나, 타심통)

'빠라찟따 위자나나(paracittavijānana, 타심통)'가 있습니다. 빠라(남의), 찟따(마음), 위자나나(인식, 이해, 앎). 또는 '빠랏사 쩨또빠리야냐나(parassa cetopariyañāṇa, 타심통)'라는 말도 있습니다. 빠랏사(남의), 쩨또(마음을), 빠리야(확실하게 안다). 다른 사람의 마음을 부처님이 알고 싶으면 바로 알 수 있습니다.

알라와까(āḷāvaka)라는 무서운 야차(yakkha)가 부처님을 해치려

다 해치지 못한 이야기가 있습니다. 자기 왕궁 안에 부처님이 오셔서 궁녀들에게 법문을 하시는데 궁녀들이 환희심으로 듣고 있는 것을 보고 질투심으로 너무 화가 나서 부처님을 계속 공격하였는데 매번 실패하였습니다. 그래서 다음에는 "나가세요."라고 말하는데 부처님이 나갔습니다. 그러자 놀라서 '어? 내가 나가라고 말하니까 나가네?' 하였는데, 실은 부처님께서 일부러 그렇게 하신 것입니다. 아이가 화가 나 있으면 어머니가 아이 말을 잘 들어 주는 것과 같습니다. 야차가 다시 "들어오세요."라고 하니까 부처님께서 다시 들어왔습니다.

두 번 그렇게 하니 이제 됐다 싶어 야차가 다시 꾀를 냅니다. 세 번째로 다시 나오라고 해서 나올 때 다리를 잡고 바다에 던져 버리겠다고 생각하고 "나오세요."라고 합니다. 그런데 부처님께서는 나오시지 않았습니다. 부처님께서 그냥 가만히 앉아 계시니까, 야차가 "왜 안 나오는가?"라고 물었습니다. 그러자 부처님께서 "내가 나가면 네가 나를 바다에 던져 버릴 것이라고 생각하고 있으니 내가 나갈 수가 없다. 그래서 안 나가겠다."라고 대답하셨습니다. 그렇게 바로 상대방의 마음을 읽고 보여 주는 것입니다.

또 어떤 왕자가 결혼을 하였는데 부인이 임신을 못하여 자식이 없었습니다. 그래서 세상에 단 하나뿐인 아름다운 성을 지어 부처님을 모셨습니다. 성문 입구부터 내빈실까지 바닥에 아름다운 융단을 깔고는 부처님께서 그 위를 밟고 지나가시도록 하였습니다. 그런데 부처님께서는 가만히 서 계셨습니다. 왕자가 세 번을 청해도 부처님께서 그대로 계시자 옆에 있던 아난 존자가 눈치를 채고 왕자에게 부처님께서 융단을 밟지 않으려고 하시니 융단을 치우라고 말했습니다. 그래서 융단을 걷어내자 부처님께서 안으로 들어가셨습니다. 공양과 법문이 끝난 후 왕자는 부처님께 여쭈었습니다.

"부처님, 저는 어머니 태중에서부터 불자였습니다. 어머니께서 저를 임신하고 부처님을 찾아뵙고 '저와 이 태중의 아이는 존귀하신 부처님께 귀의합니다. 담마(법)에 귀의합니다. 승가에 귀의합니다.'라고 하면서 삼보에 귀의하게 하였습니다. 그 후 청년이 되어서도 열심히 불법을 공부하고 공양을 올리면서 삼보에 귀의하였습니다. 지금도 그 마음에는 변함이 없는데 왜 제 정성을 무시하시고 융단을 치우라고 하셨습니까?"

그러자 부처님께서 다시 물었습니다.

"그대는 무슨 생각을 하면서 융단을 깔았느냐?"

"저는 그때 '부처님, 제가 아이를 가질 것 같으면 이 융단을 밟고 가 주세요.'라고 생각하였습니다."

"왕자가 그런 생각을 하고 있다는 것을 알았기 때문에 그래서 내가 밟지 않았다. 왕자와 부인은 전생의 불선업으로 이생에서 아이를 가질 수 없느니라."

왕자는 궁금하여 전생에 어떤 나쁜 짓을 했는지 여쭈었습니다.

"과거에 그대 부부가 배를 타고 가다가 난파하여 어느 무인도 섬으로 떠밀려가게 되었다. 구조가 되지 않은 채 며칠이 지나자 배가 고파 주위를 돌아보다가 새 알을 발견하고 그것을 먹고 배고픔을 달랬다. 그런데 어쩔 수 없이 무인도에 살게 되었지만 오계를 지키고 농사를 지으며 살생을 하지 않으려고 노력해야 하는데 그대들은 그렇게 하지 않고 계속 새 알을 먹으며 살았다. 부부

중 한 사람이라도 정신을 차리고 상대방에게 권선하면서 착하게 살았으면 그 복덕으로 이생에 자식을 가질 수 있었을 것인데, 둘이 똑같이 선업을 행하는 것을 잊어버리고 살았기 때문에 이생에는 자식을 가질 수 없게 된 것이다."

부처님께서 이렇게 상대방의 마음을 읽는 예화들이 많이 있습니다.

부처님께서는 모든 것을 아는 지혜와 신통력을 가지고 사람을 가르치시니 하나도 부족함이 없습니다. 부족한 것은 우리가 부족한 것입니다. 부처님을 만난다고 다 깨닫는 것이 아닙니다. 준비가 덜 된 사람은 부처님을 만나도 깨닫지 못합니다. 부처님께서 신통력으로 부족한 사람들을 깨닫게 해 줄 수는 없습니다. 그런데 가르칠 때는 신통력을 사용합니다. 그 사람의 성향을 알고 필요하다면 신통력을 사용하여 가르칩니다.

사리불 존자가 어떤 젊은 스님의 수행을 지도하게 되었습니다. 젊기 때문에 욕망을 조절하며 수행하라고 시체를 보는 '아수바(부정不淨)' 수행법을 자세히 가르쳤습니다. 젊은 스님은 믿음도 좋고 노력도 좋아서 열심히 하였지만 3개월이 지나도 진전이 없었습니다. 그래서 할 수 없이 부처님께 보내는데, 그때 부처님께서는 신통지를 사용하여 하루 만에 깨닫게 하셨습니다. 부처님께서는 신통지로 금색 연꽃을 수행 대상으로 만들어 주고 탁발하러 가십니다. 그 스님은 예쁜 연꽃을 보고는 삐띠(희열)가 생기면서 선정에 들었습니다. 부처님께서는 탁발하는 도중에 다시 신통지로 금색 연꽃을 불에 탄 것처럼 검게 시든 모습으로 만들었습니다. 그러자 젊은 스님은 연꽃의 무상을 보게 되고, 그것을 그대로 자신의 몸과 마음에 적용시켜 무상·고·무아를 통찰하면서 깨닫습니다.

부처님께서는 여러 가지 신통력으로 준비가 되어 있는 사람을 도와줍니다. 그러나 준비가 안 된 사람은 부처님을 만나도, 부처님과 같이 살아도 깨닫지 못합니다. 우리가 지금처럼 열심히 준비해서 내가 준비가 다 될 때 부처님을 만나면 깨닫습니다. 준비가 안 되어 있으면 부처님이 아무리 잘 말씀해 주어도 소용이 없습니다. 내가 완벽하게 준비되면 부처님을 직접 안 만나고 부처님의 가르침만 만나도 깨달을 수 있습니다. 그래서 부처님께 절할 때마다 부처님의 여덟 가지 지혜를 잘 기억하면서 '윗자짜라나삼빤노'라고 하면 믿음이 아주 좋아집니다.

(2) 짜라나caraṇa(실천 수행 열다섯 가지)

짜라나는 실천 수행해야 하는 것인데 열다섯 가지가 있습니다. 부처님께서는 열다섯 가지 실천 수행을 다 하셨기 때문에 여덟 가지 지혜를 완벽하게 갖추게 됩니다. 우리들도 마찬가지로 부처님이 수행하셨던 열다섯 가지 수행을 해야 합니다.

열다섯 가지 수행은 무엇인가요? 크게 세 가지 그룹으로 나누어 살펴보겠습니다.

(가) 첫 번째 묶음 네 가지

① 실라삼와로(계율을 잘 지킨다)

실라(계율), 삼와라(챙기다), '실라삼와로(sīlasaṃvaro)'는 계율로 몸과 입을 잘 챙기는 것입니다. 몸으로 나쁜 짓을 하지 않고 입으로 나쁜 말을 하지 않고, 몸으로 좋은 일을 하고 입으로 좋은 말을 하면서 그렇게 스스로를 계속 훈련시킵니다. 공짜는 없습니다. 누가 대신 해주지 않습니다. 본인이 직접 해야 됩니다. 본인의 몸으로 좋은 일을 많이 하고 나쁜 일을 피하고, 입으로 좋은 말을 많이 하고 나쁜 말을 피해야 합니다.

몸으로 하는 나쁜 짓 중에서 제일 큰 것은 살생과 도둑질과 삿된 음행입니다. 그 세 가지를 피하고 살생 대신에 많이 살려 주고, 훔치는 것 대신에 많이 보태 주고, 삿된 음행 대신에 많이 보호해 주어야 합니다. 또 그런 나쁜 일들이 안 생기도록 미리 도와주고 직접 몸으로도 봉사합니다. 그들에게 유익한 좋은 일을 많이 해줘야 됩니다.

나쁜 말 중에 제일 안 좋은 말이 거짓말, 이간질, 욕설 또는 거친 말, 쓸데없는 말입니다. 거짓말을 하지 않고 대신에 진실을 말합니다. 이간질 대신에 서로서로 화합하고 서로서로 잘 지낼 수 있는 좋은 말을 합니다. 헤어지게 하는 말은 피합니다. 그리고 거친 말 대신에 자비로운 말과 부드러운 말을 하고, 쓸모없는 말 대신에 유익한 말을 합니다. 다른 사람을 배려하고 항상 착한 말을 하는 것이 실라삼와라입니다.

기본적으로는 오계이지만, 더 할 수 있으면 보름날과 그믐날에, 즉 한 달에 두 번 정도는 팔계를 지켜 봅니다. 더 할 수 있으면 보름 지나서 일주일에, 그믐 지나서 일주일에 한 번씩 더 해서 한 달에 네 번 팔계를 지켜 봅니다. 또 더 할 수 있으면 여섯 번을 하고, 그런 식으로 오계와 팔계를 열심히 지키는 것이 실라삼와라입니다. 비구는 비구 계율을, 비구니는 비구니 계율을, 사미는 사미 계율을, 사미니는 사미니 계율을 잘 지키는 것이 실라삼와로입니다.

부처님께서는 계율을 지키는 수행을 많이 하셨습니다. 몸을 훈련시키고 입을 훈련시켰습니다. 반복해서 많이많이 노력하고 훈련하면 잘하게 됩니다. 공짜로 되는 것은 없습니다. 그래서 우리는 아무것도 하지 않고 가만히 기다리면 안 되고 열심히 몸을 훈련시키고 입을 훈련시키면서 차차 더 좋아지게 만들어 가야 합니다. 그러면 이번 생보다 다음 생이 더 좋아지게 되고, 다음 생보다 또 그 다음 생이 더 좋아지게 되는데, 그렇게 하다 보면 어느 날 마지막에는 깨달음에 도달하게 됩니다.

지계로 몸과 입을 깨끗하게 해야 합니다. 몸은 샤워하고 때 민다고 깨끗해지지 않습니다. 입은 칫솔로 닦아도 깨끗해지지 않습니다. 계율을 지켜야 몸과 입이 깨끗해집니다. 몸으로 나쁜 짓을 하지 않고 입으로 나쁜 말을 하지 않아야, 또 몸으로 좋은 일을 하고 입으로 좋은 말을 해야, 몸과 입이 깨끗해집니다. 그것이 실라삼와로입니다.

② 인드리에수굿따돠라따(감각 기능들에 지키는 문이 있다)

인드리에수굿따돠라따(indriyesuguttadvāratā)는 육문을 사띠로 굳게 지키는 것을 말합니다. 인드리야(육문六門, 육입六入), 굿따(경호원처럼 지키는 것), 돠라(문).

눈·귀·코·혀·몸·마음이라는 육입이 각각의 대상과 만날 때마다 항상 사띠하면서 번뇌를 일으키지 않도록 수행하고 있는 것을 '인드리에수굿따되라따'라고 합니다. 볼 때 눈에서 사띠하고, 들을 때 귀에서 사띠하고, 냄새 맡을 때 코에서 사띠하고, 맛을 볼 때 혀에서 사띠하고, 감촉이 닿을 때 몸에서 사띠하고, 이것저것을 생각할 때 마음에서 사띠합니다. 이것이 곧 육문을 사띠로 항상 지키는 것입니다. 입구에서 아파트를 지키는 경비원처럼 육문에서는 사띠가 항상 기다리며 지키고 있어야 합니다.

부처님께서도 '인드리에수굿따되라따' 수행을 많이 하셨습니다. 볼 때 눈을 항상 사띠로 지켰습니다. 그렇게 함으로써 산만하게 보지 않았고 왜곡되게 보지 않았습니다. 수행자의 시선은 항상 밑으로 향하고, 마음은 안으로 향해 있습니다. 눈이 별난 사람을 까마귀 같다고 말합니다. 까마귀는 눈을 오른쪽으로 왼쪽으로 왔다 갔다 하면서 여기를 봤다가 금방 저기를 봤다가 합니다. 만약 수행자가 그렇게 하면 수행이 잘 되지 않습니다. 왜냐하면 그것은 사띠가 없는 모습이기 때문입니다.

비구의 시선은 항상 밑으로 향해 있어야 합니다. 시선을 밑으로 두는 것이지 고개를 숙이는 것이 아닙니다. 고개를 숙이는 것은 잘못된 자세입니다. 고개를 숙이면 신경을 누르게 되어 목 디스크가 올 수 있습니다. 될수록 머리와 목을 똑바로 세우고 시선만 밑으로 향해야 합니다. 시선을 발끝에서 1미터 반 정도에 두라고 하는데, 그것은 시선을 밑으로 둘 때에 가장 편하게 바라볼 수 있는 곳이기 때문입니다.

눈을 지키고 귀를 지킨다는 것은 눈이나 귀에서 번뇌가 생기지 않게끔 하는 것입니다. 좋은 것을 보든, 나쁜 말을 듣든, 번뇌를 일으키지 말아야 합니다. 욕을 들어도, 칭찬을 들어도, 어떤 말을 듣든지 번뇌를 일으키지 말아야 합니다. 눈이 있기 때문에 보이는 것은 어쩔 수 없습니다. 귀가 있기 때문에 소리가 들리는 것은 어쩔 수 없습니다. 그러나 어쩔 수 없는 상황에서 내가 할 수 있는 일은, 그 대상에 따라 반응하면서 불선업을 짓지 않도록 육입을 사띠로 챙기는 것입니다. 이것이 '인드리에수굿따드와라따'입니다.

③ **보자네 맛딴뉴따**(음식의 양을 알고 먹는다)

보자네 맛딴뉴따(bhojane mattaññutā)는 적절한 음식을 적당하게 먹는 것을 말합니다. 보자네(음식), 맛딴뉴따(적당한 양을 알고 먹는다). '보자네'는 우리가 매일 먹고 있는 음식입니다. 음식을 너무 많이 먹으면 양을 모르는 사람입니다. 너무 많이 먹어 배가 빵빵하면 소화가 잘 되지 않아 수행을 못합니다. 양을 몰라서 너무 적게 먹으면 배가 고파 힘이 없어서 수행을 못합니다. 적게 먹어도 양을 모르는 것이고 많이 먹어도 양을 모르는 것입니다. 적당히 먹어야 합니다. 자신이 매일 쓰는 에너지가 있습니다. 소모되는 에너지만큼 공급할 수 있도록 먹어야 합니다. 양은 사람마다 다릅니다. 다른 사람에게는 많은데 나에게는 적을 수도 있고, 다른 사람에게는 적다고 해도 나에게는 많을 수 있어서, 내 양을 확실하게 알아야 합니다.

예를 들면 여러분들이 점심 공양 후 다섯 시나 여섯 시 쯤에 조금 배고픈 느낌이 있다면 적당히 먹은 것입니다. 오후 다섯 시나 여섯 시가 되었는데도 배가 고프지 않으면 많이 먹은 것입니다. 너무 많이 먹었거나 아니면 스트레스를 많이 받아서 소화가 안 되거나 하는 것입니다. 그래서 오후 5시쯤에 조금 배고픈 느낌이 있을 때 과일 주스를 한 잔 마시거나 물을 한 잔 마시면 9시까지는 편하게 수행할 수 있습니다. 그러면 내가 양을 알고 적당히 먹은 것입니다. 그때 너무 일찍 배가 고프거나 너무 배가 부르거나 하면, 너무 적게 먹었거나 아니면 너무 많이 먹었거나 둘 중 하나입니다.

이렇게 먹는 양을 잘 알아야 합니다. 먹기 위해서 사는 것이 아니고 살기 위해서 먹는다는 말이 있지만, 수행자는 수행하기 위해서 먹을 뿐입니다. 그래서 양을 알고 먹는 것이 매우 중요합니다. 양을 알고 먹는 사람은 본인이 해야 하는 일을 아주 편안하게 잘 할 수 있습니다. 밤 9시까지 힘이 빠지는 부족함이 없이, 지치지 않고 피곤하지 않게, 자기가 해야 하는 일을 얼마든지 할 수 있습니다. 그런데 예상치 못하게 다른 일이 생길 때는 어쩔 수 없이 조금 배고플 수도 있고 조금 힘이 모자랄 수도 있습니다. 그래서 미리 예상되는 일이 있으면 조금 더 먹어 두어야 합니다. 내가 평소보다 오늘 할 일이 많아서 에너지 소모가 많다면, 신경을 많이 써야 하는 일이 있다면, 조금 더 먹어도 괜찮습니다. 그것이 지혜입니다.

음식의 양을 모르는 사람은 욕심 조절이 안 되어 다른 일에서도 양을 모릅니다. 그래서 음식량을 아는 사람이 여러 곳에서도 양을 아는 사람입니다. 자기의 마음을 조절할 수 있는 힘이 있는 사람이지요. '보자네 맛딴뉴따'가 그래서 중요한 것입니다.

부처님께서도 '보자네 맛딴뉴따' 수행을 하셨습니다. 우리도 하고 있습니다. 여러분들이 세 끼 먹다가 혹은 시도 때도 없이 먹다가, 여기 와서 하루에 한 끼 내지 두 끼를, 딱 정해진 시간에, 주는 대로 먹고 수행하는 것이 대단히 훌륭한 일을 하는 것입니다. 내 욕심대로 찾아 먹는 것이 아니고, 주는 대로 먹고 있는 것 자체가 아주 대단한 수행입니다. 시도 때도 없이 하루에 세 번 혹은 네 번 먹다가 지금 아침에 한 번, 점심에 한 번으로 두 끼만 먹고도 새벽 네 시에 일어나서 팔계를 지키며 법문 듣고 밤 아홉 시나 열 시까지 수행하고 있는 것이 '보자네 맛딴뉴따'의 수행을 아주 적절하게 잘하는 것입니다. 이렇게 부처님이 하셨던 수행을 우리도 지금 하고 있는 것입니다.

④ 쟈가리야누요고(항상 깨어있다)

쟈가리야누요가(jāgariyānuyogo)는 항상 깨어있는 것을 말합니다. 쟈가라(깨어있는 것), 아누(계속), 요가(연결해 주는 것). 즉 항상 깨어 있으려고 노력하는 것을 말합니다. '쟈가리야누요가'는 잠자는 시간을 조절하는 것입니다. 여러분들이 밤 열 시에 자고 새벽 세 시에 일어나는 것이 '쟈가리야누요가' 수행을 아주 잘하는 것입니다. '쟈가리야누요가'가 잘 되면 시계가 필요 없을 정도로 시간을 정확하게 압니다. 어떤 스님들은 시간을 알기 위해서 시계를 보거나 닭을 기릅니다. 그러자 큰스님께서 제자들에게 "너희들이 닭보다도 시간을 모른다."라고 하셨어요. 그 만큼 잊어 먹고 산다는 말입니다.

수행을 잘하는 사람은 시계를 보지 않아도 정확하게 시간을 맞춥니다. 수행을 많이 하다 보면 시간을 잘 알게 됩니다. 지금은 30분 지났다, 지금은 1시간 지났다, 이렇게 확실하게 알고 다음에는 초까지 맞출 수 있습니다. 옛날에 큰스님들은 시계가 없어도, 해

시계나 모래시계나 물시계 등으로 시간을 아는 스님들보다 더 정확하게 시간을 알았다고 합니다. 점심시간이 언제이고 예불 시간이 언제라고 아시고 그 시간에 딱 맞추어서 오십니다. 경전에 그런 이야기가 많이 나옵니다.

잠은 습관들이기 나름입니다. 그래서 매일 여섯 시간만 자면 나중에는 여섯 시간 후에 저절로 눈을 뜨게 됩니다. 자신에게는 여섯 시간 자면 충분하기 때문입니다. 네 시간에 길들여져 있으면 네 시간 뒤에 잠이 저절로 깹니다. 잠도 훈련이고 습관입니다. 그렇게 먹는 것도 양을 확실하게 알고 항상 적당히 먹고, 자는 것도 적당히 자는 습관이 중요합니다.

부처님께서는 '쟈가리야누요가' 수행을 많이 하셨습니다. 부처님이 되신 후 하루에 주무시는 시간은 두 시간 정도였습니다. 밤에 열 시쯤 경행하시다가 열한 시쯤에 주무시면 새벽 한 시에 일어나십니다. 그러면 대강 두 시간 정도 주무시는 거지요. 그 다음 일어나셔서 다시 경행하시며 몸을 좀 풀다가 좌선하시면서 이 세상에 '마하까루나(대大연민)'를 베푸십니다. 우리가 새벽 예불 때 하는 것과 같이 "모든 중생들이 위험에서 벗어나기를! 고통에서 벗어나기를! 걱정 근심에서 벗어나기를!"이라고 하십니다. 그러면 이 세상 만 개 우주에 부처님의 힘이 퍼져 나갑니다. 이 지구만이 아니라 만 개의 우주에 부처님의 힘이 뻗쳐 나간다는 말입니다. 대단하지요? 부처님께서는 우리가 살고 있는 이 우주 외의 다른 우주에 살고 있는 중생들에게도 대연민을 베푸십니다.

그리고 나서 새벽 네 시나 다섯 시에 '오늘 내가 누구를 가르쳐야 되는가?' 그것을 보십니다. 경전을 보면 부처님을 만났던 사람들이 다 깨달은 것같이 보이지만 그것은 우리가 잘못 알고 있는 것입니다. 부처님이 만나 주는 사람은 깨달을 수 있는 준비가 되어 있는 사람입니다. 깨닫지 못하더라도 부처님을 만남으로써 앞으로 깨달을 수 있는 씨앗이 될 것 같은 사람도 만나십니다. 만날 때는 부처님이 직접 가는 경우도 있고 부처님께로 오게 하는 경우도 있습니다. 새벽에 부처님께서는 그런 스케줄을 다 짜는 것입니다. '오늘 준비가 되어 있는 사람이 누구이구나.' 그리고 부처님께서는 많이 깨달을 수 있는 곳으로 가십니다. 그리고 제일 높게 깨달을 수 있는 사람에게로 가십니다. 아라한으로 깨달을 수 있는 사람이 있고 수다원으로 깨달을 수 있는 사람이 있으면, 수다원으로 깨달을 사람에게 가는 것이 아니고 아라한으로 깨달을 수 있는 사람에게 먼저 가십니다. 이렇게 부처님께서 가시는 순서가 있습니다.

그렇게 하루에 두 시간 정도만 주무시고 새벽에 사무량심(대연민) 선정에 들어가서 사무량심을 베풀면서 부처님께서는 오늘은 누구를 만나야 되는가, 누구를 가르쳐야 되는가, 어떤 일이 있겠다고 하루를 다 보십니다. 그리고 아침에 나갈 준비를 하고 탁발합니다. 스님들과 같이 탁발하면서 마을 회관 같은 곳에서 공양을 드십니다. 재가자의 공양 보시가 있으면 거기서 설법도 해주십니다. 공양 초청하는 왕궁에 가시기도 하고, 어떤 신도 집에서 드시기도 하고, 그냥 탁발해서 회관 같은 곳에서 드시기도 합니다. 그다음에 절에 돌아와 발우를 씻고 개인 꾸띠로 들어가시기 전에 서서 법문을 하십니다. 스님들이 주변에 있을 때 각자가 자기 숙소로 가기 전에도 또한 설법을 하십니다. 그리고 아홉 시나 열 시쯤에는 가까이에 있는 스님들을 가르칩니다. 그러면 스님들은 법문을 들은 후 산이나 숲속이나 자기 숙소로 가서 하루 종일 수행합니다. 또 부처님께서는 낮에 외지에서 찾아오는 스님들에게 법문해 주고 오후가 되어 신도들이 찾아오면 또 설법해 주십니다. 그들이 모두 다 돌아가면 밤이 됩니다.

밤에 아홉 시 이후부터 열두 시까지 신들이 찾아올 때도 있습니다. 그러면 열두 시쯤이 되어서야 누워서 두 시간 정도, 새벽 두 시까지 주무십니다. 두 시에 깨어 세 시까지 경행하시고, 세 시에서 다섯 시나 여섯 시까지 대연민 선정에 드시고, 탁발하시고 법문하시고, 하루 종일 이런 일과로 열반하실 때까지 열심히 가르치고 베풀며 사셨습니다.

부처님께서 주무시는 시간이 24시간 중에서 두 시간뿐입니다. 낮에 조금 쉬실 때도 있는데 그때가 점심 드시고 열두 시부터 한 시간 정도입니다. 그때 주무시기도 하고 아니면 선정에 드시기도 합니다. 마음의 고통은 없는데 몸이 피곤하기 때문에 쉬는 것입니다. 부처님도 과보가 아직 끝나지 않았기 때문에 몸의 고통이 있을 수 있습니다. 싯닷타 태자로 태어난 과보가 80살까지 살도록 되어 있습니다. 그래서 부처님께서도 주무셔야 됩니다. 아라한들도 주무십니다. 많이는 자지 않더라도 몸의 피로감을 회복하고 힘을 다시 충전하기 위해서 부처님도 잠을 자야 합니다. 그래서 아예 자지 않는 것은 병에 걸릴 수 있기 때문에 좋은 것은 아닙니다. 아예 자지 않는 것도 문제이지만, 너무 자는 것도 문제입니다. 적당히 자야 합니다.

수행이 제대로 잘되고 있는 사람은 네 시간만 자도 충분합니다. 그 대신에 중간에 깨지도 않고 꿈도 꾸지 않고 푹 자야 합니다. 신기한 것은 네 시간 자고 나서 깨 보면 딱 네 시간이 지나 있습니다. 수행이 잘 되는 것은 자신의 생활 리듬을 보면서도 알 수 있습니다. 생활의 리듬이 좋아지면 수행이 아주 잘 되는 것입니다. 수행이 잘 안 되면 생활의 리듬이 계속 깨집니다. 그래서 수행과 생활 리듬을 보면서 스스로 수행 정도를 파악할 수 있습니다. 수행이 제대로 되고 있으면, 먹는 양이 알맞고 배고픈 시간, 대소변보는 시간이 다 리듬에 잘 맞게 되고 있습니다. 자는 시간과 깨는 시간도 정확하고, 꿈도 잘 꾸지 않고, 수행 잘 될 때는 꿈이 아예 없습니다. 이렇게 생활의 리듬이 좋아집니다.

(나) 두 번째 묶음 네 가지

열다섯 가지 '짜라나'에서 두 번째 묶음 네 가지는 네 가지 색계 선정입니다.

⑤ 빠타맛자나(paṭhamajjhāna, 초선정)

⑥ 두띠얏자나(dutiyajjhāna, 이선정)

⑦ 따띠얏자나(tatiyajjhāna, 삼선정)

⑧ 짜뚯탓자나(catutthajjhāna, 사선정)

색계 선정을 다섯 가지 단계로 구분할 수도 있고 네 가지 단계로 구분할 수도 있습니다. 색계 선정이 초선정부터 오선정까지 있는데 초선정과 이선정이 비슷하기 때문에 합치면 색계 사선정으로 말할 수 있습니다. 이렇게 해서 경전에서는 색계 사선정과 무색계 사선정을 합해서 팔선정이라고 합니다. 여기서는 무색계는 빼고 색계 사선정만 말합니다.

초선정은 선정의 다섯 가지 요소인 일으킨 생각(vitakka위딱까), 지속적 고찰(vicāra위짜라), 희열(pīti삐띠), 행복(sukha수카), 집중(ekaggatā에깍가따)이 다 있는 선정입니다. 선정이 깊어질수록 거친 요소들이 하나씩 제거되는데, 위딱까·위짜라가 없어지면서 삐띠·수카·에깍가따만 가진 2선정이 되고, 여기서 또 삐띠가 떨어지면서 수카·에깍가따만 가진 3선정이 되고, 수카도 우뻭카에 비해 평온과 안정감이 덜해서 수카 대신 우뻭카(upekkheka, 평정, 정靜)웨다나가 되면서 우뻭카·에깍가따라는 두 가지 요소만 가지는 사선정이 됩니다.

선정을 가지는 것이 부처님의 짜라나(해야 하는 일) 중의 하나입니다. 부처님은 색계 사선정 모두에 자유자재하기 때문에 다섯 가지 신통[7]을 가집니다. 뿝베니와사누사띠(숙명통, 전생을 아는 지혜)로 본인의 전생과 모든 중생들의 전생을 다 아십니다. 딥바짝쿠(천안통)로 중생들이 죽어서 어디에 태어나는지를 다 아십니다. 딥바소따(천이통)로 부처님은 듣겠다고 마음먹으면 모든 것을 들을 수 있습니다. 그리고 잇디위다(만능 신통)로 여러 가지를 마음대로 다 만들 수 있고 자기와 똑같은 사람도 만들 수 있습니다. 그리고 쩨또빠리야(타심통)로 타인의 마음을 읽을 수가 있습니다.

그런 여러 가지 신통력을 가질 수 있는 것이 선정이라는 '짜라나'를 완성했기 때문입니다. 우리가 만약 이런 신통지를 가지고

---

7 다섯 가지 Abhiññā(신통지) ; ① Iddhividhaṃ(만능 신통) ② dibbasotaṃ(천이통) ③ paracittavijānanā(타심통) ④ Pubbenivāsānussati(숙명통) ⑤ dibbacakkhū(천안통).

싶다면 사마타 수행으로 선정을 닦아야 합니다. 그러나 모든 번뇌가 소멸되는 아라한이 되기 위해서는 선정이 있어도 되고 없어도 됩니다. 아라한이 되는 마지막 지혜인 '아사와카야냐나(모든 번뇌가 사라지는 지혜)'를 위해서는 위빳사나와 도 지혜가 반드시 필요합니다.

그러면 여기까지 모두 여덟 가지 짜라나가 되었습니다.

(다) 세 번째 묶음 일곱 가지

짜라나의 세 번째 묶음에는 일곱 가지가 있습니다. 그것을 삿따삿담마(sattasaddhammā, 좋은 사람의 일곱 가지 법)라고 합니다. 삿따(일곱 가지), 삿담마=사+담마, 사가 무슨 뜻입니까? 산또입니다. 산따는 부처님을 말합니다. 부처님은 평화롭고 고요하고 고귀하기 때문에 산따라고 합니다. 닙바나의 맛을 산띠수카라고 하지요? 산따의 법을 삿담마라고 합니다. 산또담모에서 삿담모가 됩니다. 부처님께서는 모든 번뇌가 꺼져 버렸기 때문에 속이 시원하고 번뇌의 열이 하나도 없는 분, 산따입니다. 이 세상에서 부처님이 최고로 좋은 사람입니다. 그런 좋은 사람의 법이 일곱 가지가 있습니다. 지식(수따), 지혜(빤냐), 믿음(삿다), 부끄러움(히리), 두려움(옷땁빠), 노력(위리야), 그리고 잊지 않음 혹은 알아차림 혹은 기억하고 있음(사띠)입니다.

이 일곱 가지가 좋은 사람의 법인데 여러분들도 좋은 사람이 되고 싶으면 이 일곱 가지를 키우십시오. 이 일곱 가지 지혜는 양적으로나 질적으로 더 계발할 수 있는데, 지금도 여러분들이 수행하면서 단계를 올려 가고 있습니다. 예를 들면 1% 있으면 2%가 되게끔 하고, 2% 있으면 3%가 되게끔 하면서 점점 수준을 올려야 합니다. 내가 지금 50%라면 60%가 되게끔 해야 합니다. 여러분들은 더 좋은 사람이 되고 싶은 마음이 다 있기 때문에 이런 공부를 하게 되지요? 내가 기존에 갖고 있는 것도 있겠지만 그것만으로는 충분하지 않고 계속 계발해야 합니다.

⑨ 수따(지식)

수따(suta)는 들음이라는 뜻인데 여기서는 지식이나 정보라는 의미입니다. 옛날에는 책이나 컴퓨터, 녹음기가 없었기 때문에 공부하려면 선생님의 말씀을 듣고 잘 기억하여 지식과 정보를 얻는 방법밖에 없었습니다. 종이 같은 것을 누구나 쉽게 가질 수 없는 시대임을 생각해 보면, 가르치고 배우는 방법이 수따 하나뿐임을 잘 알 수 있습니다. 여러분들이 매일 수행처에서 새벽 법문과 오후 법문을 듣는 것, 집에서 책을 보고 법문을 듣는 것도 마찬가지입니다.

요즘 시대에는 컴퓨터가 보편화되어 쉽게 얻을 수 있는 정보가 너무 많아졌습니다. 그러나 정보가 아무리 많아도 쓸모없는 정보라면 좀 곤란합니다. 쓸모 있는 올바른 정보들이 많이 들어와야 합니다. 정보가 틀리면 그 정보를 가지고 행동하는 것이 다 틀리게 됩니다. 사업할 때 정보가 잘못되면 크게 손해를 보지요? 올바른 정보를 선택하여 가지는 것이 매우 중요합니다. 정보의 홍수속에서 바른 것과 잘못된 것이 다 들어오면 내 한평생 100년이 모자랍니다. 가치 있고 올바른 것만 집중적으로 받아들여서 연구해야 합니다. 그래야 그것이 나의 지식이 되고, 그 지식에 따라 내가 이해하는 것만큼 첫째 단계의 수따 지혜가 쌓이는 것입니다.

지식은 아주 유익하고 올바른 것이어야 합니다. 세상에 긍정적으로 도움이 되는 것, 재물이 생길 수 있는 것, 건강에 좋은 것, 모두가 행복해지는 정보들을 내가 모아야 합니다. 이번 생에도 쓸만하고 다음 생에서도 이익이 있는 것이어야 합니다. 올바른 정보와 지식을 모은 사람은 좋은 사람이 될 수 있는 가능성이 매우 많습니다. 지식이 기본입니다.

모든 종교가 사람을 착하게 만들려고 합니다. 그런데 각 교단들의 가치관이 조금씩 다르기도 하고 어떤 교단은 진리에서 완전히 어긋나는 것도 있습니다. 그렇지만 사람들을 나쁘게 만들려는 목적은 없습니다. 사람을 착하게 만들려고 종교가 생깁니다. 그런 종교를 살펴보면 창시자의 수준에 따라서 내용이 다릅니다. 창시자의 지식이 약하면 그 종단의 가르침도 조금 낮은 법이 될 수 있고 창시자가 아주 우수하면 그 종단의 가르침이 아주 훌륭한 가르침이 될 수 있습니다. 그래서 바른 법을 배우고 아는 것이 매우 중요합니다.

⑩ 빤냐(지혜)

지식을 통해서 빤냐(paññā, 지혜)가 생깁니다. 우리가 정보를 얻으면 마음속에 확실해지는 뭔가가 있는데 그것을 지혜라고 말합니다. 예를 들면 담마야나 선원에 와 본 적이 없는 사람은 담마야나 선원이 어디 있는가를 알기 위해서 정보를 찾습니다. 정보에 따라 길을 알고 한 번 찾아옵니다. 그 다음부터는 길을 확실하게 알기 때문에 쉽게 찾아옵니다. 그렇게 확실하게 아는 것을 지혜라고 말합니다.

지혜는 지식에서 생깁니다. 여러분들이 태어날 때부터 지금까지 보고 들었던 정보나 체험들이 다 지식이 됩니다. 그런 것이 여러분들의 마음속에, 추억 속에 계속 누적이 됩니다. 누적되면서 거기서 얻어낸 지혜들이 항상 본인의 삶을 지배하고 영향을 주고 있습니다. 내가 어떤 것을 보면서 화가 나면 그냥 화나는 것도 있겠지만, 누적되고 있는 추억들이 화를 내는 경우도 있습니다. 어떤 것을 욕심낼 때도 그냥 욕심내기도 하지만 누적된 지식을 통해서 반응하는 것도 있습니다.

한국의 할머니 할아버지들은 자식들에게 항상 많이 먹이려고 합니다. 그 이유는 자기들의 어린 시절에 먹을 것이 없어서 많이 굶주렸기 때문입니다. 그런 기억들이 마음 속 깊이 저장되어 있다가 말과 행동으로 은연중에 나타나는 것이지요. 그런 의미로 보면 우리가 과거에 체험했던 것이 누적되어 우리의 가치관이 되어 자신의 삶의 태도에 많은 영향을 주고 있음을 이해할 수 있습니다. 태어날 때부터 지금까지 배웠던 많은 지식이 있고 그 지식을 통해서 지혜가 생기는 것입니다.

그러면 지혜란 무엇을 아는 것인가요?

첫째, 지혜란 옳고 그른 것을 아는 것입니다. 정치도, 사회도, 개인사, 모든 일에서 이것은 옳고 저것은 틀렸다, 이렇게 하면 맞고 저렇게 하면 틀리다고 알 수 있는 것이 지혜입니다. 우리는 아침부터 밤에 잘 때까지, 태어날 때부터 죽을 때까지 모든 일을 판단하고 선택하면서 삽니다. 삶은 선택의 연속이라는 말이 있습니다. 옳고 그른 것을 아는 지혜가 있어야 판단과 선택이 좋을 것이고 그래야 우리 삶도 좋을 것입니다. 그런데 우리는 잘못 판단하고도 모릅니다. 무심코 해버린 것이 많지요? 제대로 확실하게 "이것이 맞다."라고 100% 확신하며 하는 일은 많지 않습니다.

확실하게 알고 판단하는 것이 지혜의 힘입니다. 내가 확실하게 알고 뭔가를 했다면 거기에 나의 지혜가 있습니다. 의사가 이 병은 이런 원인으로 생겨서 앞으로 이렇게 진행될 것이라고 아는 것이 지혜이고, 이렇게 치료하면 병이 나을 것이라고 알고 치료하면 그것도 지혜입니다. 의사에게는 병을 치료하는 지혜가 있고, 운전사에게는 운전하는 방법에 대한 지혜가 있고, 또 건축가에게는 건물 짓는 지혜가 있습니다. 지혜는 바르고 바르지 못한 것을 확실하게 아는 것입니다.

둘째, 지혜란 선과 악을 아는 것입니다. 깨어 있는 동안 우리의 말과 행동 생각은 항상 선이 되거나 악이 됩니다. 선도 아니고 악도 아닌 때는 푹 자고 있을 때입니다. 선악을 모르는 것은 어리석음입니다.

셋째, 지혜란 좋은 것과 나쁜 것을 구별해서 아는 것입니다. 이렇게 하면 좋은 일이고 저렇게 하면 나쁜 일이라고 할 때 그것을 아는 것도 지혜입니다.

넷째, 지혜란 원인과 결과를 아는 것입니다. 내일 비가 온다고 하면 옛날에는 대단하다고 하면서 신통력이 있다고 숭배하였습니다. 요즘 시대는 그 원인을 다 아니까 결과를 예측해도 별로 신기하지 않습니다. 어떤 원인을 짓게 되면 그에 따른 결과를 알고, 어떤 결과를 보면 그의 원인을 찾아낼 수 있는 것이 지혜입니다.

세속적인 일이든 출세간적인 일이든 모든 일에서 원인과 결과가 있습니다. 하나의 결과에 여러 가지 원인들이 있을 수 있고 어떤 경우에는 결과 자체가 원인이 되기도 합니다.

이렇게 원인과 결과의 관계가 복잡하지만 간단하게 원인과 결과를 아는 것이 지혜라고 알면 됩니다. '옳고 그른 것을 아는 지혜, 선과 악을 아는 지혜, 좋고 나쁜 것을 아는 지혜, 원인과 결과를 아는 지혜'라고 정의를 내리면 모든 진실은 그 네 가지 속에 다 들어갑니다. 네 가지 지혜의 정의를 잘 알고 난 다음 어떻게 살 것인지는 각자의 선택입니다.

부처님의 가르침은 처음부터 끝까지 지혜입니다. 왜 그렇게 말할 수 있을까요? 우리 모두는 행복을 원하는데 그 행복의 수준이 지혜의 수준과 같기 때문입니다. 지혜는 우리의 수준이고 재산입니다. 우리는 지혜로운 만큼 행복하고 어리석은 만큼 괴롭습니다. 부처님께서는 우리에게 지혜를 주고자 하십니다. 우리는 지혜로운 만큼 실수가 없고 실수가 없으면 그만큼 삶이 편안하고 행복해집니다. 부처님의 가르침은 업과 과보를 아는 지혜로 시작해서 끝으로는 최상의 지혜인 네 가지 도와 네 가지 과입니다. 최상의 지혜로 얻게 되는 최고의 행복이 닙바나(열반)입니다.

빤냐를 다른 용어로 삼마딧티(정견正見)라고 합니다. 삼마(올바른), 딧티(지혜의 눈으로 보는 것, 견해). 우리는 아는 대로 생각하기 때문에 바른 견해가 있으면 바르게 생각할 줄 압니다. 바르게 생각할 줄 알면 바른 말을 하게 되고 바른 행동을 하게 되고 바른 생계로 살아갑니다. 견해와 생각이 우리의 삶을 지배합니다. 살아오면서 누적된 본인만의 견해가 다 있습니다. 그런데 그 견해가 대부분이 틀렸다는 것이 문제입니다. 재료를 쇠로 만들면 쇠제품이 나오고 금으로 만들면 금제품이 되듯이 처음 들어온 정보가 나쁘고 잘못되었으면 나의 견해도 사견이 될 것이고, 올바르고 좋은 정보이면 정견이 될 것입니다. 어떤 생각과 견해를 가지고 말하고 행동하느냐는 그 사람의 인품이 됩니다. 훌륭한 인품을 가진 사람이 되려면 정견을 가져야 합니다.

지혜에는 세 단계가 있습니다.

첫 번째는 수따마야빤냐(sutamayapaññā, 문혜聞慧, 듣고 배워서 아는 지혜)입니다. 수따(들음), 마야(됨). 지식으로 되는 지혜가 '수따마야'입니다. 이것은 강의를 듣거나 책을 읽음으로 알게 되는 지혜인데 낮은 단계의 지혜입니다.

두 번째는 찐따마야빤냐(cintamayapaññā, 사혜思慧, 마음으로 생각하고 추론해서 아는 지혜)입니다. 생각하면 답이 바로 나오는 지혜로운 사람들이 있습니다. 이와 같이 바르고 그른 것, 선과 악을 생각하면 바로 알게 되는 것을 찐따마야라고 합니다. 수따마야보다 찐따마야가 수준이 높습니다. 찐따마야에는 누가 가르쳐 준 것을 내가 계발해서 아는 것도 있지만 누가 가르치지 않았는데도 스스로 생각해서 아는 것도 있습니다. 추론을 했다가 추론이 결론과 똑같이 됩니다. 그런데 그런 찐따마야도 수따마야의 바탕이 없다면 될 수 없습니다. 찐따마야빤냐는 지식(knowledge)과 체험(experience)에서 나옵니다.

세 번째는 바와나마야빤냐(bhāvanāmayapaññā, 수혜修慧, 수행으로 직접 체득하여 깨달음으로 얻는 지혜)입니다. 이것이 제일 높은 단계의 지혜입니다.

지식으로 아는 지혜는 두 번째 단계까지만 갈 수 있고 깨달음의 지혜까지는 가지 못합니다. 우리가 부처님 말씀을 듣고 진리에 대한 눈을 뜨기 시작합니다. 그것이 첫 번째 단계 '수따마야빤냐' 입니다. 그리고 그 진리에 대해서 여러 가지로 분석하고 숙고해 봅니다. 그것이 두 번째 단계 '찐따마야빤냐'입니다. 그리고 진리를 아는 만큼 믿고 따라 실천해 보니 자신의 체험이 진리와 똑같습니다. 그것이 세 번째 단계인 '바와나마야 빤냐'입니다.

이와 같이 아주 기본적인 빤냐(지혜)는 수따(들음, 지식)에서 나옵니다. 그래서 지식을 위해서 어린이를 일찍 학교에 보냅니다. 안타깝게도 지금은 너무 지식에서 멈추어 버린 세상이 되어 버렸습니다. '수따마야빤냐(문혜)'에서 '찐따마야빤냐(사혜)'로 가게끔, 또 '바와나마야빤냐(수혜)'로 가게끔 인도해야 하는데 그러지를 못하고 있습니다. 사혜와 수혜를 잘 가르치지 못하고 한평생 문혜로만 보내게 하는데, 이것은 요즘 시대에 아주 잘못하는 것입니다. 즉 사혜와 수혜에 대한 연구는 별로 없고 문혜만 엄청나게 많이 하고 있습니다. 사혜와 수혜로 많이 가야 우리가 높은 지혜를 가질 수 있습니다. 교육 체계에 대해서 생각해야 될 문제점들이 그런 것입니다.

⑪ 삿다(믿음)

지혜가 생겨야 삿다(saddha, 믿음)가 생깁니다. 아는 것을 믿는 것입니다. 제대로 알지 못하는 것은 의심하게 됩니다. 어머니가 아기를 출산하고는 그 아기가 자신의 아기인지 아닌지를 헷갈릴 수 있을까요? 자기 뱃속에서 나온 아기를 자기 눈으로 직접 보았는데, '내 아기가 맞는가?'라고 헷갈릴 수 없습니다.

'믿음'이라고 하면 우리는 그냥 무조건 종교적으로 생각하지요? 믿음을 영어로 faith(믿음) 또는 confidence(확신)라고 하는데 후자가 더 맞는 표현입니다. faith(믿음)에는 무조건 믿는 blind faith(맹목적 믿음)도 있는데 confidence(확신)라고 할 때는 자신감도 들어 있습니다.

자신감이란 내가 알고 믿는 것을 말합니다. 예를 들면 마라톤을 완주했던 사람은 자신감이 있습니다. 내가 해봤기 때문에 '나는 몇 km를 거뜬하게 달릴 수 있다.'라고 확신합니다. 내가 해봤던 것이기 때문에 자신감으로 자기를 믿는 것입니다. 이런 믿음은 그냥 생기는 것이 아니고 확실한 정보와 체험을 바탕으로 합니다. 무조건 맹목적으로 믿는 믿음이 아니고, 나의 지식과 지혜를 통한 앎을 바탕으로 하는 믿음입니다. 여러분들은 소금이 짜다는 것을 다 알지요? 그러면 여러분들에게 '소금이 짜다'는 사실에 대한 믿음이 있다고 말할 수 있습니다. 이와 같이 믿음이란 사실에 대한 확실한 앎이 있다는 의미입니다.

부처님의 가르침이 다른 종교들과 아주 다른 점이 그것입니다. 부처님께서는 "믿어라! 무조건 믿어라!" 이렇게 말씀하시지 않습니다. 상대방이 믿거나 말거나 그것은 본인의 선택이고, 부처님께서는 진리를 말씀하십니다. 그리고 항상 원인을 설명하십니다. 받아들이고 안 받아들이고는 각자의 몫입니다. 부처님께서는 오히려 "스승이 말한다고, 부모가 말한다고, 친척이 말한다고, 무조건 믿지 마라! 잘 따져 보고 잘 살펴보고 또 체험해 보고, 그래서 본인이 진정으로 알게 될 때, 그때 믿고 따르라!" 이렇게 말씀하십니다. 이것을 보면 불교는 진짜 열린 마음(Open mind)입니다.

다른 교단은 안 믿으면 바로 지옥행입니다. 모든 것이 신의 뜻이기 때문에 무조건 믿어야 합니다. 옛날에는 종교인들이 철학적으로 따지는 사람들을 많이 죽였습니다. 예수님도 사실은 그 중 하나이지요? 예수님은 정통으로 내려오는 유대 교리에 대해서 새로운 해석을 많이 했기 때문에 죽임을 당한 것입니다. 부처님은 그런 질문과 토론에 대해 문이 활짝 열려 있습니다. 부처님 가르침에는 여러분들이 얼마든지 질문할 수 있고 얼마든지 따지면서 생각할 수 있습니다. 그리고는 불자가 되어 믿어도 되고 안 믿어도 됩니다. 그런데 믿지 않는 것과 공부하지 않는 것은 다릅니다. 공부하며 생각해 보고, 직접 체험해 보고, 그래서 진짜 내 지혜로 이해하고 알게 되면, 믿고 싶지 않아도 믿게 됩니다.

지혜로운 불자는 시간이 지날수록 점점 자기의 앎에 자신감이 생기게 됩니다. 이렇게 아는 만큼 믿는 것입니다. 소금이 짜다는 사실에 의심이 하나도 없는 이유가 내가 확실하게 알기 때문입니다. '설탕이 달다'도 마찬가지입니다. 내가 먹어보고 다 아니까 부처님께서 '설탕이 짜다'고 말해도 그 말을 믿지 않습니다. 부처님이 틀리지 나는 안 틀린다고 확신합니다. 부처님이 말한다고 내가 따라 흔들리지 않습니다. 신이 와서 말해도 흔들리지 않습니다. 한국 사람인 나를 신이 "너는 미국 사람이다."라고 말한다고 내가 의심할까요? 의심하지 않습니다. 의심이라는 것은 모를 때 생기는 것입니다. 알면 의심이 사라집니다.

그래서 알기 위해서 우리는 지식도 찾아야 되고, 지식에서 지혜를 만들어 내야 합니다. 지혜가 아는 것입니다. 알면 의심이 사라지고 믿음이 생깁니다. 그것이 믿음의 의미입니다. 이것은 종교와 아무 상관없이 우리가 수용할 수 있는 가르침입니다. 믿음은 지혜의 단계에 따라 깊이가 다릅니다. '바와나마야빤냐'로 수행해서 얻은 믿음이 제일 강력합니다. 그러나 '찐따마야빤냐'에서 생긴 믿음은 조금 약할 수 있습니다. 게다가 '수따마야빤냐'로 누구의 말만 듣고 생긴 믿음은 매우 약합니다. 이와 같이 지혜의 정도에 따라서 믿음의 깊이가 다릅니다.

한 번도 경험해 보지 않은 사실을 누가 말해 주면 말하는 사람에 따라서 그 사람이 얼마나 믿을 만한 사람이냐에 따라서 믿는 정도가 달라집니다. 부처님과 사기꾼이 똑같은 말을 해도 부처님의 말은 확실하게 믿는데 사기꾼의 말은 안 믿지요? 왜냐하면 부처님과 사기꾼의 차이가 엄청나기 때문입니다. 이 세상에서도 내가 모르는 것을 누가 말할 때 그 분야의 전문가가 말한다면 믿습니다. 그것과 마찬가지로 부처님 말씀을 우리가 믿어야 하는 이유가 부처님께서는 진실과 진리만을 말씀하시기 때문입니다. 부처님의 가르침을 듣고 부처님이 어떤 분인지를 공부해 보니 부처님은 진짜 믿을 만한 사람입니다. 이 세상에 제일 믿음직한 사람이 부처님이십니다.

수다원이 되면 의심이 사라집니다. 여러분들이 이해해야 되는 것이 수다원의 도 지혜가 생기면 의심이라는 번뇌가 싹 사라지는데 그 이유가 불·법·승에 대한 확고부동한 믿음이 생기기 때문입니다. 그때는 부처님이 말씀해서가 아니라, 또 내가 숙고해서 추론하는 것도 아니라, 내가 직접 수행해서 수다원 도를 체득하니 부처님 말씀이 그대로 다 맞더라는 것입니다. 바로 이것이라고 내가 확실하게 아는 것입니다. 지혜가 번뇌를 어떻게 죽이느냐를 우리가 잘 생각해 보아야 합니다. 내가 확실하게 알았으면 의심이 싹 사라집니다. 의심은 믿지 못하는 번뇌입니다. 그 의심을 수다원 도 지혜가 잘라 버렸습니다.

또 수다원은 지혜가 확실해지니까 사견이 사라집니다. 지혜가 없어서 가지게 되는 잘못된 견해들을 사견이라고 말합니다. 지금 지혜가 확실하니까 잘못된 것들이 살 수가 없습니다. 해가 떴습니다. 어둠이 있을 수 있을까요? 불을 켰어요. 어둠이 있을 수가 있을까요? 해가 뜨거나 불만 켜면 밝음이 오고 어둠이 사라지는 것과 마찬가지로 지혜가 있으면 어리석음이 남김없이 사라집니다. 밝음이 생기면 어두움이 사라지는 것, 그것은 법칙입니다. 의심은 모를 때 가지는 것이기 때문에 알 때는 의심을 가질 수가 없습니다. 그래서 수다원의 도 지혜가 일어날 때 불·법·승에 대한 의심이 완전히 사라집니다. 아는 만큼 믿고 알지 못하는 것은 믿지 못합니다. 우리는 알기 위해서 끊임없이 노력해야 합니다. 수행은 알려고 하는 것입니다. 없애려고 하는 것이 아니고, 모시려고 하는 것도 아니고, 있는 그대로 보면서 있는 사실을 알려고 하는 것입니다. 있는 그대로의 진실을 알게 되면 잘못 알고 믿던 사견들이 사라지게 되어 있습니다.

⑫ 히리(부끄러움)

⑬ 옷땁빠(두려움)

히리(hirī, 부끄러움), 옷땁빠(ottappa, 두려움). 부끄러움은 나쁜 짓

하는 것을 부끄러워하고, 좋은 일 못하는 것을 부끄러워합니다. 두려움은 나쁜 일 하는 것을 무서워하고, 좋은 일 못하는 것을 무서워하는 겁니다.

부모가 살아 계시는데 내가 부모를 봉양하고 돌보지 못했다면 그것을 부끄러워합니다. 왜냐하면 부모에게 효도하는 좋은 일을 못했기 때문입니다. 이렇게 나쁜 짓을 했다면 부끄러워하고 무서워해야 되고, 좋은 일을 못하면 그것도 부끄러워하고 무서워해야 합니다. 그것이 좋은 사람의 법입니다.

믿음이 있는 사람에게 부끄러움과 두려움도 있습니다. 지혜가 있어야 바른 믿음이 생긴다고 했지요? 지혜가 있으면 부끄러움과 두려움도 생깁니다. 내가 아는 것에서 벗어나면 양심이 알고 지혜가 압니다. '이것은 틀렸다, 저것은 맞다.'라고 알면서 내가 잘못된 일을 하고 있으면 양심이 찔리고 부끄럽게 됩니다. 이것이 잘못된 일인 줄 알면서 하고 있으면 그때 부끄러움과 두려움이 생겨서 그 일을 피하고 하지 않습니다. 그렇게 차차 좋은 사람이 되기 때문에 앞으로 더욱더 옳은 일만 하게 되고 나쁜 짓을 하지 않게 됩니다. 원인과 결과를 잘 알면서 하게 되니 좋은 일만 하려고 합니다. 그런 것이 다 연결되고 있습니다.

⑭ 위리야(노력, 정진)

지식이 있어야 지혜가 생기고 지혜가 아는 만큼 믿음이 생기고 믿음이 있는 만큼 노력(vīriya, 정진)합니다. 수행을 하지 않으면 노력이 없는 사람이지요? 왜 수행하지 않을까요? 수행법을 제대로 모르고, 모르니까 믿음이 없고, 믿지 않으니까 노력하지 않는 것입니다. '내가 1초라도 수행하면 그 1초의 수행 공덕이 엄청나게 크다. 루비보다 비싸고 다이아몬드보다 비싼 것이 수행하는 것이다. 수행하는 것은 돈이 몇 억 있는 것보다 더 가치가 크다.' 그런 믿음이 있으면 노력이 있겠습니까, 없겠습니까? 1초라도 하려고 노력할 것입니다. 그래서 믿는 만큼 노력이 있는 것입니다.

노력이 좋아야 합니다. 노력은 자신의 지혜로 바르게 살려고 하는 것입니다. 지혜로 선과 악을 알고, 악을 피하면서 하지 않으려고 하고 선을 찾아서 많이 하려고 노력합니다. 그렇게 서로 연결되어 있습니다. 만약에 지혜가 없으면 내가 하는 일이 옳은지 그른지, 좋은지 나쁜지를 모릅니다. 원인과 결과도 모릅니다. 그럴 때 그 사람의 삶이 얼마나 혼란스러울지 생각해 보세요. 지혜가 없기 때문에 자기가 믿는다 해도 왜 믿는지도 모르고 그냥 무조건 믿게 됩니다. 만약에 틀린 것을 옳다고 믿고 있으면 부끄러움과 두려움도 모르고, 또 노력해도 잘못되게 할 수 있습니다. 지혜가 없으면 나쁜 짓을 하는 것이 지옥으로 가는 길을 스스로 파고 있다는 것을 모릅니다. 내가 나를 스스로 죽이고 있음을 모르고 나쁜 짓을 하는 것입니다. 노력하며 열심히 살아야 하겠지만 바르게 노력해야 합니다. 나쁜 행위를 하지 않고 좋은 행위를 하는 것이 진짜 바른 노력입니다.

⑮ **사띠**(기억하고 있음, 잊지 않음, 알아차림)

노력이 좋은 만큼 사띠(sati)가 좋아집니다. 사띠가 잊지 않음이라고 할 때 무엇을 잊지 않음인가요? 내가 갖고 있는 지식과 지혜를 잊지 않는 것입니다. 지식과 지혜가 좋아지면 사띠도 좋아집니다. 예를 들면 자동차를 운전할 때 자기가 알고 있는 지식과 지혜를 통해서 잘할 수 있습니다. 이리 가고 저리 가면서, 어떻게 하면 사고가 나지 않는다는 것을 알고 있습니다. 그때그때 나오는 순발력이 지혜이고 그 지혜를 잊지 않고 잘 가지고 있는 것이 사띠입니다. 지식과 지혜가 있어도 사띠가 없으면 사고 납니다.

다 잊고 있다가 어려운 일이 생겨서 그때서야 책을 보고 방법을 찾는다면 안 되겠지요? 어떤 사람들이 훌륭한 선생님을 만나 너무 좋아서 모시게 됩니다. 그런데 그들은 선생님만 모시고 선생님의 가르침에는 귀를 기울이지 않았습니다. 어느 날 배를 타고 바다로 나갔는데 갑자기 배에 물이 차면서 가라앉으려고 하였습니다. 제자들은 그때야 책을 보며 어떻게 할까를 궁리하였답니다. 사람은 모시고 가르침을 안 모신 사람은 그렇게 된다는 이야기입니다. 급박한 문제가 생길 때 지혜가 있어서 즉각적으로 해결해야 되는데, 그 순간까지도 책을 찾고 있으면 어떻게 되겠습니까? 다 물에 빠져 죽겠지요? 그런 의미입니다. 그래서 사람을 의지하는 것이 아니라 가르침에 의지해야 됩니다. 지혜는 책 속에 있는 것이 아닙니다. 선생님이 갖고 있는 것도 아닙니다. 내가 갖고 있어야 합니다. 내가 지혜를 가지고 스스로 노력하여 사띠를 예리하게 가져야 문제가 생길 때 그 순간 바로바로 해결할 수 있습니다. 그것이 진짜 아는 것입니다.

사띠는 '잊지 않음'입니다. 사띠로 잊지 않으면서 지혜로 이것이 옳은지 그른지, 나쁜지 좋은지, 원인과 결과가 무엇인지를 아는 것입니다. 그러면 나쁜 짓을 하지 않게 되고 좋은 일만 하게 되겠지요? 사띠는 원인과 결과를 잊지 않는 것이고, 부처님의 법을 잊지 않는 것이고, 바른 것과 그른 것을 잊지 않는 것입니다. 그것을 잊지 않기 때문에 자기가 말하고 행동할 때, 이런 원인을 지으면 이런 결과가 나타나리라는 것을 다 알게 됩니다. 이런 결과가 나타나면 이런 원인이 있었다고 매 순간 깨어 있으면서 잊지 않고 알게 됩니다. 한마디로 선업을 잊지 않는 것이 사띠입니다.

노력이 좋은 사람이 사띠가 좋은 사람입니다. 노력하는 자는 사띠가 좋아지고, 사띠가 좋아지면 불선업을 피하고 선업을 하게 됩니다. 여러분들이 이 시간에 집에 있으면 불선업을 할 기회가 더 많지요? 그래서 수행처에 와서 사띠로 선업 공덕을 쌓고 있는 것입니다. '이것은 올바른 가르침이기 때문에 이 수행을 하는 것이 좋다.'라고 알기 때문에 여기 와서 이렇게 노력하고 있는 것입니다. 사띠가 있어 아는 만큼 믿고, 믿는 만큼 노력하고, 노력하는 만큼 또 사띠가 더 좋아집니다. 그것이 지금 이 순간을 사띠로 챙기는 유익함입니다.

사띠는 선업을 잊지 않는 것입니다. 지금 이 순간 선업을 잊고 있으면 어떻게 됩니까? 오욕락에 빠져 불선업을 지으며 놀고 있겠지요? 먹고 자고 놀고 술 마시고, 남녀가 만나 즐기며, 이런 것에 빠져 살고 있겠지요? 그렇게 사는 것이 사띠 없이 잊어버리고 사는 것입니다. 지금 여러분들은 사띠가 있어 잊지 않았기 때문에 이렇게 수행하러 오신 겁니다. 사념처 수행을 할 때 사띠는 몸과 느낌과 마음과 법이라는 대상을 잊지 않음이지만, 일상생활에서 사띠는 선업을 잊지 않음입니다. 그런데 잊지 않음이 사띠라고 하면서 불선업을 잊지 않고 열심히 하고 있다면 그것은 사띠가 아닙니다. 사띠는 선한 마음에서만 생깁니다. 여러분들이 아비담마

논장을 공부하면 무슨 말인지 알 것입니다. 아름답고 착한 마음에만 사띠가 있고 해로운 마음에는 사띠가 없습니다. 그래서 나쁜 일을 기억하고 잊지 않음이 사띠가 아니고, 선업을 잊지 않고 하는 것이 사띠라고 알아야 합니다.

여러분들은 수행처에서 하루 종일 '좋은 사람'이 되기 위해서 좋은 사람의 법 일곱 가지를 실천하며 부처님의 발자취를 따라가고 있습니다. 매일 법문을 들으며 불법에 대한 지식을 배우고 사띠빳타나 수행을 하면서 매 순간 지혜를 계발하고 있습니다. 지식과 지혜가 생기면 믿음이 생기고, 믿음이 좋아지면 노력하게 됩니다. 그래서 노력이 좋아지면 법문을 더 열심히 듣게 되고 수행하기 위해서 한 번 더 선원에 오게 됩니다. 집에 있을 때도 되는 만큼 노력합니다. 믿기 때문에 열심히 노력하게 되는 거지요. 여기 수행처로 오는 것도 보통 노력이 아닙니다. 보통의 노력으로 새벽 4시에 일어나서 이런 법문 들을 수 있겠습니까? 대단한 노력으로 새벽 4시부터 밤 9시까지 수행하는 것입니다.

그러면 그런 노력의 바탕에 무엇이 있습니까? 믿음이 있습니다. 믿음의 바탕에는 무엇이 있습니까? 지혜가 있습니다. 지혜의 바탕에는 무엇이 있습니까? 지금 여러분들처럼 끊임없이 듣고 알게 되는 배움이라는 지식이 있습니다. 그러므로 올바르게 배워야 됩니다. 잘못 배우고 있으면 진실한 믿음이 나오지 않습니다. 이상한 믿음만 생기고 이상한 행동을 하게 됩니다. 믿음이 올바르게 되어야 말이나 행동이 올바르게 나옵니다. 잘못된 믿음은 말도 왜곡되게 하고 수행도 제대로 안 하게 됩니다. 그러면 올바른 지혜가 생기지 않겠지요? 올바른 지혜가 아니니까, 믿음도 틀리고 말도 틀리고 행동도 틀리게 됩니다. 그래서 믿음을 올바르게 가지려면 지식을 올바르게 가져야 합니다. 그래야 지혜도 올바르게 계발됩니다.

좋은 사람의 법 일곱 가지는 서로서로 관계가 있습니다. 그것들은 상승곡선으로 차차 돌고 돌아 올라갑니다. 시작부터 목적지를 욕심내면 안 됩니다. 조금씩, 조금씩 내가 지식을 쌓은 만큼 지혜가 올라갑니다. 지혜가 올라간 만큼 믿음이 올라가고, 믿음이 올라간 만큼 노력이 올라가고, 노력이 올라간 만큼 사띠도 좋아지고, 선업을 못함과 불선업을 함에 부끄러움과 두려움이 강해지고, 그러면 그 다음에 또 한 단계 높은 지식이 쌓이게 됩니다.

지혜가 앞으로 가면 지식도 앞으로 가게 되어 있습니다. 책을 읽을 때 수행하기 전에는 1%의 지혜로 읽어 1%만 알았는데, 다음에 수행하여 지혜가 성장한 후 다시 그 책을 보면 똑같은 책인데도 알게 되는 것이 더 깊고 많아짐을 느낄 수 있습니다. 수행하면 그렇게 지식과 지혜가 앞으로 나아가는 것입니다. 그런 식으로 우리가 한 바퀴 돌아오면 지혜가 한 단계 높아져 있고, 지혜가 한 단계 높아지면 내가 아는 지식이 또 한 단계 더 높아집니다. 그렇게 한 단계씩 계속 지혜가 높아지고, 믿음이 높아지고, 노력이 높아지고, 사띠가 높아집니다. 그렇게 올라가다가 맨 꼭대기에 서면 그것은 최고의 지혜인 깨달음의 지혜가 됩니다.

우리는 무조건 이 길을 가야 합니다. 다른 방법이 없습니다. 유일한 길입니다. 부처님도 그 길을 가셨습니다. 항상 지식을 쌓고 지혜를 계발하면서 믿음과 노력과 사띠와 부끄러움과 무서움을 계속 나선형처럼 밟아 올라가면, 올라가다가 올라가다가 다음에

꼭대기에 있는 깨달음의 도 지혜에 도달하면 모든 번뇌가 사라집니다. 밝음이 오니까 어두움이 싹 사라지듯이 번뇌가 깨끗이 사라집니다.

좋은 사람의 법 첫 번째 묶음 네 가지, 두 번째 묶음 네 가지와 이 세 번째 묶음 일곱 가지를 합해서 모두 열다섯 가지 짜라나가 되었습니다. 부처님께서는 짜라나 열다섯 가지를 실천 수행하신 결과로 윗자 여덟 가지가 생겼습니다. 그것을 『청정도론』에서 다음과 같이 설명하고 있습니다.

Tattha vijjāsampadā bhagavato sabbaññutaṃ pūretvā ṭhitā.
땃타 윗자삼빠다 바가와또 삽반뉴땅 뿌레뜨와 티따
세 가지 지혜와 여덟 가지 지혜가 완벽하기 때문에 존귀하신 부처님께서는 모든 것을 다 아는 완벽한 지혜를 갖추신 부처가 되셨다.

땃타(그), **윗자**(세 가지 지혜와 여덟 가지 지혜가), **삼빠다**(완벽하기에), **바가와또**(부처님께서), **삽반뉴땅**(모든 것을 다 아는 지혜를), **뿌레뜨와**(확실해지면서, 완벽하게 갖추어), **부처가 되는 것입니다.**

Caraṇa sampadā mahākāruṇikataṃ.
짜라나 삼빠다 마하까루니까땅
열다섯 가지 실천 수행을 완벽하게 하셨기 때문에 대연민을 가지는 부처님이 된다.

짜라나(실천 수행이), 삼빠다(완벽하기에), 마하까루니까땅(대연민을 가지게 된다). 부처님께서는 열다섯 가지 실천 수행을 완성하셨기 때문에 대연민심을 가지게 됩니다. 혼자 깨닫고 끝내기보다는 모든 중생들에게 회향하여 도와주고 싶다는 마음을 가지게 됩니다. 그리하여 부처님께서는 대연민심으로 모든 중생들을 불쌍하게 여기는 마음으로 무수한 겁을 지나면서 짜라나를 하셨습니다. 그런 짜라나가 있었기 때문에 지혜가 완벽하게 되어 '삽반뉴따 붓다'가 되는 것입니다. 그래서 부처님을 한마디로 정의하면 '지혜와 대연민'입니다.

So sabbaññutāya sabbasattānaṃ atthānatthaṃ ñatvā
소 삽반뉴따야 삽바삿따낭 앗타낫탕 냐뜨와
부처님께서는 모든 것을 다 아는 지혜로 중생들의 이익과 불이익을 확실하게 구별해서 다 아신다.

부처님께서는 모든 것을 다 아는 지혜로 "이것이 이익이다. 이것이 불이익이다."라고 하면서 범부 중생들을 바르게 가르쳤습니다. 삽반뉴따야(모든 것을 아니까), 삽바삿따낭(모든 중생들의), 앗타낫탕(이익과 불이익을), 냐뜨와(확실하게 안다).

Mahākāruṇikatāya anatthaṃ parivajjetvā atthe niyojeti.
마하까루니까따야 아낫탕 빠리왓제뜨와 앗테 니요제띠
대연민으로 불이익을 피하게 하고 이익만 있게끔 하신다.

그리고 부처님께서는 대연민심으로 중생들을 유익한 방향으로 인도하셨습니다. 마하까루니까따야(대연민으로), 아낫탕(불이익을), 빠리왓제뜨와(피하게 하고), 앗테(이익이 있게끔), 니요제띠(인도하다).

부처님의 핵심은 지혜와 대연민입니다. 지혜가 있어야 옳고 그른 것과 이익되는 것 불이익이 되는 것을 알고, 대연민으로 우리들이 불이익을 입지 않고 이익이 있는 좋은 일을 하도록 가르칩니다. 그렇게 부처님께서 우리를 바르게 인도하고 계십니다. 부처님께서는 아는 것이 완벽하기 때문에 어떤 것이 옳고 어떤 것이 그른지, 무엇이 선이고 무엇이 악인지, 어떻게 해야 우리가 고통에서 벗어나 행복할 수 있는지를 알고 계십니다. 그러나 알고 있지만 대연민의 마음이 없으면 그것을 우리에게 알려 주며 바르게 인도하지 않을 것입니다. 부처님께서 이렇게 중생들에게 애를 쓰며 가르치고 있는 모습이 마하까루나(대연민)입니다. 그것은 짜라나에서 나오는 마하까루나입니다. 마하까루나와 짜라나의 관계를 잘 생각해 보시기 바랍니다. 부처님을 대연민과 지혜라고 말하는 것이 '윗자짜라나삼빤나'에서 우러나오는 것입니다. 윗자에서 무엇이 나옵니까? 삽반뉴따냐나(모든 것을 아는 지혜)가 나옵니다. 짜라나에서 무엇이 나옵니까? 마하까루니까(대연민), 이 세상을 넘어서 만 개 우주를 충분히 덮어 줄 수 있는 부처님의 대연민심이 나오는 것입니다.

4) 수가또

Itipi so bhagavā sugato,

이띠삐 소 바가와 수가또
이런 이유로 거룩하신 세존께서는 수가또입니다.

부처님의 네 번째 공덕은 수가또입니다. 수(잘, 좋게), 가따(가다, 오다). 수가또라는 단어 그대로의 뜻은 잘 오셨다가 잘 가신 분이라는 말입니다. 수가또에는 네 가지 의미가 담겨 있습니다. 수가따에서 수를 소바나(아름답다), 순다랑(좋다), 삼마(올바르다)로 풀이하고, 가따는 가마낫따(행하다, 가다), 가땃따(가다), 가닷따(말하다)로, 이렇게 여러 가지로 풀이합니다.

수가또의 네 가지 의미는 다음과 같습니다.

Sobhanagamanattā sugato
소바나가마낫따 수가또
(팔정도를 잘 수행하며) 아름답게 가시기에 수가또
sundaraṃ ṭhānaṃ gatattā sugato
순다랑 타낭 가땃따 수가또
(닙바나라는) 좋은 곳으로 잘 가셨기에 수가또
Sammā gatattā sugato
삼마 가땃따 수가또
(아라한이 되어) 올바르게 가셨기에 수가또
sammā ca gadattā sugato
삼마 짜 가닷따 수가또
바르고 좋은 말만 하시기에 수가또

(1) 소바나가마낫따 수가또(아름답게 가시기에 수가또)

가마낫따(오는 것, 가는 것, 행함)를 보니까, 소바나(너무 아름답다). 소바나 가마낫따(매우 아름답게 가시기에), 즉 팔정도를 실천 수행하며 아름답게 걸어가시기에 수가또입니다.

Gamanampi hi gatanti vuccati. Tañca bhagavato sobhanaṃ
가마남삐 히 가딴띠 웃짜띠. 딴짜 바가와또 소바낭
parisuddhamanavajjaṃ. Kiṃ pana tanti? Ariyamaggo.
빠리숫다마나왓장. 낑 빠나 딴띠? 아리야막고
가마나는 걸어가는 것을 말한다. 거룩하신 세존의 아름답게 가시는 모습이 두루 청정하고 나무랄 바가 없다. 그것이 무엇인가? 도성제인 팔정도이다.

가마남삐(걸어감은), 가딴띠(걸어가는 것을), 웃짜띠(말한다). 딴짜 바가와또 소바낭(그 거룩하신 세존께서 아름답게 가시는 것이), 빠리숫다마나왓장(두루 청정하고 나무랄 바가 없다). 낑 빠나 딴띠?(아름답게 가는 것이 무엇인가?), 아리야막고(도성제이다). 아리야막가(도성제)는 팔정도를 말합니다. 부처님께서 팔정도로 걸어가시는 모습이 매우 아름답다는 말입니다.

부처님께서 걸어가신다는 것은 우리처럼 두 발로 걷는 것을 말하는 것이 아니고 팔정도라는 도성제를 실천 수행하는 것을 말합니다. 팔정도를 실천 수행하며 가고 있는 모습이 매우 아름답다는 말이지요. 부처님께서 수메다 은자 때부터 마지막 부처가 될 때까지 빠라미를 팔정도로 해 오시는 모습이 매우 아름답다는 뜻입니다.

(2) 순다랑 타낭 가땃따 수가또(좋은 곳으로 잘 가셨기에 수가또)

Sundarañcesa ṭhānaṃ gato amataṃ nibbānanti sundaraṃ
순다랑쩨사 타낭 가또 아마땅 닙바난띠 순다랑
ṭhānaṃ gatattāpi sugato.
타낭 가땃따삐 수가또
좋은 곳으로 가셨다는 것은 죽음이 없는 닙바나로 가셨다는 말이다. 닙바나라는 좋은 곳으로 가셨기에 수가또이다.

순다라(좋은), 타낭(장소), 순다랑타낭(좋은 곳, 닙바나), 가땃따(가셨기에). 닙바나라는 좋은 곳으로 가셨기에 수가따입니다. 부처님께서 어디로 가셨습니까? 아마땅(죽음이 없는), 닙바나(열반)로 가셨습니다. 닙바나를 순다랑타낭이라고 하고 있습니다. 좋은 곳 중에서 최고로 좋은 곳이 닙바나입니다. 지옥보다 동물이 좋고, 동물보다 아수라나 아귀가 좋고, 아수라나 아귀보다 인간이 좋고, 인간의 생활보다 신의 생활이 더 좋습니다. 신의 세상보다 범천의 세상이 더 좋습니다. 그러나 모든 세상보다 더 멋지고 제일 좋은 것이 닙바나입니다. 그래서 부처님께서 순다랑타낭(제일 좋은 곳, 닙바나)으로, 가땃따(가셨기에), 벌써 가셨기에 수가또입니다. 닙바나는 사실 장소는 아닙니다. 그냥 쉽게 이해할 수 있도록 장소나 곳으로 예를 들었습니다. 부처님께서 닙바나로 가신 것 자체가 큰 공덕입니다. 한국말로 쉽게 말하면 '잘 오셨다가 잘 가셨습니다.'입니다. 잘 오신 것은 빠라미(바라밀)를 열심히 하면서 부처가 될 때까지 아리야막가(도성제, 팔정도의 길, 중도의 길)를 따라 잘 오셨고, 또 가는 것은 어디로 가셨습니까? 아주 좋은 닙바나(열반)로 가셨습니다. 그래서 아름답게 오신 것은 '소바나 가마낫따'이고 아름답게 좋은 곳으로 가신 것은 '순다랑타낭 가땃따'입니다.

(3) 삼마 가땃따 수가또(올바르게 잘 가셨기에 수가또)

Sammā ca gato tena tena maggena pahīne kilese puna
삼마 짜 가또 떼나 떼나 막게나 빠히네 낄레세 뿌나
apaccāgacchanto. Vuttañhetaṃ "sotāpattimaggena ye kilesā
아빳짜갓찬또. 웃따네땅 "소따빳띠막게나 예 낄레사
pahīnā, te kilese na puneti na pacceti na paccāgacchatīti
빠히나, 떼 낄레세 나 뿌네띠 나 빳쩨띠 나 빳짜갓차띠띠
sugato…pe… arahattamaggena ye kilesā pahīnā, te
수가또 …pe… 아라핫따막게나 예 낄레사 빠히나, 떼
kilese na puneti na pacceti na paccāgacchatīti sugato"ti,
낄레세 나 뿌네띠 나 빳쩨띠 나 빳짜갓차띠띠 수가또"띠

올바르게 가셨다는 것은 네 가지 각각의 도 지혜로 각각의 번뇌를 버리니 그것이 다시는 생기지 않았다는 말이다. 즉 수다원 도가 되니 의심과 사견이 모두 사라지고, 그렇게 사라진 번뇌는 다시는 일어나지 않았고 돌아오지 않았고 되돌아오지 않았다. 그래서 수가또이다. 사다함과 아나함 도도

마찬가지이다. 그리고 마지막에 아라한 도가 되어 모든 번뇌를 남김없이 버리니 그렇게 버려진 번뇌들이 다시는 새로 일어나지 않았고 돌아오지 않았고 되돌아오지 않았다. 그래서 수가또이다.

여기서는 세 번째로 수가또를 설명하고 있는데 '수'를 '삼마'로 해석하면서, '삼마 짜 가또 떼나떼나 막게나 빠히네 낄레세 수가또'라고 하고 있습니다.

삼마(틀림없이, 확실하게), 가또(오셨다, 가셨다), 떼나 떼나 막게나(그, 그 도로써), 즉 네 가지 도인 소따빠띠막가(수다원 도)·사까다미막가(사다함 도)·아나가미막가(아나함 도)·아라하따막가(아라한 도)로써, 빠히네(제거했던), 낄레세(번뇌들이), 뿌나 아빳짜갓찬또(다시 일어나지 못하였다), 웃따네땅(이렇게 설하셨다), 소따빳띠막게나(수다원 도가), 예(어떤), 낄레사(번뇌를), 빠히나(버리게 되면), 떼(그), 낄레세(번뇌들이), 나 뿌네띠(다시 생기지 못한다), 나 빳쩨띠(다시 돌아오지 못한다), 나 빳짜갓차띠띠(다시 되돌아오지 못한다), '…pe…'는 중간에서 사다함 도와 아나함 도도 마찬가지라고, 반복되는 말을 생략하는 표시입니다. 그리고 아라핫따막게나(아라한의 도가), 이띠(그래서), 수가또(수가따)입니다. 좀 길어서 외우기 어렵지요?

뜻은 무엇인가요? 삼마짜가또는 올바르게 가셨다는 말입니다. 부처님께 올바른 소따빳띠막가(수다원의 도 지혜)가 생기면서 번뇌들이 싹 사라졌습니다. 수다원이 될 때 없어지는 번뇌가 의심과 사견인데 그것이 수다원이 되면 다시는 생기지 않습니다. 한번 사라지면 두 번 다시 되돌아오지 않습니다. 그것이 바르게 잘 가신 것입니다. 팔정도의 길을 따라 올바르게 오셨기 때문에, 번뇌들이 갔다가 다시 오지 않습니다. 의심과 사견이 다시는 생기지 않습니다. 그래서 수가또입니다.

소따빳띠(수다원)의 도 지혜에서 아라핫따(아라한)의 도 지혜까지 다 말하고 있습니다. 사다함의 도 지혜가 생기기 때문에 사라졌던 번뇌들이 다시 일어나지 못합니다. 아나함의 도 지혜를 가지면서 아나함 때 성냄이나 오욕락이 싹 사라지면서 다시 생기지 못합니다. 오욕락에서 성냄까지 그런 번뇌가 완전히 가버렸습니다. 올바르게(삼마), 가셨기에(가땃따), 수가또입니다. 아라한이 되니 번뇌가 하나도 없습니다.

부처님께서는 아라한이 된 날부터 열반하실 때까지 45년 내내 다시는 번뇌가 일어나지 않았습니다. 35세에 부처가 되어 사라졌던 번뇌들이 한 번도 일어나지 못하도록 한 번에 잘 보냈습니다. 그것이 삼마 가땃따 수가또입니다.

삼마 가땃따의 또 다른 해석이 있습니다.

Sammā vā gato dīpaṅkarapādamūlato pabhuti yāva
삼마 와 가또 디빵까라빠다물라또 빠부띠 야와
bodhimaṇḍā tāva samatiṃsapāramīpūrikāya
보디만다 따와 사마띵사빠라미뿌리까야
sammāpaṭipattiyā sabbalokassa hitasukhameva karonto
삼마빠띠빳띠야 삽바로깟사 히따수카메와 까론또
sassataṃ, ucchedaṃ, kāmasukhaṃ, attakilamathanti ime
삿사땅, 웃체당, 까마수캉, 앗따낄라마탄띠 이메

ca ante anupagacchanto gatoti sammā gatattāpi sugato.
짜 안떼 아누빠갓찬또 가또띠 삼마 가땃따삐 수가또
디빵까라 부처님 발아래에서 수기를 받은 이후 보리수나무 아래서 깨달음을 이루실 때까지 서른 가지 빠라미를 완성하여 바른 실천 수행으로 모든 중생들에게 이익과 행복을 주시고, 오욕락을 즐기는 감각적 쾌락과 자신을 괴롭히는 고행이라는 두 가지 양 극단에 빠지지 않고 바르게 잘 오셨다. 이와 같이 바르게 잘 오셨기에 수가또이다.

부처님께서는 전생에 수메다 생에서 디빵까라 연등 부처님께 수기를 받은 후 무수한 겁 네 번을 지나고 또 십만 겁을 거쳐서 빠라미를 해 오셨습니다. 그 후 마지막 생인 싯닷타 태자로 태어나셔서 29세에 출가하고 35세에 부처가 되었습니다. 그렇게 부처가 될 때까지, 즉 수메다 은자의 생부터 보리수나무 밑에서 고따마 부처님이 되기까지, 계속 올바르게 오셨다는 것입니다. 그 동안 한 번도 단견이나 상견을 가진 적이 없었습니다. 동물로 태어났든, 어디서 태어났든, 보살에게는 상견과 단견이 없었습니다. 그럴 정도로 틀린 것이 없이 쭉 바르게 오셨기 때문에 '수가또'라고 합니다. '삼마 와 가또(올바르게 오셨다)'는 수메다 은자의 생 때부터 부처가 될 때까지 상견이나 단견 같은 사견들이 하나도 없이 그렇게 바르게 보살행을 하면서 부처가 될 때까지 바르게 오셨다는 말로 '삼마 가땃따'를 설명합니다.

(4) 삼마 짜 가다따 수가또(좋은 말과 올바른 말만 하셨기에 수가또)

Sammā cesa gadati yuttaṭṭhāne yuttameva vācaṃ
삼마 쩨사 가다띠 윷땃타네 윷따메와 와짱
bhāsatīti sammā gadattāpi sugato.
바사띠띠 삼마 가닷따삐 수가또
(거룩하신 부처님께서) 바르게 설하신다. 마땅한 것에(유익하고 올바른) 마땅한 말씀만 하신다. 바르게 설하시기 때문에 수가또이다.

삼마(마땅한, 적절한, 합당한), 가다띠(말씀하신다), 윷땃타네(마땅한 것에), 윷따메와(오직 마땅한), 와짱(말씀을), 바사띠(하신다), 이띠(그래서), 삼마 가닷따삐(좋은 말과 올바른 말씀만 하시기에), 수가또입니다. 윳따(적당한, 정당한), 가다따(말한다, 설하신다). 삼마를 가다띠로 보고, 좋은 말과 올바른 말만 하시기에 수가또라고 합니다.

부처님께서 하시는 말씀은 다 좋은 말입니다. 나쁜 말이 하나도 없습니다. 부처님께서 하시는 말씀은 다 올바른 말입니다. 틀린 말이 하나도 없습니다. 좋은 말과 올바른 말을 하시고 또 때에 맞게 하십니다. 말을 해야 할 때만 하시고 쓸데없이 하지 않습니다. 부처님께서 말씀하셨다면 반드시 무슨 이유가 있고 어떤 이익이 있습니다. 그래서 수가따입니다. 이렇게 부처님께서는 좋은 말과 올바른 말만 하시기에 수가따입니다. 입에서 쓸데없는 말만 나오고 문제를 일으키는 말만 나오면 안 됩니다. 만일 그렇다면 차라리 입을 다물고 말을 하지 않는 것이 낫습니다. 그러나 부처님께서 말씀을 하셨을 때는 언제나 올바른 말이고 이익이 있는 말이고 바른 말입니다.

우리는 말을 해서 문제를 일으키는 경우가 많기 때문에 말하기 전에 입을 엄청나게 조심해야 합니다. 미얀마 속담에 이런 말이 있어요. '바닥에 구멍이 생겨 발이 빠지면 발을 빼면 된다. 그러나 입에서 말이 잘못 나오면 그것은 절대로 주워 담을 수가 없다.' 다른 사람에게 잘못된 말을 한마디 하게 되면 그 말이 그 사람 가슴에 못을 박듯이 딱 박힌다는 뜻입니다. 문제를 일으키는 말을 했으면 다시 되돌릴 수 없습니다. 가다가 헛디뎌 발이 빠지면 뺄 수 있지만, 잘못된 말을 하면 그 말을 다시 되돌릴 수 없습니다. 엎질러진 접시 물처럼 다시 주워 담을 수가 없습니다. 그것을 비유하여 부처님께서 하신 말씀이 하나 있습니다.

> "사람은 태어날 때부터 입 안에 칼을 가지고 태어난다. 그 칼로 스스로를 죽여 지옥으로 떨어지게 한다."

말이 무섭지만 부처님이니까 그런 예를 줄 수 있습니다. 입 안에 있는 칼이 무엇입니까? 혀가 칼입니다. 일반적으로는 칼로 다른 사람을 자른다고 생각하는데 입 안의 칼로는 스스로를 잘라 죽여서 지옥으로 보내는 것입니다. 사리불 존자나 목련 존자를 욕하는 데와닷따의 제자 스님이 있었습니다. 부처님께서 그 스님에게 말하는 것입니다. 그 스님이 사리불이나 목련 존자를 욕하는 것이 자기들에게 좋은 줄 알았어요. 부처님께서는 스님들이 근거도 없이 다른 스님을 욕하는 것은 스스로를 지옥에 떨어지게 하는 일이라고 가르쳤습니다.

우리는 입을 조심해야 합니다. 그러려면 부처님의 공덕 수가또를 많이 숙지해야 합니다. 수가또 공덕을 많이 숙지함으로써 "부처님께서는 올바른 말씀만 하신다. 그리고 이익이 있는 말씀만 하신다."라고 알고 부처님을 존경하게 되면 자신도 차차 그렇게 닮아갑니다. 말을 함부로 하지 않게 되고, 해도 꼭 올바른 말과 이익이 있는 말만 하게 됩니다. 그때 이익은 이기적인 마음으로 자기 이익만 챙긴다는 그런 뜻이 아닙니다. 말을 함으로써 너도 좋고 나도 좋은 그런 이익입니다. 또는 자신에게는 안 좋더라도 상대방에게 좋다면 그런 말을 하게 되는 것입니다.

그렇게 이번 생의 이익과 다음 생의 이익과 세상을 초월할 수 있는 이익을 위해서 말을 하는데, 그때도 삼빠자나냐나(분명하게 아는 지혜)가 있어야 합니다. 즉, 적당한지 적당하지 않은지, 언제 어떻게 말해야 하는지 알아야 합니다. 언제인지 때가 안 맞아도 문제입니다. 해야 할 때 하지 않아도 문제입니다. 해야 하는 방법이 안 맞아도 문제입니다. 똑같은 말이라도 말을 어떻게 하면 좋은가를 아는 것도 지혜입니다. 그리고 어디서 하는가도 중요합니다. 그런 것이 다 삼빠자나입니다. 이익이 있는지 없는지, 이익이 있더라도 적당한지 적당하지 않은지, 그런 것을 부처님은 다 알지요. 우리는 모르기 때문에 계속 문제를 일으킵니다. 그래서 부처님의 '삼마 짜 가닷따 수가또' 공덕을 우리가 깊이 새겨야 하는 것입니다.

말의 종류는 여섯 가지가 있습니다. 그 중 부처님께서 하지 않는 말 네 가지는, ① 사실이 아니고 옳지 않고 이익이 없고 상대방이 듣기 싫어하는 말, ② 사실이고 옳더라도 이익이 없고 상대방이 듣기 싫어하는 말, ③ 사실이 아니고 옳지 않고 이익이 없지만 상대방이 듣기 좋아하는 말, ④ 사실이고 옳더라도 이익이 없는데 상대방이 듣기 좋아하는 말입니다.

부처님께서 하시는 두 가지 말은, ① 사실이고 옳은 말이고 이익이 있고 상대방이 듣기 좋은 말, ② 사실이고 옳은 말이고 이익이 있지만 상대방이 듣기 싫어하는 말입니다. 그리고 부처님께서는 이런 말을 해 줄 적절한 때를 아십니다.

이렇게 부처님께서는 듣는 사람이 좋아하거나 싫어하거나 간에 올바르고 이익이 있으면 말씀하십니다. 그것이 수가따(바르게 설하신다)의 뜻입니다. 그리고 이익이 있더라도 해야 하는 시기를 잘 알고 적절한 때에 하십니다. 어떤 말은 맞는 것도 아니고 이익도 없고, 그런데 듣는 사람이 좋아합니다. 예쁘지도 않은데, "아, 예쁘다." 이런 식으로 하면서 다른 사람의 기분을 맞추어 줍니다. 그렇게 해서 자기의 이익을 챙기는 거지요. 자기 이익은 생기겠지만 그런 말은 거짓말입니다. 내 이익을 챙기기 위해서 다른 사람에게 아부하는 거지요. 부처님께서는 그런 말을 하지 않습니다. 그러면 우리도 하면 안 된다는 것을 알아야 합니다. 틀린 말과 이익도 없는 말과 듣는 사람이 싫어하는 말은 절대로 하면 안 됩니다. 그런 말을 하는 것은 옳은 것도 아니고 이익도 없고 듣는 사람도 싫어하니 문제밖에 없습니다. 그래서 좋은 말만 하시고 나쁜 말을 안 하시기 때문에 부처님이 수가따입니다.

부처님께서 라훌라를 교육시킬 때 이런 말씀을 하셨습니다.

"행동하기 전에 미리 생각해라." 생각하고 그 다음에 말하고 행동하라는 말입니다. "말하기 전에 먼저 생각해라. 그 다음에 말해라. 생각하게 되면 생각하는 줄 알고 그 다음에 해라." 즉 생각하는 마음도 사띠하라는 말입니다. 사띠가 있으면 '아, 내가 어떤 생각을 하는구나.'라고 알고 생각의 방향을 바로 잡게 됩니다. 생각의 방향을 잘못 잡으면 '아요니소마나시까라(부주의한 주의력)'로 불선업이 되는 생각을 하게 되고, 방향을 바로 잡으면 '요니소마나시까라(현명한 주의력)'로 선업이 되는 생각이 일어납니다. 우리도 부처님의 수가또 공덕을 마음에 많이 새기면서 말이 입에서 새어 나오기 전에 먼저 깊이 생각하여 맞는지 틀리는지, 이익이 있는지 없는지, 적당한지 적당하지 않은지, 지금 해야 되는 때인지 아닌지를 알고 말을 하면, 그 말로 가지게 되는 죄가 많이 줄어들 것입니다.

부처님께서 6년 고행을 하면서 고생했던 이유가 바로 구업(口業) 때문이었습니다. 전생에 어떤 부처님이 6일 만에 부처가 되었다는 이야기를 듣고, 부처님은 "6일 수행하고 6일 만에 부처가 되었다면 나 같은 사람은 6년도 하겠다."라고 말했습니다. 가짜 부처님은 안 믿겠다는 말입니다. 그러나 그 부처님은 6일 수행해서 깨달은 진짜 부처님이었습니다. 그 부처님을 믿지 못해서 그런 어리석은 말을 한 것입니다. 무지하기 때문에 무지한 말이 나온 것이지요. 상대방을 무시하면 무지한 말이 나옵니다. 그래서 진짜 부처님인데, 무시하는 어리석은 말을 하여 그 업으로 부처님이 되는 생에서 안 해도 될 고행을 6년간 하게 되신 것입니다. 고행하는 것이 깨닫지 못하는 길인데도 고집을 부리면서 6년을 고행하였습니다. 그때 엄청나게 몸이 상했었지요.

우리가 행한 업은 반드시 우리가 받게 되기 때문에 구업을 조심해야 합니다. 이렇게 부처님께서는 적당한 곳에서 적절한 때에 좋은 말과 올바른 말만 하시기에 수가또입니다.

5) 로까위두

Itipi so bhagavā lokavidū,
이띠삐 소 바가와 로까위두
이런 이유로 거룩하신 세존께서는 로까위두입니다.

부처님의 네 번째 공덕은 '로까위두'입니다. 로까(세상을), 위두(잘 아시는 분). 부처님께서는 모든 세상을 확실하게 아십니다.

Sabbathāpi viditalokattā pana lokavidū.
삽바타삐 위디따로깟따 빠나 로까위두
모든 세상을 꿰뚫어 아시기에 로까위두이다.

삽바타삐(모든, 온), 위디따로깟따(세상을 꿰뚫어 안다), 그래서 로까위두입니다. '위디'와 '윗자'는 뜻이 똑같습니다. 위디(찌르는 것, 뚫는 것)는 다 꿰뚫어 봤다는 것입니다.

부처님께서는 보지 못하거나 알지 못하는 것이 없습니다. 온 세상을 다 알고 계십니다. 그런 의미로 삽바타(모두, 온, 남기는 것이 없는), 위디따(다 꿰뚫어 보았기에), 로까따(세상을)입니다. 즉, 온 세상을 다 꿰뚫어 보시는 분이기 때문에 부처님은 '로까위두'입니다. 부처님께서는 세상을 부분적으로 아는 것이 아니고 전부를 다 아십니다.

부처님께서는 다음과 같이 말씀하셨습니다.[8]

Gamanena na pattabbo, lokassanto kudācanaṃ;
가마네나 나 빳땁보, 로깟산또 꾸다짜낭
걸어서는 결코 세상의 끝에 도달할 수 없다.

가마네나(걸어가다), 나 빳땁보(얻지 못한다, 도달하지 못한다), 로까산또(세상의 끝에), 꾸다짜낭(결코). 세상의 끝을 향해 걸어간다고 해도 결코 세상의 끝에 도달하지 못한다는 말입니다. 여기서 로까(세상)는 상카라로까(인과계)를 말합니다. 여러분들이 남한에서 북한까지 걸어가 보세요. 북한 위에 있는 러시아까지 걸어간다고 세상의 끝을 볼 수 있는지 알아 보세요. 북극이나 남극까지 걸어간다고 세상의 끝을 볼 수 있겠습니까? 이것은 지구 하나만을 말하는 것입니다.

부처님께서도 로히따 은자였던 과거생에 이 세상의 끝을 보기 위해 신통지로 뛰어 봤지만 세상의 끝을 볼 수 없었다고 말씀하셨습니다.

8 초기불전연구원에서 나온 상윳따니까야(S2:26)·앙굿따라니까야(A4:45) 로히땃사 경 참고.

Na ca apatvā lokantaṃ, dukkhā atthi pamocanaṃ.
나 짜 아빠뜨와 로깐땅, 둑카 앗티 빠모짜낭
그러나 세상의 끝에 도달하지 않고서는 고통에서 벗어남이 란 있을 수 없다.

아빠뜨와(가지 못하고, 도달하지 않고), 로깐땅(세상의 끝에), 둑카(고통에서), 빠모짜낭(벗어남이), 나 짜 앗티(있을 수가 없다, 있지 않다). 세상의 끝에 도착하면 고통이 끝나는가? 그렇지 않습니다. 지금은 우주 과학이 발달하여 우주에 대해서 많이 알게 되었습니다. 그래서 우주의 끝에 갈 수 있다고 해도 가 봤자 우리가 직면하고 있는 근본적인 존재의 고통에서 벗어날까요? 우리가 여기서 화성까지 갈 수 있다고 해서, 우리가 생로병사에서 벗어날 수 있을까요? 벗어나지 못합니다. 그래서 부처님께서는 "세상의 끝에 가려고 한다면 죽어도 끝을 볼 수 없다. 그러나 세상의 끝까지 가지 않아도 고통의 세상을 끝낼 수 있다."라고 말씀하십니다.

Tasmā have lokavidū sumedho, lokantagū vūsitabrahmacariyo;
따스마 하웨 로까위두 수메도, 로깐따구 우시따브라마짜리요
그래서 진실로 세상을 꿰뚫어 아는 지혜로운 자는, 세상의 끝(닙바나)에 도달한 분이고 도성제라는 성스러운 법을 실천 수행하는 것을 완성한 고귀한 삶을 사는 분이다.

따스마(그래서, 그러므로), 하웨(진실로, 사실은, 진짜로), 로까위두(세상을 꿰뚫어 잘 아는 분), 수메도(지혜 있고 슬기로운 분), 로깐따구(세

상의 끝에 도달한 분), 우시따브라마짜리요(청정범행의 실천을 완성하신 분, 고귀한 삶을 사는 분). 로깐따구는 로까(세상의)와 안따구(끝에 도달한 분)의 합성어입니다. 로깐따구는 세상의 끝을 보고 그 끝인 닙바나에 도달한 분이라는 말입니다. 그래서 부처님께서는 "나는 세상의 끝을 보았다. 나는 브라흐마짜리야(고귀한 삶을 사는 자)이다."라고 말씀하시는 겁니다.

Lokassa antaṃ samitāvi ñatvā, Nāsīsati lokamimaṃ parañcāti.
로깟사 안땅 사미따위 냐뜨와 나시사띠 로까미망 빠란짜띠
모든 업을 제거한 고요한 자는 세상의 끝을 알아 이 세상도 저 세상도 바라지 않는다.

로깟사 안땅(세상의 끝을, 닙바나를), 사미따위(모든 번뇌의 불이 다 꺼진, 닙바나를 성취하신 고요한 분은), 냐뜨와(알기 때문에, 알면서), 나시사띠(바라지 않는다), 로까미망 빠란짜띠(이 세상도 저 세상도). 나시사띠는 나와 아시사띠의 합성어로 '바라지 않는다, 원치 않는다'는 말입니다. 로까미망 빠란짜띠는 '이망 짜 로깡(이생도, 현생도), 빠랑 짜 로깡(다음 생도)'입니다.

부처님께서 모든 세상을 알고 있다고 할 때 그 세상에는 세 가지, 삿따로까(중생계), 오까사로까(공간계), 상카라로까(인과계)가 있습니다.

Tayo lokā saṅkhāraloko sattaloko okāsalokoti.
따요 로까 상카라로꼬 삿따로꼬 오까사로꼬띠

세 가지 세상이 인과계, 중생계, 공간계이다.

첫째, 삿따로까(중생계). 삿따(중생). 지옥생·축생·아수라·아귀·인간·천신·범천, 이 모든 중생들의 모음을 '삿따로까'라고 말합니다. 부처님께서는 지옥 세상을, 동물 세상을, 아수라·아귀 세상을, 인간 세상을, 천신 세상을, 범천 세상을 다 아십니다. 우리가 볼 수 있든 볼 수 없든, 알든 모르든, 믿든 안 믿든, 부처님께서는 다 알고 계십니다.

둘째, 오까사로까(공간계). 중생들이 살고 있는 공간들을 부처님께서 다 아십니다. 그 공간이 31천입니다. 31천을 통틀어서 공간계라고 말합니다. 31천이라고 말하면 빠지는 공간이 없습니다. 만 개 우주이건, 몇 만 개 우주이건, 모든 우주를 찾아서 분류해 보면 그것밖에 없습니다. 31천을 부처님께서 오까사로까(공간계)로 말씀하시고, 그것을 다 알고 계십니다. 31천은 무엇입니까? 크게 네 그룹으로 나누면 사악처, 인간, 천신, 범천이 있습니다.

① '아빠야(apāya, 악처)'. 아빠야는 '아빠+아야=아빠아야'로 단어 두 가지를 합친 말입니다. 아야(기회), 아빠(제외된), 기회가 제외된 세상을 '아빠야'라고 합니다. 기회가 없어져서 손해를 봤다는 뜻이 들어 있습니다. '아야'는 선업을 할 수 있는 기회입니다. 지금 여러분들이 여기 와서 선업을 하고 있습니다. 인간의 세상은 기회가 제외된 세상이 아닙니다. 그런데 지옥생들에게는 지금 여러분들과 같이 수행할 수 있는 이런 기회가 있을까요? 없습니다. 지옥생들은 매 순간 공격을 당하고 있습니다. 매 순간 고통을 받

고 있습니다. “잠깐이라도 수행을 하고 싶다.” 해도 그런 기회가 없습니다. “조금이라도 뭔가 좋은 일을 하고 싶다.” 해도 좋은 일을 할 수 있는 기회가 전혀 없는 세상을 ‘아빠야’라고 합니다. 그리고 동물들을 보세요. 동물들도 선업을 하기가 매우 힘듭니다. 동물들의 세상이 ‘아빠야’입니다. 그리고 아수라·아귀·귀신들도 선업하기 힘듭니다. 보시하기 힘들고 계율 지키기가 힘들어요. 삶 자체가 계율을 깨야만 이루어지는 세상입니다. 수행할 틈이 전혀 없습니다. 엄청나게 힘듭니다. 먹을 것이 없어서 힘들고, 서로 죽이고 죽임을 당해서 힘듭니다. 그래서 지옥, 축생, 아수라, 아귀, 이 네 가지 세상을 ‘아빠야’라고 합니다.

아수라는 덩치가 크고 입은 바늘구멍 같고 몸은 이 법당보다 더 큰 이상한 괴물들입니다. 귀신은 보통 우리 사람들처럼 생겼는데, 사람은 아니고 조금 신기가 있는 중생입니다. 그렇지만 천신은 아니고 불쌍하고 괴로운 세상에 사는, 동물은 아니지만 동물 같은 중생입니다.

똑같은 ‘아빠야’이지만 지옥을 특별히 ‘니라야(niraya)’라고 합니다. ‘니라야=니+아야’, 아까 말한 ‘아야(기회가)’, ‘니(아예 없다)’, 동물은 선업을 조금은 할 수 있습니다. 동물이 착하면 선업을 조금 할 수 있고, 아수라와 아귀도 선업을 조금 할 수가 있는데, 지옥생은 선업을 전혀 못합니다. 그래서 지옥 중생을 ‘니라야 삿따’라고 합니다.

그리고 동물을 ‘띠랏차나(tiracchāna)’라고 합니다. ‘앗차나(원함)’, ‘띠(세 가지)’, 세 가지 원함을 가지고 사는 중생들이 동물입니다. 세 가지 원함은 먹고 자고 성생활 하는 것입니다. 이 세 가지밖에 모르는 세상이 '띠랏차나'입니다. 그래서 우리 인간도 이 세 가지 밖에 모르면 동물 같은 인간이 됩니다. 인간답지 않은 인간이 됩니다.

우리가 수행하는 것은 세 가지 본능을 떨쳐내고 보다 수승한 삶을 살기 위함입니다. 그래서 먹는 욕심을 조절하기 위해 오후불식을 합니다. 자는 욕심도 조절하면서 새벽에 일찍 일어나고 밤에 늦게 잡니다. 음란한 행위를 하지 않으려고 수행처에서는 아예 금욕을 합니다.

동물은 깨닫지 못합니다. 동물은 동물로 태어난 불선업이 끝나고 동물 생이 죽은 후, 과거 선업이 있으면 다시 인간이나 신으로 태어나는데, 그렇게 인간이나 신으로 다시 태어나서 수행해야지 깨달을 수 있습니다. 인간이 너무 동물 같아지면 깨달을 수 있는 기회가 없어집니다. 인간이 동물을 닮는다는 것은 너무 식욕이 많고 성욕이 많고 잠자는 욕구가 많은 것을 말합니다. 그것을 줄이기 위해서 여러분들이 팔계를 지키면서 정오 이후부터 먹지 않는 계를 지키겠다고 하고, 또 삿된 음행을 하지 않는 계를 지키겠다고 하는 것입니다. 그리고 항상 깨어 있으려고 하고, 잠도 조금만 자려고 합니다. 그렇게 노력하고 있는 것이 바로 본능에 문제가 있어서 조절하려는 것입니다. 인간도 체질적으로는 동물 중 하나입니다. 아주 똑똑하고 영리한 동물이지만 동물로 볼 때는 똑같은 세 가지 본능이 있습니다. 그런데 동물들이 원하지 않는 것을 인간이 원하고 있기 때문에 인간으로 태어나는 것이 깨달을 수 있는 기회를 얻은 것이라고 말하는 것입니다.

② 여기에 인간의 세상 하나를 더하면 사악처와 함께 다섯 가

지 세상이 됩니다.

③ 천신들의 세상은 여섯 개가 있습니다.

이렇게 욕계를 모두 열한 개로 말합니다. 보고, 듣고, 냄새 맡고, 맛보고, 감촉이 닿는 오욕락으로 사는 세상이기 때문에 욕계라 합니다.

우리가 선업을 행할 때는 매 순간 힘이 다릅니다. 지금 스님이 법문할 때도, 할 때마다 법문하는 선업의 힘이 1초 1초 다르고, 한 마음 한 마음이 다릅니다. 죽기 직전에 그 마음 중에 힘이 센 마음을 기억하고 죽으면 신들 가운데도 상황이 아주 좋은 신으로 태어납니다. 신도 계급이 있습니다. 사람들 중에도 잘사는 사람과 못사는 사람, 공부 잘하는 사람과 공부 못하는 사람, 지혜로운 사람과 지혜롭지 못한 사람, 잘생긴 사람과 못생긴 사람, 이런 차이가 있는 것처럼 신들의 세상도 그러한데, 그것은 업의 힘이 다르기 때문입니다. 지금 법문하는 것도 아주 열심히 할 때가 있고 조금 믿음이 떨어질 때가 있습니다. 조금 헤맬 때가 있고 아주 지혜로울 때가 있습니다. 그렇게 업을 지을 때 계속 변수가 있습니다. 그 변수에 따라서 업들이 과보를 줄 때 차이가 있다는 것입니다. 이렇게 선업이 과보를 줄 때 선업의 힘에 따라 신도 계급이 달라집니다. 지금 법문 들을 때도 마찬가지입니다. 법문 듣고 있을 때 내 마음이 어떤가? 믿음인가? 노력인가? 지혜인가? 집중인가? 얼마 정도 내가 투자했는가? 그것에 따라서 공덕을 받을 때도 사람들이 다 다르게 받습니다. 여기 앉아 있는 분들이 똑같이 신으로 태어난다고 해도 계급이 다 달라집니다. 똑같은 인간으로 태어나도 태어날 때부터 다릅니다. 아주 지혜로운 사람은 태어날 때부터 머리가 좋습니다. 한 부모 밑에서 태어난 형제간이라도 지능이 똑같지 않습니다. 얼마나 큰 지혜와 믿음을 가지고 얼마나 노력했느냐에 따라서 그 업력으로 태어나기 때문에 다 다릅니다.

④ 범천의 세상은 스무 개가 있습니다. 그래서 총 합쳐서 31천이 됩니다. 범천 세상이 제일 많습니다. 왜 범천은 그렇게 되는가? 범부가 수행해서 선정을 가지고 죽으면 범천으로 태어납니다. 그때 선정을 분석해 보면 색계 선정이 다섯 개, 무색계 선정이 네 개 있습니다. 무색계 선정으로 가는 무색계 범천 세계는 네 개뿐입니다. 왜냐하면 무색계 선정이 네 단계이지만 그것은 대상의 차이일 뿐이고 선정의 계급으로 보면 모두 다 색계 오선정과 똑같습니다. 이런 이유로 무색계 범천은 더 이상 세분하지 않습니다. 그런데 색계 선정은 초선에서 오선까지 다섯 단계가 있고 각 단계별로 오력(믿음·노력·사띠·집중·지혜)의 심도에 따라 다시 상·중·하의 세 계급으로 나누면서 총 5×3=15가지 색계 범천의 계급이 생깁니다. 여기에 하나 더, 특별하게 정신을 부정하는 범천이 있는데 그는 정신 세상이 없는 물질(아산냐삿따숫다와사 asaññasattāsuddhāvāsā, 무상유정 정거천)로만 태어납니다. 물질뿐이라고 무시하면 안 됩니다. 색계 오선정을 통과해야 가능한 높은 단계입니다. 그래서 색계 범천은 모두 열여섯 개가 됩니다. 색계 범천 열여섯 개와 무색계 범천 네 개로 범천의 세계가 모두 스무 개가 됩니다. 이렇게 31천 모든 세상을 부처님은 다 알고 계십니다.

셋째, 상카라로까(인과계). 상카라는 삼(잘), 까라(한다), 모든 것이 조화롭게 잘 되고 있는 것입니다. 우리의 몸이 이렇게 지탱하는 것도 상카라입니다. 여러 가지 원인들이 조화롭지 못하면 몸이 아프거나 장애가 생기게 됩니다. 밥을 지을 때도 물의 양과 열과 시간과 밥솥이 적당해야 밥이 제대로 됩니다. 그것이 상카라입니다. 여러 가지 조건들이 서로서로 잘 합해지고 도우면서 뭔가를 만들어 내고 있는 것이 '상카라'입니다. 그래서 물질도 상카라이고, 정신도 상카라입니다. 지금 우리 마음이 공부하고 있는 것도 상카라입니다. 저도 여러 조건들이 같이 일해 줘야 지금처럼 법문이 나옵니다. 마음을 비롯한 조건들이 여러 가지로 많습니다. 여러분들이 법문을 들을 때 순서대로 제대로 이해하려면 여러분들의 마음이 잘 합의가 되면서 호흡을 맞추어서 일하고 있어야 합니다. 이런 정신 과정이 상카라입니다. 우리의 몸과 마음은 엄청난 조건들이 모여서 이루어집니다. 이런 것을 기계로 보여줄 수 있으면 아마도 대단히 복잡할 것입니다. 컴퓨터가 천 대나 만 대가 함께 작동해도 우리의 정신 과정이 일하는 것을 따라가지 못합니다. 그 정도로 여러 가지 조건들이 합해서 일 하나를 해내고 있는데, 그것이 상카라입니다. 말 한마디를 하려고 해도 상카라가 엄청나게 애써야 합니다. 다음에 수행하다가 이런 사실을 알게 됩니다. 입에서 말소리가 나오려면, 그리고 지금 하는 말이 앞뒤가 서로 연결되고 의미를 제대로 전달하려면, 마음도 물질도 엄청나게 일해야 합니다.

이처럼 물질과 정신의 과정이 조건 따라 생기고 조건 따라 사라지면서 일을 하고 있습니다. 조건들이 사라지면 물질과 정신의 과정이 다 사라집니다. 이렇게 조건 따라 생멸하고 있는 세상을 '상카라로까'라고 합니다. 상카라로까가 제일 범위가 넓습니다. 삿따로까(중생계)와 오까사로까(공간계) 역시 상카라로까(인과계) 안에 들어갑니다. 우리가 계속 보고 있는 물질과 정신이 '상카라로까' 입니다. 내 몸과 마음도 상카라로까이고 밖의 세상도 상카라로까이고 다른 사람도 상카라로까입니다.

이렇게 부처님께서는 삿따로까(중생계), 오까사로까(공간계), 상카라로까(인과계)를 다 아시는 로까위두(세상을 다 아시는 분)입니다. 어떻게 원인과 조건들이 생기고 또 그것들이 어떻게 결과를 만들어 내는지, 중생과 공간, 중생끼리 공간끼리, 어떻게 상호 작용하면서 이 세상이 돌아가는지를 아십니다.

또한 삿따로까(중생계)를 안다고 할 때, 전체도 알지만 개개인도 다 아십니다. 부처님께서는 '이 중생은 어떤 중생이다.' 즉 화가 많은지, 욕심이 많은지, 질투가 많은지, 어떻게 살아왔는지, 이런 것을 파악하여 알고 계십니다. 이 중생이 깨닫기 위해서 다 익었는지 덜 익었는지, 이 중생은 가르치면 이익이 있겠다거나 혹은 소용이 없겠다고, 이런 것을 다 아십니다. 이제 때가 되었다거나 혹은 아직 멀었다거나, 가르치면 얼마 정도 알겠다고, 이런 것을 알면서 하십니다.

부처님께서는 모르고 하는 것이 없습니다. 부처님께서 뭔가를 하려고 하면 지혜가 앞장서서 먼저 다 살펴봅니다. 우리는 지혜가 없기 때문에 일을 마구잡이로 합니다. 그래서 어떤 일을 해도 미래에 어떻게 되는지 조금도 예측을 못하는 것입니다. 그러니까 일을 시작했다가 문제가 생기면 다시 바꾸고 갈팡질팡합니다. 부처님은 그런 경우가 전혀 없습니다. 무슨 일을 하면 결과를 알고 하십니다.

우리도 많이는 못 보더라도 조금은 보려고 해야 됩니다. 이 컵을 밀어 버리면 어떻게 될까요? 떨어집니다. 이 정도는 알아야 됩니다. 그런 것이 미래를 아는 것입니다. 미래를 아는 신통력이 그런 것입니다. 이 마이크를 던지면 떨어질 것입니다. 지혜라는 것이 단계별로 있습니다. 우리도 '내가 이런 말을 하고 행동을 하면 어떤 문제가 생길 수 있다. 내가 지금 어떻게 하면 어떻게 될 수가 있다.'라고 조금씩은 미래를 알 수 있습니다.

지혜로운 자는 때를 알아서 해야 하는 것을 하고, 하지 말아야 하는 것은 하지 않습니다. 그리고 어떤 일을 했다면, 하고 나서 결과가 좋아야 됩니다. 결과가 좋으려면 할 만한 일을 해야 됩니다. 부처님도 어느 때는 보기에 조금 냉혹하다고 느낄 수 있는 일을 하셨습니다. 어느 날 부처님께서는 당신을 매우 좋아하여 수행은 하지 않고 매일 부처님만 따라다니는 제자 스님을 쫓아냈습니다. 또 스님들이 몇 백 명이 와서 너무 시끄럽게 떠들기 때문에, 가르치기 위해서 "너희들은 절에 들어오지 마라."라고 하시면서 쫓아내기도 하셨습니다. 그러면 그 스님들은 밖에서 부처님께서 들어오라고 하실 때까지 가만히 기다려야 합니다. 부처님은 화가 없지요. 가르치는 것입니다. 그렇게 함으로써 무슨 이익이 있다면 다 하십니다. 우리들도 살면서 그런 지혜가 필요합니다.

온 세상을 아는 부처님께서 가르치는 것을 우리가 만나게 되는 것은 매우 크게 축복받은 것입니다. 다른 가르침도 있지만 사실은 그렇게 완벽하지 않습니다. 사견들뿐입니다. 부처님께서는 완벽하게 알기 때문에 사견이 아예 없습니다. 세상을 통틀어서 알기 때문에 부처님의 가르침은 모두가 바른 견해입니다. 그런 분의 가르침이 얼마나 좋은지 우리가 알아야 됩니다.

6) 아눗따로 뿌리사담마사라티

Itipi so bhagavā anuttaro purisadammasārathī,
이띠삐 소 바가와 아눗따로 뿌리사담마사라티
이런 이유로 거룩하신 세존께서는 아눗따로 뿌리사담마사라티입니다.

부처님의 여섯 번째 공덕은 '아눗따로 뿌리사담마사라티'입니다. 여섯 번째 공덕이 두 개로 나누어지면서 한국에서는 여래십호로 되어 있습니다. '아눗따로' 공덕 하나와 '뿌리사담마사라띠' 공덕을 하나로 해서 부처님 공덕이 열 가지가 됩니다.

그러나 사실은 '아눗따로 뿌리사담마사라띠'가 공덕 하나입니다. '아눗따로'가 형용사이고 '뿌리사담마사라띠'가 명사입니다. 그래서 부처님 공덕은 원래 아홉 가지로 많이 알려져 있습니다. 미얀마에서는 3·9·6·9라는 숫자 네 가지를 잘 사용합니다. 3(삼보), 9(부처님의 공덕 9가지), 6(법의 공덕 6가지), 9(승가의 공덕 9가지)입니다. 한국에서 108이란 숫자를 좋아하듯이 미얀마에서 3·9·6·9를 좋아하는 사람들이 많습니다. 108이란 숫자는 부처님의 발바닥에 있는 문양이 108가지임을 말합니다. 그것은 언제나 생기는 것이 아니고 부처님이 '이제 내 발바닥 모습을 보여 주어야지.'라고 하면서 마음을 일으키면 땅에 발자국으로 그 모습이 나타납니다.

(1) 아눗따로

먼저 아눗따로부터 풀이하겠습니다. 아눗따로가 무슨 뜻인가?

Natthi etassa uttaroti anuttaro.
낫티 에땃사 웃따로띠 아눗따로
이분보다 더 높은 존재가 없기 때문에 아눗따로(최고)이다.

앗티(있다), 낫티(없다), 웃따라(올라가는 것), 에땃사(여기, 이것보다), 아눗따로(위없는 분). 이분보다 더 올라갈 수 있는 사람이 없다, 더 높은 사람이 없다, 위없다는 말입니다. 그래서 한국말로 '아눗따로'가 '위없는 분'으로, 공덕 하나로 여기는 것 같습니다. 그러면 '위없다'는 말이 무슨 뜻입니까? 부처님께서 인간 세계에 계시고, 신들이 인간보다 위에 있고 범천들이 더 높은 위치에 있다고 생각할 수 있습니다. 그러나 '아눗따로'는 장소를 말하는 것이 아니고 능력을 말합니다. 부처님께서는 31천을 통해서 계·정·혜로 최고(아눗따로)입니다.

이 세상에는 부처님만큼 몸과 입을 잘 지킬 수 있는 사람이 없습니다. 이것은 계율을 말합니다. 부처님의 행동은 모두 깨끗합니다. 아침에 깰 때부터 밤에 주무실 때까지 지혜롭지 못한 행동이 하나도 없습니다. 잠자는 모습까지 부처님은 깨끗합니다. 부처님께서는 사자처럼 오른쪽으로 누워 항상 똑같은 자세로 주무십니다. 그때 오른쪽 다리 위에 왼쪽 다리가 얹혀 있는데 왼쪽 다리가 조금 짧게 있습니다. 그것은 사자가 누워 있는 모습과 비슷합니다. 그 상태의 사자는 언제든지 벌떡 일어날 수 있습니다. 항상 깨어 있는 모습이란 뜻이지요. 사자는 개나 돼지처럼 자지 않습니다. 사자는 자더라도 항상 뛰쳐나갈 준비가 되어 있습니다. 사자가 그런 상태에서 탁 뛰어나오면 몇 미터 밖으로 뛰어나올 수 있기 때문에 자고 있다고 무시하면 안 됩니다. 누워 있다고 가까이 가면 한 번에 물려 죽을 수 있습니다. 부처님도 그렇다는 의미입니다. 부처님께서 누워서 주무신다고 해도, 오른손으로 머리를 대고 왼쪽 손으로 탁 짚고 일어날 수 있는 준비가 된 상태라는 말입니다. 언제든지 바로 일어날 수 있는 자세입니다. 부처님을 '쟈가리야뉴요가'라고 하는데, 항상 깨어 있다는 말로서 비슷한 의미입니다. 주무시고 계실 때조차도 언제든지 일어날 준비가 되어 있다는 말입니다.

이렇게 부처님에게는 몸에도 잘못이 하나도 없고 부족함도 전혀 없습니다. 뭔가 지적할 만한 것이 없습니다. 입에서 나오는 말 한마디도 가치 없는 말이 없습니다. 그래서 몸과 입이 완벽하기 때문에 부처님이 계율로 볼 때 이 세상에서, 인간은 말할 것도 없고 신이나 범천 중에서도 부처님과 견줄 수 있는 존재가 없습니다. 부처님은 이 세상에서 최고입니다. 계율을 봐도, 집중을 봐도, 선정을 봐도, 지혜를 봐도, 이 세상에서 위없는 분이 부처님이십니다. 그래서 '낫티 에땃사 웃따로띠 아눗따로'라고 합니다.

그렇다면 이 세상에서 위없는 분이라는 그런 의미로 공덕 하나를 가져도 되기는 되겠습니다. '계 · 정 · 혜로 위없는 분이다.' 어떻게 보더라도 부처님께서는 이 세상에서 최고인, 위없는 분이십니다.

부처님께서 다음과 같이 말씀하십니다.

Sīlaguṇenāpi asamo asamasamo appaṭimo
실라구네나삐 아삼모 아삼마사모 압빠띠모
appaṭibhāgo appaṭipuggalo.
압빠띠바고 압빠띠뿍갈로
계율로 봐도 나하고 똑같은 사람이 없다. 나를 넘어가는 사람은커녕 나하고 똑같은 사람도 없다.

부처님과 똑같은 사람이 없고 모든 중생이 지켰던 계율보다 부처님이 지켰던 계율이 더 많습니다. 전생에서 쭉 지나 왔던 생들을 따져 봐도 부처가 되기 위해서 지켜 왔던 지계의 공덕 양이 누구보다도 더 많습니다. 부처님이 혼자 빠라미를 해 오신 공덕은 모든 중생들이 한 공덕보다 더 큽니다. 우리가 보시를 아무리 많이 해봤자, 모든 중생들이 했던 보시를 다 모아 봐도, 부처님만큼 공덕이 크지 않습니다. 우리가 지키고 있는 팔계와 비구·비구니계의 계율을 모아 봐도 부처님만큼 안 됩니다. 그렇게 부처님께서는 계·정·혜를 엄청난 양으로 해 왔습니다. 그래서 '아눗따로'입니다.

아눗따로에 대한 부처님의 말씀이 경전에 많이 나와 있습니다. 『앙굿따라니까야 에까빠사다 숫따』에서 부처님께서 다음과 같이 말씀하셨습니다.

“비구들이여, 이 세상에는 다리가 없는 중생, 다리가 두 개 있는 중생, 다리가 네 개 있는 중생, 다리가 많이 있는 중생, 물질만 가지고 있는 중생, 물질이 없는 중생, 산냐(상想, 지각)만 있는 중생, 산냐가 없는 중생, 산냐가 있는 듯 없는 듯한 중생들이 있다. 즉 지옥생부터 동물과 인간과 천신과 범천까지, 그 모든 중생들 중에서 나 여래가 최고의 아라한이고 삼마삼붓다이다.”

이렇게 부처님께서 당신이 최고라고 직접 말씀하시는 것은 부처님께서 잘난 척하며 큰소리치는 것이 아닙니다. 부처님께서 살아 계셨던 45년의 삶을 보면 누구나 분명히 알 수 있는 사실입니다. 이 세상의 왕들이, 학자들이, 자기들 나름대로 부처라고 하면서 제자들을 키우고 있는 사람들이, 모두 다 부처님의 설법을 듣고 부처님 앞에서 고개를 숙이고 부처님의 발에 머리를 대면서 절하였습니다. 신의 왕과 범천의 왕도 부처님께 절하였습니다. 그런 것이 바로 부처님이 이 세상의 최고라는 것을 분명하게 볼 수 있는 사례들입니다.

이런 예가 한두 가지가 아니고 많이 있었습니다. 그때 살아 계셨던 비구들이, 비구니들이, 재가자들이 다 보았습니다. 그렇게 본 것들이 계속 전해져 내려오는 것이 경전입니다. 그냥 큰소리치는 것이 아니고 진실입니다. 다른 가르침에서는 신의 실재를 본 사람들이 없습니다. ‘누구의 말’에서 그냥 끝나 버립니다. 그의 말을 과연 믿을 수 있나요? 부처님의 말씀을 믿고 따라가는 것은 직접 보고 들었던 것을, 부처님 생시부터 그대로 내려오는 가르침을 따르는 것입니다.

(2) 뿌리사담마사라티

뿌리사의 정확한 뜻은 인간 혹은 남자입니다. 영어에도 man은 그냥 남자라는 뜻도 있고 인류라는 뜻도 있지요? pāḷi어도 똑같습니다. 여기서 뿌리사는 중생이란 뜻입니다.

뿌리사에 담마를 붙이면 가르쳐야 하는, 가르칠 만한 사람이란 뜻입니다. 동물도 가르칠 만한 동물이 있고, 인간도 가르칠 만한 인간이 있고, 신도 가르칠 만한 신이 있고, 범천도 가르칠 만한 범천이 있습니다. 그래서 뿌리사 안에 모든 중생들이 다 들어갑니다.

뿌리사담마(가르칠 만한 사람들을), 사라티(가게끔 한다, 길들인다, 교육시킨다). 이 말이 이해가 되지 않을 수도 있습니다. '사라티'라는 단어가 무슨 뜻이냐 하면, 옛날에 산에서 제멋대로 돌아다니는 야생말을 잡아 오면 처음에는 말이 마음대로 날뜁니다. 말 등에 올라타면 사람을 떨어지게 하고 죽이려고 하는데, 말을 잘 길들이는 조련사가 말을 잡고 교육을 시키면 온순해져서 사람 말을 잘 듣게 됩니다. 그 다음에는 조련사의 말대로 움직입니다. 직진하라고 하면 직진하면서 뛰고, 두 발로 뛰라고 하면 두 발로 뛰고 네 발로 뛰라면 네 발로 뛰어요. 춤추는 것같이 뛰는 것도 있고, 뒤로 가라거나 옆으로 가라고 하면 그대로 다 따라 합니다. 이렇게 잘 길들일 수 있습니다. 한마디 말로 잘 움직이는 것을 뭐라고 합니까? 교육이 잘 되었다거나 예의가 바르다고 하지요? 그것이 사라티의 의미입니다.

사라티가 잘 가게끔 한다고 할 때, 그냥 가는 것이 아니고 스승의 뜻대로 잘 가는 것을 말합니다. 부처님도 우리를 어떻게 합니까? 우리로 하여금 계율을 지키게 가르칩니다. 그러면 우리가 계율을 잘 지킵니다. 그것이 사라티가 되는 것입니다. 사람을 많이 죽였던 앙굴리말라 같은 사람도 부처님께서는 하루 만에 아라한이 되게 가르쳤습니다. 앙굴리말라가 한순간에 진짜 착한 사람이 되었습니다. 아주 무서운 용도 부처님 앞에서는 독 없는 뱀같이 되었습니다. 사람을 죽이는 성난 코끼리도 부처님 앞에 무릎 꿇고 절하게 만들었습니다. 그런 식으로 사라티(길들임)를 잘 하시는 부처님입니다. 뿌리사담마(가르칠 만한 중생)이기 때문에 부처님께서 그 중생을 가르치면 바로 사라티가 되는 것입니다. 이렇게 사라티는 똑바로 가게 된다, 제대로 된다는 말입니다.

뿌리사담마사라티의 공덕이 있기 때문에 부처님을 만나면 나쁜 신들이 착해지고, 나쁜 범천들이 좋아지고, 나쁜 인간들이 올바른 인간이 되었습니다. 그것이 사라티의 의미입니다. 부처님께서는 한 자리에 앉아서 제자를 초선부터 팔선까지 이룰 수 있게끔 가르칩니다.

부처님께서는 한 자리에서 제자를 바르게 가르쳐 주시고 그 공덕으로 천신으로 태어나게 해주시기도 하고 팔선정까지 이룰 수 있게끔 가르쳐 그 공덕으로 범천으로 태어나게 해주시기도 하셨습니다.

범천의 세계가 스무 개가 있다고 했습니다. 그것은 팔선정으로 가는 곳입니다. 부처님의 가르침을 따라가다 보면 초선으로 가고, 이선으로 가고, 삼선으로 가고, 사선으로 가게 되는데 그것이 사라티의 의미입니다. 부처님의 가르침이라면 위빳사나의 지혜를 가지면서 닙바나(열반)까지 갈 수 있습니다. 그것이 사라티의 의미입니다. '사라티'의 원래 뜻은 동물들을 길들이는 것을 말합니다. 코끼리가 전쟁터에서 도망가고 사람을 해치고 죽이려 하지만, 조련사가 잘 가르치면 코끼리도 아주 아름답게 걸어가고 전쟁터에 나가서는 잘 싸우고 사람을 해치지 않습니다. 그것이 뿌리사담마사라티의 의미입니다.

부처님께서는 '아눗따로 뿌리사담마사라티'입니다. 동물부터 시작해서 범천까지 모든 중생들을 올바른 길로 가게끔 이끌어 주십니다. 나쁜 길로는 보내지 않습니다. 부처님이 보내는 길은 아주 올바른 길이고 이익이 있는 길입니다. 똑바로 가게끔 가르치고 예의가 바르도록 가르치는 부처님이, 가르치는 사람 중에서 최고라는 뜻입니다. 어느 누구도 부처님만큼 그렇게 가르칠 수는 없습니다. 가르칠 만한 인간이나 천신이나 범천이나 동물을 가르치면, 그 가르침을 받게 되는 중생이 착해지는 것이 올바른 가르침입니다. 부처님은 그렇게 가르칠 수 있는 분들 중에 최고이고 위없는 분이십니다. 예수도 제자들을 가르쳤고 모하메드도 가르쳤지만, 부처님만큼 완벽하게 제자들을 가르쳤던 사람이 이 세상에는 없습니다. 이 말은 부처님의 제자만큼 세상의 끝까지 갈 수 있는 사람이 없다는, 즉 진짜 깨달은 사람은 부처님의 제자들뿐이라는 말입니다. 그래서 부처님의 가르침 팔정도야말로 '아눗따로 뿌라사담마사라티'입니다.

부처님의 생애를 기록한 부처님의 일대기를 읽어 보시면 느낄 것입니다. 부처님의 가르침으로 미친 사람도 정신이 돌아와서 아라한이 됩니다. 악독한 깡패도, 강도들도 착해지고 동물조차도 착해집니다. 그런 이야기들을 들어 보면서 이 세상에 부처님만큼 잘 가르치는 사람은 그 어디에도 없다고 확실하게 느껴질 때가 올 것입니다. 이 공덕을 여러분들이 수행해 보면, 특히 교사들이 이것을 아주 잘 공부해야 합니다. '아눗따로 뿌리사담마사라티' 공덕을 많이 독송하면 제자들을 가르치는 솜씨가 좋아질 것입니다. 부처님께서는 '아눗따로 뿌라사담마사라티', 가르칠 만한 사람을 가르치는 스승 중에서 최고입니다.

7) 삿타데와마눗사낭

Itipi so bhagavā satthā devamanussānaṃ,
이띠삐 소 바가와 삿타 데와마눗사낭
이런 이유로 거룩하신 세존께서는 삿타 데와마눗사낭입니다.

부처님의 공덕 일곱 번째는 삿타데와마누사낭(천신과 인간들의 스승)입니다. 소(그), 바가와(거룩하신 부처님께서는), 이띠삐(이런 이유로), 삿타(스승이다), 데와(천신, 범천), 마눗사(인간, 중생). 그래서 삿타데와마누사낭(천신과 인간들의 스승, 또는 모든 중생들의 스승)이신 부처님입니다. 데와는 천신을 뜻하고 브라마는 범천을 뜻하지만 간단하게 구별할 때는 데와 속에 천신도 들어가고 범천도 들어갑니다. 마찬가지로 마눗사도 인간이지만 어느 때는 살아 있는 모든 중생들을 말하기도 합니다. 그래서 데와마눗사낭은 모든 중생들을 말합니다.

(1) 삿타의 두 가지 의미

삿타를 ① 삿타(스승), ② 삿타와호(대장, 장로, 우두머리), 두 가지 의미로 해석할 수 있습니다. 첫째는 가르치기 때문에 삿타(스승)입니다. 둘째는 대상들을 이끌고 가는 우두머리와 같다는 의미에서 삿타와호(대장)라는 삿타입니다. 옛날에는 장사할 때 지금처럼 교통이 발달하지 않아 마차를 끌고 갑니다. 그런데 만일 혼자 가면 강도와 도둑을 만날 위험이 있기 때문에 여럿이 모여서 함께 다녔습니다. 마차도 500대, 1,000대씩 모여서 가는데 마치 군 부대가 가는 것과 같습니다. 그러면 거기에는 경호원들도 있고 그들을 이끄는 대장이 있습니다. 그 대장을 삿타와호라고 합니다. 이렇게 삿타가 스승이라는 뜻도 있고 수많은 마차 부대를 이끌고 가는 대장, 우두머리라는 뜻도 있습니다.

(가) 삿타(스승)

스승이라는 뜻으로 삿타는 '아눗사사띠띠 삿타'입니다.

Diṭṭhadhammikasamparāyikaparamatthehi
딧타담미까삼빠라이까빠라맛테히
yathārahaṃ anusāsatīti satthā.
야타라항 아누사사띠띠 삿타
이번 생의 이익과 다음 생의 이익을 잘 가르치기 때문에 스승이다.

아누사사띠(사람을 가르치는 것), 사사띠(가르침). 아누사사띠는 아누(계속)와 사사띠(가르치다)의 합성어입니다. 사사띠는 사사나와 똑같은 뜻입니다. 사사나는 명사이고 사사띠는 동사입니다. 즉 가르치는 행위를 '사사띠'라고 말하고, 가르침을 '사사나'라고 합니다.

부처님께서 제자들을 가르칠 때 매로 가르치는 것이 아니라 말씀으로 가르칩니다. "이렇게 하면 안 된다. 이렇게 해야 된다. 이렇게 하면 틀리다. 왜 틀리는가? 그래서 이렇게 해야 된다. 이것이 맞다. 왜 맞는가?……" 이런 식으로 말로써 먼저 이해시키고 생각하게 만듭니다. 그리고 지식에서 지혜를 만들고 실천하게 만듭니다. 실천하면서 지혜를 더욱 고차원으로 계발하게 합니다. 이렇게 가르치는 것을 '아누사사나'라고 합니다.

여기서 가르친다고 할 때 한 번만 가르치고 죽을 때까지 더 이상 한마디도 안 하면 그것은 '아누사사띠'가 아닙니다. '아누사사띠'는 따라다니면서 항상 가르치고 있는 것입니다. 그때그때 "이때는 이렇게 해야 된다, 그때는 저렇게 해야 된다, 이런 때는 이렇게 해라, 이런 것은 이렇게 생각해야 된다, 이렇게 실천해야 한다……" 이렇게 계속 꾸준히 가르치는 것이 '아누사사띠'입니다. 그렇게 하는 사람을 스승이라고 말합니다. 아누사사띠띠(항상 지켜보면서 바라보면서 계속 가르쳐 주시는 분이기 때문에), 삿타(스승)입니다.

가르칠 때도 틀리게 가르치면 안 되고 올바른 것을 올바르게 가르쳐야 합니다. '딧타담마(바로 지금, 이번 생에 이익이 있는 것)'를 가르쳐야 됩니다. 이번 생의 이익과 지금 바로 이익이 되는 것을 가르쳐야 됩니다. 그리고 '삼빠라이까', 이번 생만 아니고 죽어서 다음 생까지도 챙겨 주어야 됩니다. 그런 가르침이야말로 진짜 '사사나(가르침)'입니다.

어떤 가르침에는 이번 생의 것만 가르칩니다. 이번 생에 잘 먹고 잘 살고 나면 끝입니다. 그런데 이번 생만 보고 잘 먹고 잘 살기 위해 악업을 행하는 것이 다음 생의 고통의 원인이 됩니다. 그러면 그것을 사사나(올바른 가르침)라고 할 수 없습니다. 이번 생에 어떻게 살든지 나만 잘 살고 다른 사람은 손해를 보든 말든 상관없다는 가르침이 있습니다. 그런 가르침을 받다 보면 이번 생은 잘 살 수 있지만 죽어서 다음 생에 지옥에 갈 수 있습니다. 백 년 인생으로 태어나서 죽을 때까지 잘 산다고 쳐도, 그것 때문에 다음 생은 지옥에서 오래오래 고통을 당해야 된다면 무슨 소용이 있겠습니까? 지옥에서의 삶은 엄청나게 길지요? 상상할 수 없습니다. 지옥의 하루가 인간 100년보다 더 길기도 합니다. 그러면 여기서 한 시간 잘 사는 것으로 거기 가서 1년을 고생해야 된다면 누가 하겠습니까? 모르기 때문에 하는 거지요? 알면 아무도 하지 않을 것입니다. 그래서 '딧타담미까(이번 생의 이익)'뿐만 아니라, '삼빠라히까(이번 생을 넘어서)', 죽어서 다음 생과 먼 윤회까지도 행복한 일을 가르쳐야 합니다. 지금 하는 일이 이번 생에는 괜찮고 행복하지만 다음 생에 고통스러우면, 그런 일은 하지 말아야 됩니다. 왜 하면 안 되는지를 가르치고 또 못하게 해야 합니다. 이번 생에도 행복하고 다음 생에도 행복할 수 있는 그런 일은 가르치고 잘 실천하게끔 가르쳐야 합니다. 그래서 천인사(天人師)이신 부처님을 '딧타담미까삼빠라이까빠라맛테히 야타라항 아누사사띠띠 삿타'라고 합니다.

앞의 설명들까지 외우면 어렵기 때문에 핵심만 외우세요. '아누사사띠띠 삿타' 아눗사사띠띠(꾸준히 지켜보고 바라보면서 반복해서 가르치고 고쳐 주시기 때문에), 삿타(스승)입니다.

(나) 삿타와하(대장, 장로, 우두머리)

둘째 대장이라는 뜻의 '삿타'는 '따레띠띠 삿타'입니다.

Api ca satthā viyāti satthā, bhagavā satthavāho.
아삐 짜 삿타 위야띠 삿타 바가와 삿타와호
무리 지어 다니는 상인들의 대장이 그 무리를 이끌어 가듯이, 마찬가지로 존귀하신 부처님께서 윤회라는 큰 무리를 이끌고 가는 대장인 삿타와하라는 뜻이다.

아삐 짜(더욱이, 또 다른 방식으로 말하자면), 와호(마차), 삿타와하(마차 부대를 이끌고 가는 대장). 삿타와하로 볼 때는 다음과 같은 뜻입니다.

Athā satthavāho satthe kantāraṃ tāreti corakantāraṃ
아타 삿타와호 삿테 깐따랑 따레띠 쪼라깐따랑
tāreti vāḷakantāraṃ tāreti dubbhikkhakantāraṃ tāreti
따레띠 왈라깐따랑 따레띠 둡빅카깐따랑 따레띠
nirudakakantāraṃ tāreti uttāreti nittāreti patāreti
니루다까깐따랑 따레띠 웃따레띠 닛따레띠 빠따레띠
khemantabhūmiṃ sampāpeti, evameva bhagavā satthā

케만따부밍 삼빠뻬띠, 에와메와 바가와 삿타

satthavāho satte kantāraṃ tāreti, jātikantāraṃ

삿타와호 삿떼 깐따랑 따레띠, 자띠깐따랑

tāretītiādinā niddesanayenapettha attho veditabbo.

따레띠띠아디나 닛데사나예나뻿타 앗토 웨디땁보

그리고 대장은 부하들이 위험한 사막을 잘 건너가게 하고 도적 떼를 물리치며 안전하게 건너가게 하고, 뱀이나 맹수들의 위험에서 벗어나게 하고, 굶주림과 목마름의 위험에서 벗어나게 하고, 구해 주고, 건너가게 하고, 보내 준다. 이와 같이 부처님도 마찬가지로 모든 중생들을 진짜 어려운 윤회의 여행길에서 안전하게 이끌어 가고 있는 것이다. 태어남은 위험하다, 늙음도 위험하다, 아픈 것과 죽는 것도 위험하다. 그런 여러 가지 위험들을 다 건너가게 하고, 그 다음 끝으로는 닙바나(열반)에 도착하게 한다. 그래서 세존을 삿타와하(대장)라고 한다.

설명이 엄청나게 깁니다. '와하'는 끌고 가는 마차입니다. 예를 들면 옛날에는 사람을 수백 명에서 수천 명씩, 마차도 수백 대씩 데리고 한꺼번에 이 도시에서 저 도시로 장사하러 다녔습니다. 그때 무리의 대장이 무엇을 하는지 잘 생각해 보세요. 길을 가다가 어려움을 만날 수 있습니다. 그때 대장은 '깐따랑 따레띠 쪼라깐따랑 따레띠(사막을 건너가게 하고 도적 떼를 물리치며 안전하게 건너가게 하다)'를 할 수 있습니다.

깐따라(사막, 어려운 길, 위험), 따레띠(건너가게 하다, 탈출시키다, 벗어나게 하다), 쪼라(도둑, 도적), 쪼라깐따랑(도적이 출몰하는 험난한 곳), 왈라깐따랑(뱀이나 맹수가 출몰하는 위험한 곳), 둡빅카깐따랑(음식이 떨어져 겪게 되는 굶주림의 위험), 니루다까깐따랑(물이 없어 목마름의 고통을 겪게 되는 위험), 웃따레띠(밖으로 옮기다, 구조하다), 닛따레띠(보내 주다), 빠따레띠(건너가게 하다), 케만따부밍(위험 없는 곳, 열반), 삼빠뻬띠(도달하게 하다, 가져오다), 자띠깐따랑(태어남의 위험에서), 따레띠띠아디나(벗어나게 해주는 등등으로), 닛데사나예나뻿타(분석적인 설명, 주석), 앗토(의미를), 웨디땁보(알아야 한다).

무리를 이끌고 가는 대장은, 첫째 경험이 아주 많고 지혜로워야 됩니다. 엄청난 노력을 하는 부지런한 사람이어야 하고 용기가 많은 사람이어야 됩니다. 경험이 많고 지혜로워야 길을 잘 압니다. 이 길을 백 번, 천 번 가봤던 경험이 있어야 합니다. 그래야 같이 가는 사람들이 잘못된 길에 빠지지 않도록 인도할 수 있습니다. 가다가 식량이 부족해질 수도 있고 길을 잘못 들어 강도를 만날 수도 있습니다. 이렇게 어려운 길을 성공적으로 건너갈 수 있게끔 이끌고 가는 사람을 '삿타와하(대장, 우두머리)'라고 합니다. '삿타와하'는 길에서 생기는 모든 일들을 잘 다스리면서 갈 수 있습니다. 길을 가다가 물과 음식이 떨어지는 위험들이 언제든지 생길 수 있지만 그런 일들을 책임지고 해결할 수 있는 사람이 '삿타와하'입니다. 끝으로는 아무런 위험 없이 이익을 챙겨서 안전하게 고향으로 돌아갈 수 있게 하는 사람이 '삿타와하'입니다. 그 당시에는 그것이 아주 중요하였습니다. 수많은 사람들이 가치가 있는 재산들을 가져가서 장사할 때, 사람들도 안전하고 재물도 안전해야 합니다. 조금의 탈도 없이 무사히 갔다가 돌아오도록 해야 합니다. 돈도 벌고 다시 고향으로 돌아올 때까지 무탈할 수 있게끔 상인들의 무리를 성공적으로 이끌어 가는 사람을 '삿타와하'라고 합니다. 그때는 삿타가 스승이란 뜻보다 우두머리, 대장이란 뜻입니다.

부처님을 '삿타와하'라고 할 때 그 의미를 살펴보면, '삿떼 깐따랑 따레띠'입니다. 즉 부처님께서도 마찬가지로 모든 중생들을 진짜 어려운 윤회의 여행길을 이끌고 가고 있는 것입니다. 일반적으로 상인들을 이끌고 가는 것은 그렇게 어렵지 않습니다. 지금 부처님이 끌고 가고 있는 여행은 윤회입니다. 윤회라는 진짜 어려운 여행입니다. 윤회에는 엄청나게 위험한 것이 많이 있습니다. 일반적으로 가는 여행의 위험은 아무것도 아닙니다. 윤회의 위험은 지옥으로 떨어질 수도 있고, 동물로 태어날 수도 있고, 아수라, 아귀로 태어날 수도 있습니다. 무서운 강도나 도둑보다 엄청나게 더 무서운 것들이 있고 또 독사보다 더 지독한 것들이 윤회에는 많이 있습니다. 그렇게 어렵고 힘든 윤회라는 사막, 윤회라는 여행길에서, 부처님께서는 중생들이 안전하게 건너갈 수 있도록 길을 잘 인도하십니다.

"이렇게 가다가는 사악처로 떨어진다."

"이렇게 가다가는 가난하게 태어나고 살아야 한다."

"이렇게 가다가는 몸이 아프고 일찍 죽게 된다."

"이렇게 가다가는 사람들에게 미움을 많이 받게 된다."

이런 식으로 부처님 가르침을 보면 우리가 윤회를 하더라도 고통 없이 윤회할 수 있도록 바르게 이끌어 주시는 것이 엄청나게 많습니다. 계율을 지키는 이유가 그것입니다. 부처님이라는 '삿타와호'는 계율, 집중, 선정, 수행 등을 가르치면서 윤회의 사막을 잘 건너가게 합니다. 윤회의 사막을 완전히 넘어가 닙바나로 가게 하고, 완전히 넘어가지 못하더라도 가는 길에서 힘들지 않게 해 줍니다.

상인들의 삿타와호(우두머리)는 무리를 저쪽 목적지로 안전하게 도착하게 하고, 가는 도중에도 여러 가지를 잘 다스리고, 사람들을 행복하고 건강하게 잘 갈 수 있게끔 합니다. 또 장사도 잘되게끔, 어디로 가야 되고 어디서 얼마를 받아야 되는지를 잘 알려 줍니다. 부처님께서도 범천들을, 천신들을, 인간들을, 동물들을, 지옥생들까지 다 이끌고 닙바나를 향해 가고 있습니다. 그들이 윤회에서 벗어날 수 있도록 인도합니다. '자띠깐따랑(태어남의 위험)'을 포함한 생로병사와 삼세윤회의 모든 위험들을 다 건너가게 하고, 끝으로는 닙바나에 도착하게 합니다. '케마부예(위험 없는 평화로운 곳)'는 닙바나입니다. 그 닙바나라는 목적지에 도착할 때까지 안내해서 인도해 가시기 때문에, 그때는 삿타와하(대장)입니다.

그래서 두 가지 의미로 부처님의 공덕을 '삿타'라고 합니다. 첫째, '아누사사띠띠 삿타'를 말할 때는 가르치는 것을 보고 말합니다. '스승'이라는 뜻입니다. 둘째, '따레띠띠 삿타'는 어려운 여행을 성공적으로 건너가게끔 이끌어 가는 '대장'이라는 말입니다. 따레띠(건너가게 한다). 예를 들면 자띠깐따랑(태어남이라는 험난한 여행길)을 넘어가게 합니다. 태어남이라는 어려운 길을 잘 극복하게 한다는 말이지요. '자띠깐따랑(태어남의 위험)', '자라깐따랑(늙음의 위험)', '마라나깐따랑(죽음의 위험)'을 건너가면서 생로병사를 벗어난다는 뜻입니다. 그래서 여러 가지 어려운 길(깐따랑)에서 성공적으로 건너갈 수 있게끔 안내하고 인도하는 분이기 때문에 '삿타와하'입니다.

(2) 데와마눗사낭

두 번째 부분 '데와마눗사낭'을 설명하겠습니다.

Devamanussānanti devānañca manussānañca.
데와마눗사난띠 데와난짜 마눗사난짜.
Ukkaṭṭhaparicchedavasena, bhabbapuggalaparicchedavasena
욱깟타빠릿체다와세나, 밥바뿍갈라빠릿체다와세나
cetaṃ vuttaṃ.
쩨땅 웃땅
'데와마눗사낭'은 천신과 범천과 인간들이다. 그들의 스승이라면 최고의 스승이고, 모든 중생들의 스승이라는 뜻이다.

'데와마눗사낭'은 천신과 범천과 인간들이라는 말입니다. 데와마눗사낭도 두 가지 의미로 말하고 있습니다.

첫째는 '욱갓타빠릿체다와세나(최고의 스승)'라는 의미입니다. 스승도 여러 부류가 있겠지만 부처님은 '데와마눗사(인간과 천신을 가르치는 스승들)' 중에서 최고입니다. 인간과 천신까지도 착하게 만들 수 있는 스승입니다. 그렇게 최고의 스승이라는 의미로 '데와마눗사낭'을 쓰고 있습니다. '데와마눗사낭'의 스승이라면 나머지는 더 이상 말할 필요도 없다는 뜻입니다. 이 세상에서 최고로 높은 중생이 범천인데, 범천도 가르치는 스승이라면 당연히 나머지 중생들의 스승도 된다는 것입니다. 그래서 부처님은 스승들 중에서 최고의 스승이라는 의미로 '욱갓타'입니다. 욱갓타는 한국말로 하면 회장이고 영어로 president입니다.

둘째는 '밥바뿍깔라빠릿체데와세나(가르쳐야 되는 모든 중생들의 스승)'이라는 의미입니다. 부처님께서는 범천·천신·인간들의 스승입니다. 그들의 스승이라면 나머지는 더 이상 말할 필요가 없다는 뜻입니다. 부처님은 31천 모든 중생들의 스승입니다. 그리고 국적, 인종, 성별, 나이에 상관없이 지구인이든 외계인이든 모든 중생들의 스승이라는 그런 의미입니다.

이렇게 부처님의 일곱 번째 공덕 '삿타데와마눗사낭'은 삿타(모든 중생들의 스승)와 삿타와하(모든 중생들을 이 고통스러운 윤회라는 여행에서 닙바나라는 위험 없는 곳으로 성공적으로 인도해 주시는 대장)라는 뜻이 있습니다. 그렇게 두 가지를 이해하면서 부처님의 공덕 '삿타데와마눗사낭'을 마음에 많이 새기세요.

내가 여러 사람들을 이끌고 갈 때 이 공덕을 많이 새기면 지도력이 생깁니다. 매일 부처님을 기억하고 부처님을 생각하기 때문에 비슷한 능력과 힘을 가지게 됩니다. 그러면 자애와 연민을 베풀면서 그들을 지혜롭게 가르치면서 이끌어 가는 스승이 될 수 있습니다. 여러분들이 가정을 이끌어 갈 때도 마찬가지입니다. 이런 마음으로 가정을 이끌면 매우 든든한 가장이 될 수 있습니다. 내가 할 수 있는 최선의 방법으로 최상의 효과를 얻을 수 있다는 것을 믿고 부처님의 공덕을 많이 새겨 보시기 바랍니다.

마음이 산란하고 힘들 때, 수행이 잘 안 될 때 산책하면서 계속 숙지해 보세요. 그러면 진짜 부처님의 마음을 이해하게 됩니다. 부처님을 이해하면서 믿음도 생기고 수행을 더 열심히 하게끔 다시 노력할 수 있습니다.

8) 붓도

Itipi so bhagavā buddho,
이띠삐 소 바가와 붓도
이런 이유로 거룩하신 세존께서는 붓도입니다.

부처님 여덟 번째 공덕은 붓다(사성제를 깨달으신 분)입니다.

Yaṃ pana kiñci atthi ñeyyaṃ nāma, sabbasseva
양 빠나 낀찌 앗티 네이양 나마, 삽밧세와
buddhattā vimokkhantikaññāṇavasena buddho.
붓닷따 위목칸띠깐냐나와세나 붓도
뭔가 알아야 하는 것이 조금이라도 있다면 그것을 번뇌가 하나도 없는 아라한 도의 지혜로 다 안다. 그래서 붓도이다.

낀찌(뭔가 조금이라도), 앗티(있다면), 네이양나마(알아야 하는 어떤 것), 그래서 양 빠나 낀찌 앗티 네이양 나마(뭔가 알아야 하는 것이 조금이라도 있다면), 삽밧세와 붓닷따(모두 다 안다), 위목칸띠깐냐나와세나(아라한의 지혜로).

부처님의 여덟 번째 공덕 '붓도'와 두 번째 공덕인 '삼마삼붓다'의 차이는 무엇일까요? '삼마삼붓도'에서는 '삼마삼(올바르게 스스로)'에 비중을 두었고 여기서는 '붓도(깨달음)'에 비중을 두고 있습니다.

앞에서 '삼마삼붓도'의 뜻을 '삼마삼만짜 삽바담마낭 붓닷따 빠나 삼마삼붓도'로 풀이하였습니다. 삼마(올바르게), 삼만짜(스스로, 스승 없이), 삽바담마낭(모든 법들을), 붓닷따 빠나(깨달았기 때문에), '삼마삼붓도'입니다. 부처님께서 깨달은 것이 올바르게 깨달은 것이지, 틀리게 깨달은 것이 아닙니다. 틀리게 깨달았으면서 깨달았다고 하는 사람들이 세상에는 너무 많이 있습니다. 깨달음에 대한 착각이고 깨달음에 대한 어리석음입니다. 그런 경우가 엄청나게 많은데, 부처님은 올바르게 깨달았습니다. 올바르게 깨달은 것뿐만 아니라 스스로 깨달았습니다. 삼마(올바르게), 삼(스스로). 그래서 '삼마삼'에 무게를 두고 '삼마삼만짜 삽바담마낭 붓닷따 빠나 삼마삼붓도'라고 이야기했습니다.

지금 부처님의 여덟 번째 공덕 '붓다'는 삼마삼붓도에서 '붓도'에 무게를 둡니다. 붓도는 '양 빠나 낀찌 앗티 네이양 나마(뭔가 알아야 하는 것이 조금이라도 있다면)', '삽밧세와 붓닷따(모두 다 안다)', '위목칸띠깐냐나와세나(번뇌가 하나도 없는 아라한의 지혜로)'입니다.

부처님의 아라한 지혜가 다른 아라한의 지혜보다 특별한데, 그것은 부처님이 아라한의 도를 깨달은 순간 '삽반뉴따 냐나'라는 모든 것을 아는 지혜가 같이 생긴다는 것입니다. 사리불이나 오비구 같은 다른 아라한들이 깨달을 때는 아라한의 도만 갖추지, 삽반뉴따냐나는 없습니다. 그 이유는 부처님께서 빠라미(바라밀)를 해 왔던 양과 기간이 다른 아라한과는 비교가 안 될 정도로 엄청나게 많기 때문입니다. 이렇게 부처님께서는 아라한으로 깨닫는 순간 '삽반뉴따 냐나'를 가지고 모든 것을 알게 되기 때문에 '붓도'라고 합니다.

아주 간단하게 풀이하면 '붓닷따띠 붓도'입니다. 붓닷따(알기 때문에), 붓도(붓다)이다. 그런데 무엇을 아는가? 목적어를 넣어 주면 삽바세와(모든 것을 안다)입니다. 그래서 '삽바세와 붓닷따 붓도'입니다. 부처님께서는 마음만 먹으면 모르는 것이 없습니다. 다 알 수 있습니다. 어떻게 아는가? '위모칸띠까 냐나'로 압니다. 위모카(벗어나는 자유)는 아라한의 도와 과의 지혜를 말합니다. 이렇게 부처님의 아라한 도와 과의 지혜를 특별하게 '삽반뉴따 냐나'라고 하고 그 지혜가 있기 때문에 '붓도'라고 하는 겁니다. 부처님께서 보리수나무 밑에서 깨달으실 때 생긴 사성제를 비롯한 모든 법을 꿰뚫어 보는 지혜가 바로 '삽반뉴따 냐나'입니다.

붓다라는 공덕은 부처님께서 무수한 겁을 네 번 거치고 십만 겁을 더 넘어서, 많은 보시를 하고, 계율을 지키고, 출가하여 인내 빠라미를 많이 하고, 노력 빠라미를 많이 하고, 지혜 빠라미 많이 해서 얻은 결과입니다. 부처님께서는 안 해 본 빠라미가 없습니다. 빠라미를 목숨까지 걸면서 했습니다. 그런 공덕들의 결과로 마지막에 붓다로 깨달을 때 '삽반뉴따 냐나(모든 것을 아시는 지혜)'가 생긴다는 것입니다. 결국 그것은 원인 따라 나오는 결과이지, 공짜가 아닙니다.

붓다라는 공덕은 깨달은 순간만 알면 잘 모르겠지만, 깨닫기 위해서 부처님께서 걸어오셨던 길과 해 왔던 수행들을 알면 이해하기가 더 쉬울 것입니다. 그 마음이 어떤 마음인가? 중생들이 어리석어서 생로병사에서 고통스러운 것을 보면서 너무나 불쌍하게 여기는 '마하까루나(대연민)'입니다. 쉽게 말하면 부처님께서는 대자대비의 마음으로 당신의 삶을 중생들에게 다 주었습니다. 그러면서 아무리 힘들어도 마음이 약해지지 않고 계속, "내가 힘이 있어야 이 사람들을 도와줄 수 있다. 내가 부처가 되어야 이 중생들을 도와줄 수 있다."라고 하면서 참고 견디며 빠라미를 실천해 오셨습니다. 그런 원인 따라 생기는 결과로 마지막에 부처님이 되셨다고 알아야 합니다.

"붓도, 붓도, 붓도……"라고 하면서, 붓다라는 상태로 오기 위해서 부처님이 걸어 왔던 길을 숙고해 보세요. 붓다로 모든 것을 알게 되었다는 것만이 위대한 것이 아니라, 그렇게 되기 위해서 해왔던 Bodhisatta의 노력과 믿음과 사띠와 지혜와 대자대비도 위대한 것입니다. 그렇게 알고 "모든 것을 아는 지혜를 갖추신 분이고, 모든 중생들에게 행복과 이익을 주시는 분이 부처님이시다. 그 분을 누가 존경하지 않을 수가 있겠는가?"라고 숙고하면서 이 세상에서 최고이신 부처님의 '붓도' 공덕을 많이 암송하고 숙지하기 바랍니다.

"붓도, 붓도……" 이렇게 독송하면서 들어 보면, 태어나서 지금까지 이만큼 가치 있는 소리를 들어 본 적이 없을 겁니다. 우리는 여태까지 안 좋은 소리만 많이 했습니다. 가치 없는 말, 쓸데없는 말만 많이 하고 살았지만, 이제부터는 틈만 나면 부처님 공덕을 많이 독송하십시오. 진짜 가치 있는 소리입니다.

"붓도, 붓도……", "부처님, 부처님……"

붓도는 한국말로 부처님이지요? 뜻을 알고 부르는 것이 얼마나 뿌듯하고 얼마나 행복합니까! 수행하면서 힘들 때마다 부처님을 그렇게 계속 만나 보세요. '붓다누사띠' 수행하는 것이 부처님을 친견하는 시간입니다. 부처님의 공덕을 아는 사람의 마음속에 불탑이 세워집니다. 바깥의 탑을 돌아다닐 필요 없습니다. 내가 불탑이 되어 마음속에 부처님을 모시고 있는 것입니다.

다음은 붓도에 대한『청정도론』의 설명입니다.

So bhagavā itipi buddho, sabbasseva buddhattā buddho.
소 바가와 이띠삐 붓도, 삽바세와 붓닷따 붓도
Yasmā vā cattāri saccāni attanāpi bujjhi, aññepi
야스마와 짯따리삿짜니 앗따나삐 붓지, 안녜삐
satte bodhesi, tasmā evamādīhipi kāraṇehi buddho.
삿떼 보데시, 따사마 에와마디히삐 까라네히 붓도
세존을 붓도라고 하는 이유는 모든 법을 깨달았기 때문에 붓도이다. 그래서 부처님은 본인이 사성제를 깨닫고, 다른 중생들도 깨달을 수 있게끔 하신다. 그런 일을 하시기에 붓도이다.

삽바세와(모든 법), 붓닷따(깨달았기 때문에), 붓도(붓다이다). '짯따리 삿짜니 앗따나삐 붓지(사성제를 본인이 먼저 깨닫고)'. 짯따리(네 가지), 삿짜니(고귀한 진리를, 사성제를), 앗따나(본인이), 붓지(깨닫고).

'안녜삐 삿떼 보데시(다른 중생들도 깨달을 수 있게끔 하신다)'. 안녜삐(다른), 삿떼(중생들에게), 보데시(알게끔 한다. 알려 준다. 본인이 알고 남들에게도 알려 준다. 남들도 깨닫게 한다). '따사마 에와마디히삐 까라네히 붓도(그런 일을 하시기에 붓도이다)'. 따사마(그래서, 그런 원인으로), 붓도(붓다라고 한다).

모든 것을 알기 때문에 붓다라고 할 때는 두 가지 뜻으로 풀이했습니다. 첫째는 삽밧세와 붓닷따 위목칸띠깐냐나 와세나 붓도(알아야 하는 것이 있으면 모든 것을 알기 때문에 붓도이다). 두 번째는 짯따리 삿짜니 앗따나삐 붓지 안녜삐 삿떼 보데시 붓도(사성제를 본인이 먼저 알고 다른 중생들도 알게끔 알려 주시기에 붓도이다).

다음은『빠띠삼비다막가』경전의 설명입니다.

> Bujjhitā saccānīti buddho. Bodhetā pajāyāti buddho.
> 붓지따 삿짜니띠 붓도. 보데따 빠자야띠 붓도
> 사성제를 깨달았기에 붓도이다. 모든 중생들도 사성제를 깨닫게 해 주시기에 붓도이다.

삿짜니띠(진리들을), 붓지따(안다), 그래서 붓도(붓다이다). 빠자야(모든 중생들로 하여금), 보떼따(사성제를 알게끔 하기 때문에), 붓도.

단어를 바꿔서 말할 뿐『청정도론』의 설명이나『빠띠삼비다막가』의 설명이 똑같은 뜻입니다. 정리하면,『청정도론』의 설명은 '짯따리 삿짜니 앗따나삐 붓지(사성제를 부처님이 깨닫고), 안녜삐 삿떼 보데시 붓도(다른 중생들도 사성제를 알게 하니 붓다이다)'.『빠띠삼비다막가』의 설명은 '붓지따 삿짜니띠 붓도(사성제를 깨달으니 붓다이시고), 보데따 빠자야띠 붓도(모든 중생들도 사성제를 깨달아 알게 하시니 붓다이다)'. 『빠띠삼비다막가』에 나오는 뜻대로 『청정도론』에서 설명하고 있습니다. 『청정도론』을 먼저 말하는 거지요. 『청정도론』을 설명하면서 경전에도 이런 말이 있다고 하는 것입니다. 주석서의 뜻풀이도 아름답고 경전에 나오는 것도 아름다우니 이 두 가지 중에 어떤 것을 외워도 좋습니다.

부처님의 전법은 오비구에서 시작했습니다. 그때 오비구만 아는 것이 아니고 수많은 천신들이, 수많은 범천들이 사성제를 깨달았습니다.

그 이후에도 계속 가르치면서 야사와 54명의 친구들이, 그 다음에는 천 명의 은자들이, 세 그룹으로 살고 있는 가섭형제 세 명이 이끌고 있는 천 명의 친구들이, 그 다음에 만 명, 이만 명, 이런 식으로 부처님께서 계속 가르치셨습니다. 부처님을 통해서 사성제를 알게 된 인간들이, 천신들이, 범천들이, 지금까지 셀 수 없을 정도로 엄청나게 많았습니다. '보데따 빠자야띠 붓도'라는 말처럼 부처님께서 수많은 중생들에게 사성제를 알려 주시기에 '붓도'입니다.

사성제를 안다고 할 때 깨달음 단계에서 성인으로 사성제를 아는 사람이 있고, 깨닫지 못하고 지식으로 아는 사람도 있습니다. 지식으로 아는 분들 중에는 삼장법사, 이장법사 등을 으뜸으로 하여 지금 법문 듣고 수행하는 여러분까지 포함됩니다. 사성제가 무엇인지 이론적으로라도 확실하게 알면 사성제를 안다고 할 수 있습니다. 더욱이 사성제를 깨달음 단계에서 알면 번뇌가 없어지면서 닙바나를 성취하게 됩니다. 부처님께서는 사성제를 알고 우리에게도 사성제를 알려 주십니다. 우리는 사성제를 알기 위해서 수행하기 때문에 이 공덕을 많이 깊이 새기면 수행 태도가 매우 좋아집니다.

9) 바가와

Itipi so bhagavā bhagavā
이띠삐 소 바가와 바가와
이런 이유로 거룩하신 세존께서는 바가와입니다.

부처님의 아홉 번째 공덕은 '바가와'입니다. '소 바가와'는 부처님을 향해서 하는 말입니다. 소(그), 바가와(거룩하신 부처님이), 이띠삐(이래서), 바가와입니다. 부처님을 '바가와'로 부르는 이유가 '이띠삐(이것 때문)'라고 말하는 것입니다. '바가와'를 반복하고 있지만 앞의 '소 바가와'는 부처님에 대한 호칭이고 뒤의 '바가와'는 부처님의 공덕을 말합니다.

(1) 바가와의 세 가지 의미

부처님을 '바가와'로 부를 때 세 가지의 의미가 있습니다.

Bhagavāti idaṃ panassa
바가와띠 이당 빠낫사

guṇavisiṭṭhasabbasattuttamagarugāravādhivacanaṃ.
구나위싯타삽바삿뜻따마가루가라와디와짜낭
바가와의 뜻은 최고로 고귀하고 위없는 분이고 최고의 존경을 받아 마땅한 분이라는 말이다.

바가와는 ① 셋타 바가와(최고로 고귀하신 분), ② 웃따마 바가와(위없는 분), ③ 가루가라와 바가와(최고의 존경을 받아 마땅한 분)입니다.

(가) 셋타 바가와(최고로 고귀하신 분)

Bhagavāti vacanaṃ seṭṭhaṃ,
바가와띠 와짜낭 셋탕
바가와는 최고로 고귀하신 분이다.

'셋타'는 지계 등의 공덕이 최고로 뛰어나다는 말입니다.

싯닷타 태자가 처음 태어날 때 어머니 뱃속에서 나오자마자 일곱 걸음을 걸으시고 그때 하셨던 말이 있습니다.

Aggohamasmi lokassa
악고하마사미 로깟사
세상에서 내가 최고이다.
Seṭṭhohamasmi lokassa
셋토하마사미 로깟사
세상에서 내가 제일 고귀하다.

Jeṭṭhohamasmi lokassa
젯토하마사미 로깟사
세상에서 내가 최승(最勝)이다.

로깟사(세상에서), 아항(내가), 아사미(~이다), 악고(최고의), 셋타(제일 고귀한), 젯토(장로의, 가장 훌륭한, 최승의). 이렇게 태어나자마자 이런 말을 할 때는 싯닷타가 부처가 되기 전에 벌써 이 세상에서 최고의 공덕을 가진 '셋타'가 되어 있었습니다. 왜냐하면 싯닷타 태자가 전생에 부처가 되기 위해서 지어 왔던 공덕이 모든 중생이 했던 공덕보다 더 크기 때문입니다. 그렇기 때문에 제일 고귀하다고 하는 말이 진실입니다. 제일 크다고 말할 때도 싯닷타 태자만큼 계·정·혜를 수행해 왔던 사람이 없습니다. 그때만 해도 세상에 있던 모든 중생들이, 지옥생부터 범천 생까지, 다 살펴봐도 당신보다 공덕이 더 큰 사람이 없었습니다. 그래서 이런 여러 가지 원인들을 보면서 부처님이 싯닷타 태자 때부터 "악고하마사미 로깟사, 셋토하 마사미 로깟사, 젯토하 마사미 로깟사, 이 세상에서 내가 최고이고, 내가 제일 고귀하고, 내가 제일 큰사람이다."라고 하는 것입니다. 거기서 셋타의 뜻이 바가와입니다. 셋타는 거룩하다, 고귀하다는 뜻입니다. '바가와'의 첫째 의미가 '셋타'입니다.

(나) 웃따마 바가와(최고로 위없는 분)

바가와의 둘째 의미는 '웃따마'입니다.

Bhagavāti vacanamuttamaṃ
바가와띠 와짜나뭇따망
바가와는 웃따마(위없는, 최고의)이다.

'웃따마'와 '셋타'는 뜻이 비슷합니다. '웃따마'는 '자기보다 넘어선 사람이 있을 수 없다. 위없는 자' 이런 뜻입니다. '아눗따라 웃따라 웃따마(이 세상에서 위없는 자가 최고의 사람이다)'라는 의미로 '웃따마'를 쓰고 있습니다. 웃따마로 말하면 이 사람이 모든 중생들 중에서 제일 높은 사람이라는 뜻입니다. 이 세상에서 제일 높은 사람이 '웃따마'이고 이 세상에서 제일 고귀하고 거룩한 사람이 '셋타'입니다. 그래서 첫째 의미가 '셋타'이고, 둘째 의미가 '웃따마'입니다.

(다) 가루가라와 바가와(가장 크게 존경해야 하는 분)

바가와의 셋째 의미는 '가루가라와'입니다.

Garugāravayutto so, bhagavā
가루가라와윳또 소, 바가와
최고의 존경을 받을 만하기에 바가와이다.

이 말은 최고의 존중과 존경을 받을 만한 자격이 있는 스승이라는 말입니다. 『축복경』에 '가라오짜니와또짜(gāravocanivātoca)'라는 말이 나옵니다. 가라와(gārava)는 존경하는 것, 다른 사람에게 예를 갖추는 것입니다. 니와따(nivāta)는 겸손함, 스스로를 낮추고

'하심(下心)'하는 것입니다. 내가 나를 낮추는 것이 '니와따'이고 남을 올려주는 것이 '가라와'입니다. 그래서 연장자에게 '가라와'한다는 것은 다른 사람이 나보다 나이가 많으면 나이 값으로만 봐도 고개를 숙여야 한다는 것입니다. 나보다 나이가 많다는 것은 경험이 많다는 것입니다. 그런 식으로 나이가 많은 사람을 존중하는 것을 '가라와'라고 합니다.

또 나보다 계율이 높으면 계율이 높은 것을 보고 존경해야 합니다. 나이 값보다 계율 값이 더 크기 때문에 나이가 적어도 먼저 출가한 사람에게 절해야 한다고 부처님께서 가르치셨습니다. 지혜 값도 마찬가지입니다. 나보다 지혜가 높으면 예를 갖추고 존경해야 합니다. 그것이 '가라와'의 뜻입니다.

'가루(무게)'. '가라와' 중에 '가루가라와(아주 크게 무게 있는, 아주 많이 존경해야 하는 사람)'가 '바가와'라는 것입니다.

'윳또(마땅하다)'. 제일 많이 존경을 받을 만하다는 말입니다. 그런 큰 존경을 받을 만한 자격이 있는 분이 '바가와'입니다.

바가와의 뜻이 이렇게 셋타 바가와, 웃따마 바가와, 가루가라와 바가와로 세 가지가 있는데 그렇게 '바가와'라고 부르는 이유 세 가지를 잘 이해하기 바랍니다.

(2) 바가와 공덕은 부처님 본인의 힘으로 되는 것이다

Idaṃ pana bhagavāti nāmaṃ nemittikaṃ, na mahāmāyāya,
이당 빠나 바가와띠 나망 네밋띠깡, 나 마하마야야

na suddhodanamahārājena, na asītiyā ñātisahassehi
나 숫도다나마하라제나, 나 아시띠야 냐띠사핫세히
kataṃ, na sakkasantusitādīhi devatāvisesehi.
까땅, 나 삭까산뚜시따디히 데와따위세세히
바가와라는 부처님의 공덕은 어머니가 해주는 것이 아니고
아버지가 해주는 것이 아니고 친척들이 해주는 것이 아니고
신들이 해주는 것이 아니다.

이당 빠나 바가와띠 나망 네맛띠깡(붓다가 바가와라는 이름을 가지는 것이), 나 마하마야야(어머니를 따라서 부르는 것이 아니고), 나 숫도다나마하라제나(아버지를 따라서 되는 것이 아니고), 나 아시띠야 냐띠사핫세히 까땅(부처님의 친척들에 따라 되는 것이 아니고), 나 삭까산뚜시따디히 데와따위세세히(신들의 왕 삭까(제석)나 산뚜시따(도솔)를 따라서 되는 것이 아니다).

'바가와'가 최고로 경이롭고 거룩하고 고귀하신 분으로서 큰 존경을 받아야 하는 분이라고 할 때, 그것은 누가 해주는 것이 아닙니다. 왕이 명령을 내려서 "저 분을 모두 다 존경하라."라고 한다고 해서 존경하는 것이 아닙니다. 신이 창조해 준다고 되는 일이 아닙니다. 마하마야 어머니와 숫도다나 아버지가 해준다고 되는 일이 아닙니다. 부처님이 바가와가 되시는 것은 부처님의 힘입니다.

그래서 법장[9]이신 사리불 존자가 다음과 같이 말했습니다.

9 법장: 지혜 제일인 사리불을 담마세나빠띠(Dhammasenāpati, 법의 대장군)라고 부른다.

Bhagavāti netaṃ nāmaṃ mātarā kataṃ …pe…
바가와띠 네땅 나망 마따라 까땅 …pe…
vimokkhantikametaṃ buddhānaṃ bhagavantānaṃ bodhiyā
위목칸띠까메땅 붓다낭 바가완따낭 보디야
mūle saha sabbaññutaññāṇassa paṭilābhā sacchikā paññatti
물레 사하 삽반뉴따냐낫사 빠띠라바 삿치까 빤냣띠
yadidaṃ bhagavā'ti (mahāni. 84).
야디당 바가와 띠
부처님께서 바가와라는 공덕으로 칭송되는 것은 어머니가 해주는 것이 아니고 …pe… 신들이 해주는 것이 아니다. 바가와라는 것은 부처님의 공덕이고 부처님의 자질이다. 보리수나무 밑에서 스스로 깨달아 모든 것을 다 아는 지혜인 삽반뉴따 냐나를 가질 때 바가와라는 공덕이 저절로 생기는 것이다.

부처님을 "바가와, 바가와"라고 부를 때 그 '바가와'가 언제 어떻게 이루어지는 것인가 하면 홀로 열심히 수행하여 보리수나무 아래에서 스스로 깨달아 붓다가 될 때 그때 바로 이 '바가와'라는 공덕이 생긴다는 것입니다. 바가와 공덕은 누가 만들어 준 것이 아니고 스스로의 힘으로 이룬 공덕입니다. 무수한 겁을 지나면서 오롯이 빠라미를 최고의 양으로 실천하여 최상의 지혜를 가지기 때문에 생기는 공덕입니다. 그래서 '셋타 바가와'라고 할 때도

세나빠띠(대장군, 사령관). 세나(군인들). 빠띠(주인). 세나빠띠는 대장군, 장군 중의 최고의 장군이라는 뜻이다.

보리수나무 밑에서 붓다가 되자마자 최고의 '바가와'가 되고, '웃따마 바가와'라고 할 때도 마찬가지로 이 세상의 모든 중생들보다 고귀한 자, 제일 위없는 자가 되는 '바가와'가 되고, 그리고 마지막으로 '가루가라와(거룩하다)'라고 할 때도 부처님께서는 인간부터 시작해서 범천까지 모든 중생들이 올리는 예경과 공양을 다 받을 수 있는 '바가와'가 됩니다.

(3) 바가와가 되는 여섯 가지 복덕

부처님의 바가와 공덕에 대한 해석이 엄청나게 많습니다. 그 중에 핵심적인 이야기만 해보겠습니다. 부처님을 바가와라고 할 수 있는 복덕이 여섯 가지가 있습니다.

첫째, 잇사리야(절대 권력) 둘째, 담마(출세간 법) 셋째, 야사(명성) 넷째, 시리(완벽한 외모) 다섯째, 까마(소원 성취) 여섯째, 빠얏따(맹렬한 노력). 이 여섯 가지 복덕을 갖춘 분을 바가와(복을 구족한 분)라고 부릅니다.

(가) 잇사리야

'잇사리야(issariya, 통치하는 권력)'는 자기의 힘이 쫙 퍼져 있어서 모든 곳에 그 영향력을 골고루 미치고 있는 통치 권력을 말합니다. 예를 들면 남한 정부가 남한 땅을 통치하는 힘을 가지고 있습니다. 북한은 북한대로, 미얀마는 미얀마대로, 그렇게 정부가 나라를 다스리는 힘을 가지고 있는 것을 '잇사리야'라고 합니다. 부처님이 이 세상에 대해서 그런 힘을 가지고 있다는 말입니다.

부처님의 힘은 지금 우리가 살고 있는 지구 하나뿐만이 아니고 부처님 힘이 만 개 우주로 퍼져 갑니다. 우리가 알고 있는 이 세상뿐만이 아니고 우리가 모르는 우주의 중생들에게도 부처님의 힘이 퍼져 나간다는 뜻입니다. 만 개의 우주까지! 만 개 우주보다 더 많은 우주가 있을 수 있겠지만, 부처님 힘의 영향력은 만 개 우주까지만 미칩니다. '모두 다'를 말할 때 이 우주는 무한한 우주를 말합니다. '아난따 짝까와라(무한한 우주)', '짝까와라(cakkavāṛa, 우주)'인데 '아난따(ananta, 헤아릴 수 없는)', 헤아릴 수 없는 우주까지 부처님의 힘이 간다는 그런 말은 아닙니다. 그런데 만 개의 우주까지는 부처님의 힘이 닿는다고 말합니다. 그것이 '잇사리야'의 의미입니다.

다른 종교의 신들도 '잇사리야'라고 말합니다. 예를 들면 힌두교의 삼신 중에 마라브라마도 '잇사와라(issavara)'라고 말하는데 잇사리야나 잇사와라는 모든 것을 자기가 창조할 수 있다는 의미가 있습니다. 그래서 창조자라는 의미의 '잇사리야'입니다. 그런데 부처님의 공덕인 '잇사리야'는 뜻이 다릅니다. 부처님은 법의 힘으로 온 세상 만 개의 우주를 다 덮는다는 그런 의미로 '잇사리야 바가와'라고 합니다.

잇사리야를 더 자세히 분석하면, 여덟 가지의 힘이 나옵니다.

① 아니마(animā, 배추씨만큼 몸을 작게)
② 마히마(mahimā, 지구를 덮을 만큼 몸을 크게)
③ 라기마(laghimā, 가볍게 하늘을 난다)
④ 빠띠(patti, 팔꿈치를 오므렸다 펴는 동안 갔다 온다)

⑤ 빠깜마(pākamma, 여러 가지 모습으로 나툰다)

⑥ 이시따(īsitā, 사람을 지배하는 말의 힘)

⑦ 사마빳자나와시따(samāpajjanavasitā, 입정入定의 자유자재)

⑧ 웟타나와시따(vuṭṭhānavasitā, 출정出定의 자유자재)

대부분의 잇사리야는 신통력입니다. 부처님께서는 원하시면 배추씨 안에서 경행을 할 수 있다고 합니다. 잇사리야가 얼마나 힘이 세면 그렇게 할 수 있을까요? 부처님께서는 마음만 먹으면, 배추씨라는 것이 눈으로 보기에도 너무 작은데, 그 배추씨 안에서 부처님이 가사를 완벽하게 입고 발우를 들고 산책할 수 있다는 것입니다. 원하면 자기 몸을 그렇게 작게 만들 수 있고, 크게 만들면 이 세상을 몸으로 덮을 수 있다고 합니다. 그런 것이 잇사리야의 힘입니다. 그렇게 부처님이 쓰셨던 신통지들이 여러 가지 있었습니다. 그래서 부처님을 잇사리야 바가와라고 말합니다.

(나) 담마

'담마(dhamma, 출세간법)'는 부처님의 '로꿋따라 담마(출세간 법)'를 말합니다. '담마'라고 하면서 여러 사람들이 가르치고 있는 법들이 있습니다. 그 법들 중에 부처님의 법이 최고입니다. 그것이 '로꿋따라 담마'이고 내용은 '네 가지 도와 네 가지 과와 닙바나'입니다. 그래서 다른 법들이 아무리 좋다고 해도 그 법들이 가져오는 공덕으로 생로병사를 넘어갈 수는 없습니다. 그런데 부처님의 법은 생로병사를 초월하는 힘을 갖고 있습니다. 이것이 '담마'의 힘입니다.

'담마'는 부처님이 깨달아서 가지고 있는 법이고, 부처님이 우리를 인도하고 있는 법입니다. 부처님이 우리에게 전달하고 있는 법이 제일 고귀한 법입니다. 고귀한 법을 아는 분이고 그 법을 남에게 알려주는 분이기 때문에 그 법의 힘을 가진 분을 '바가와'라고 말합니다. '담마 바가와'라고 할 때는 '담마'라는 법 중에 부처님 법(네 가지 도와 네 가지 과, 닙바나)만큼 고귀한 법이 없다는 뜻이 담겨 있습니다.

(다) 야사

'야사(yasa, 명성·명예)'는 명성을 얻어 유명한 것을 말합니다. 부처님 주변에 사람들이 많습니다. 해바라기가 항상 태양을 향해 있듯이, 많은 사람들이 부처님을 좋아하고 따릅니다. 그래서 부처님은 아주 유명한 사람 중에 최고로 유명한 사람입니다. 대부분 유명하다면 그를 포함한 세계 안에서만이고 온 세상에 널리 유명한 인간은 별로 없습니다.

부처님은 인간들뿐만 아니라 천신들과 범천들의 세계까지, 욕계·색계·무색계를 포함하는 온 세상에서 유명합니다. 그렇게 유명한 분은 부처님밖에 없습니다. 범천들도 부처님을 알고 있고, 천신들도 알고 있고, 인간들도 알고 있습니다. 욕계·색계·무색계의 삼계에서 모두가 부처님을 알고 있는데 부처님이 그렇게 유명하기 때문에 '야사 바가와'입니다.

(라) 시리

'시리(sirī, 완벽한 외모)'는 부처님의 완벽한 외모를 말합니다. '시리'는 행운, 화려함, 영광, 길상, 좋은 외모입니다. 시리는 그 사람을 볼 때 단순한 외모보다는 형언할 수 없는 힘이나 아름다움이나 경이로움이 느껴지는 것을 말합니다. 그래서 외모를 기반으로 해서 부처님을 보면 남다르게 보입니다. 아주 경이롭다고 말하는 것과 비슷합니다. 경이로움! 시리가 그런 뜻입니다.

부처님께서는 32가지 큰 상, 80가지 작은 상과 6가지 광명을 갖추셨는데, 그것을 '마하뿌리사락카나'라고 말합니다. '마하뿌리사', 뿌리사가 남자라는 뜻이 있지만 마하뿌리사라고 할 때는 남자보다 인간으로서, 대단한 귀인이라는 뜻입니다. 귀인도 보통 귀인이 아니고 32가지 큰 상과 작은 상 80가지가 있는 아주 위대한 귀인의 모습입니다. 그런 모든 상을 갖추고 있는 부처님을 '시리 바가와'라고 합니다. 그래서 부처님을 보기만 해도 매우 기쁘고 편안하기 때문에 그 공덕이 아주 큽니다. 그 정도로 대단한 힘을 갖추고 있는 분이 '시리 바가와'입니다.

(마) 까마

'까마(kāma, 소원 성취)'는 되고 싶은 것, 갖고 싶은 것, 하고 싶은 것을 이룬다는 말입니다. '까마바가와'는 부처님은 원하면 원하는 대로 다 된다는 의미입니다.

부처님은 본인이 원하면 해내지 못하는 일이 없습니다. 또 원하는 대로 세상이 다 잘 따릅니다. 부처님이 원하는 것은 모든 중생들의 이익입니다. 닙바나로 가려고 하는, 생로병사를 넘어가려고 하는, 그런 원대한 소망을 원하는 대로 이룰 수 있는 힘이 '까마 바가와'입니다.

(바) 빠얏따

'빠얏따(payatta, 바른 노력)'는 부처님의 대단한 정진력, 바른 노력을 말합니다. 부처님은 모든 중생들의 이익을 위해서 엄청나게 노력했습니다. 그런 노력에 따라서 모든 중생들의 존경의 대상이 되고 스승의 자리로 임하시는데, 그것을 '빠얏따 바가와'라고 말합니다. 그래서 부처님을 '마하위라(mahāvīra, 위대한 영웅)'라고 합니다.

이 여섯 가지 복덕은 다 원인과 결과입니다. 누가 창조해서 되는 것이 아니고 부처님이 '바가와'라고 불릴 정도로 해 왔던 대단한 빠라미의 결과입니다. 부처님의 이력이 경전에 다 기록되어 있습니다. 그런 역사에서 만들어지는 이름이 '바가와'입니다. '잇사리야 바가와', '담마 바가와', '야사 바가와', '시리 바가와', '까마 바가와', '빠얏따 바가와', 이 여섯 가지를 잘 기억하시기 바랍니다.

'잇사리야(부처님의 신통력)'는 끊임없이 해 왔던 부처님의 선정의 힘에 의해서 나타나는 것입니다.

'담마'는 부처님이 끊임없이 해 왔던 위빳사나 수행의 힘으로 '네 가지 도와 네 가지 과와 닙바나'를 얻은 것입니다.

'야사'는 부처님께서 무수한 겁을 거쳐서 계속 베푸신 결과입니다. 부처님께서는 계속 주었습니다. 부처님에게 안 받은 사람이 없을 정도로 엄청나게 주었습니다. 물질도 주고, 마음도 주고, 지혜도 주었습니다. 그렇게 많이 베풀었기 때문에 부처가 될 때 온 세상이 부처님 옆에 있는 것입니다. 그들은 모두 부처님의 은혜를 받았던 사람들입니다. 범천, 천신, 인간, 모두가 부처님을 바라보고 있는 것이 '야사 바가와'입니다.

'시리'도 똑같습니다. 오랫동안 여러 사람들에게 베풀었던 부처님의 마음과 말과 행동들이, 부처님의 마지막 싯닷타 태자의 생을 만들 때 하나도 부족함이 없게 만드는 것입니다. 하나도 빠짐없이 최고로 완벽한 인간의 모습을 만들 수 있었기 때문에 거대하고 위대한 귀인의 모습이 나타나는 것입니다. 그것이 원인 따라 나오는 결과입니다.

부처님이 원한다면 다 된다는 '까마바가와'는 부처님께서 그렇게 될 수 있을 정도로 십바라밀과 삼십 바라밀을 다 해왔다는 것입니다.

또한 십바라밀을 할 때 엄청나게 노력했기 때문에 마지막으로 '빠얏따 바가와'가 되는 것입니다. 자기가 해야 하는 모든 일을 성공적으로 할 수 있는 완벽한 노력의 힘을 가지고 있다는 것입니다.

바가와 공덕을 이렇게 알면 바가와 붓다를 어느 정도는 이해할 수 있을 것입니다. 풀이하면 더 많이 있지만 바가와 공덕을 이 정도로 하겠습니다. 이렇게 부처님의 공덕 아홉 가지를 여러분들에게 다 이야기했습니다.

3. 부처님의 공덕을 숙지하는 이익

부처님의 아홉 가지 공덕을 계속 마음속에 숙지하고 있으면, 그때 수행자의 마음은 탐욕에 얽매이지 않고, 성냄에 얽매이지 않고, 어리석음에 얽매이지 않게 되고, 또한 그의 마음은 여래를 의지하여 올곧아집니다.

이와 같이 탐·진·치에 얽매이지 않으면서 오장애를 억압하고 올곧은 마음을 가질 때 부처님의 공덕을 향한 위딱까(일으킨 생각)와 위짜라(지속적 고찰)가 지속됩니다. 위딱까와 위짜라가 되면 희열도 생깁니다. 희열이 생기면 편안함(빳삿디)으로 몸과 마음이 고요해집니다. 몸과 마음이 편안하고 고요해지면 행복이 일어납니다. 행복한 수행자는 부처님의 공덕을 대상으로 하여 삼매(집중)에 들게 됩니다. 이와 같은 과정을 따라 어느 때에 선정(禪)의 구성 요소들이 갖추어집니다. 부처님의 공덕은 심오하기 때문에 이 선정은 본삼매에는 들지 못하고 근접삼매까지만 됩니다. 이것을 붓다눗사띠 수행이라고 합니다.

『청정도론』에서 부처님의 공덕을 우리가 마음에 새기면 얻을 수 있는 이익을 이야기하고 있습니다.

첫째, 부처님을 스승으로써 매우 존경하고 잘 받드는 마음이 생깁니다. '이 세상에 부처님보다 더 좋은 스승이 없다.' 이렇게 부처님에 대한 존경심이 더욱 더 커지게 됩니다. 부처님의 공덕을 마음 깊이 새기면 부처님이 나의 모범이고 나에게 부처님보다 더 높은 스승이 있을 수가 없다는 것이 확실해진다는 말입니다.

둘째, 믿음과 사띠와 지혜가 매우 좋아집니다. 수행이 안 될 때 부처님 공덕을 많이 독송해 보세요. 그러면 믿음이 생기고 사띠가 좋아집니다. 부처님 공덕을 새기다 보면 호흡이 아주 쉽게 보이고 배의 부름과 꺼짐도 쉽게 보입니다. 부처님 공덕을 새기고 있으면 수행하는 일이 뭐든지 쉽게 다가옵니다. 이렇게 부처님 공덕을 수행함으로써 삿다(saddhā, 믿음), 사띠(sati, 알아차림), 빤냐(paññā, 지혜)가 넓어지고 커지고 깊어집니다. 그래서 수행의 어려움을 겪을 때마다 부처님 공덕을 깊이 새기라고 하는 것입니다.

셋째, 그렇게 되면 보람을 느끼게 되고 매우 기쁘게 됩니다. 즉, 삐띠(pīti, 희열)와 빠뭇자(pāmujja, 행복감)가 많아집니다. 기쁨과 즐거움과 행복함이 넘쳐나면서 수행하는 것이 재미있고 수월해집니다. 수행하다가 힘이 빠지고 믿음이 떨어질 때 부처님 공덕을 암송하는 것만큼 좋은 것이 없습니다.

넷째, 무서운 것을 잘 견디는 힘이 생깁니다. 부처님 공덕을 수행하는 사람은 무서움이 사라지고 용기가 생긴다는 말입니다.

다섯째, 힘든 일이 생겨도 고통을 잘 견뎌낼 수 있는 힘이 생깁니다.

여섯째, 부처님과 같이 살고 있다는 인식을 얻게 됩니다. 부처님이 내 옆에 계시는 것 같고 부처님이 내 앞에 앉아 계시는 것 같고 살아 있는 부처님을 내가 모시며 살고 있다는 그런 마음이 생깁니다. 부처님 공덕을 계속 암송하면 부처님이 진짜 나와 같은 시대에 존재하는 것처럼 느껴집니다. 부처님의 공덕이 부처님의 존재감이기 때문에 부처님이 진짜 살아 계시다는 느낌이 들 수 있습니다.

일곱째, 부처님의 공덕을 항상 새기고 있는 사람은 몸이 탑이 되어 예경을 받게 됩니다. 이때 탑은 돌로 쌓아 만든 외형적 사물을 말하는 것이 아니고 안에 든 '쩨띠야(cetiya, 존경의 대상)'를 말합니다. 탑은 '쩨띠야'의 집이라고 할 수 있습니다. 그래서 우리가 탑을 향해 절을 하는 것은 탑 속에 들어 있는 귀한 '쩨띠야'에게 하는 것입니다.

'쩨띠야'는 탑 안에 있는 부처님의 사리나 부처님의 가르침인 경전 등을 말합니다. 탑을 만들 때 안에 넣는 것을 '쩨띠야'라고 하는데, 다뚜쩨띠야(dhātucetiya)는 부처님의 사리를 의미하며, 빠리보가쩨띠야(paribhogacetiya)는 부처님께서 생전에 사용하시던 발우, 가사, 지팡이, 깨닫기 위해 앉았던 보리수나무 등 신성한 유물이며, 웃딧사쩨띠야(uddissacetiya)는 생전의 부처님 모습을 참고로 해서 그대로 만든 불상이나 팔정도를 의미하는 바퀴 등 부처님과 부처님의 가르침을 상징하는 것입니다.

부처님의 불상을 넣으면 그것이 탑이 됩니다. 불상이 있기 때문에 법당이 탑이 되는 것입니다. 그래서 불상이 쩨띠야입니다. 다른 쩨띠야가 들어 있으면 그 쩨띠야의 집이지 탑은 아닙니다. '쩨띠야'는 안에 있는 내용물을 말합니다. 그래서 지금 우리가 부처님 공덕을 계속 마음에 새기고 있으면 내 마음속에 부처님이 계시는 것입니다. 내 마음이 부처님 마음처럼 되고, 내 몸이 탑이 되는 것입니다. 이 몸이 탑이 된다는 것은 다른 사람이 나를 보면서 존경하고 나에게 고개 숙이고 절을 한다는 의미입니다. 내 마음속에 부처님을 모시고 있기 때문에 내가 탑같이 존경의 대상으로 느껴지는 것입니다.

여덟째, 무슨 일이 생겨도 부처님을 기억하고 있으면 나쁜 일을 하려고 하다가도 부끄러워서 하지 않게 됩니다. 계를 범할 수가 없습니다. 부처님께서 옆에서 보고 있는 느낌이 들기 때문에 나쁜 짓을 못합니다. 그렇게 부끄러움과 두려움이 많아집니다. 선업을 행할 때는 선업 못하는 것이 부끄럽고, 불선업을 행할 때는 불선업 하는 것이 부끄럽습니다. 선업 못할 때 무섭고 불선업 할 때 무섭고, 그런 마음들이 많아지면 차츰 불선업을 못하게 되고 선업을 많이 하게 됩니다.

아홉째, 마지막으로 최소한 깨닫지 못하더라도 틀림없이 좋은 곳으로 가게 됩니다. 부처님 공덕을 마음에 새기면 비록 깨닫지 못 하더라도 죽어서는 선처로 간다는 말입니다. 부처님의 공덕을 열심히 새기면 이런 효과들을 얻을 수 있음을 알고 부처님의 공덕의 힘을 잘 기억하시기 바랍니다.

『청정도론』에서는 다음과 같은 게송으로 마무리하고 있습니다.

Tasmā have appamādaṃ, kayirātha sumedhaso;
따스마 하웨 압빠마당, 까이라타 수메다소
Evaṃ mahānubhāvāya, buddhānussatiyā sadāti.
에왕 마하누바와야, 붓다눗사띠야 사다띠
그러므로 지혜로운 자는 이처럼 큰 위력을 가진 부처님의 공덕을 항상 지속적으로 생각하는 수행을 잊지 말고 열심히 하세요.

압빠마다(잊지 않으면서), 수메다소(지혜로운 자), 에왕 마하누바와야(그렇게 좋은 선업의 공덕을 가질 수 있는), 사다띠(항상, 밤이건 낮이건), 붓다눗사띠야(계속 부처님의 공덕을 생각하는 수행).

부처님의 아홉 가지 공덕을 마음에 깊이 새기면 부처님의 마음이 어떤 것인지 그리고 왜 이 공부를 해야 하는지를 알고 부처님의 은혜가 얼마나 큰지를 이해하게 됩니다. 그러면 그 지혜와 믿음을 바탕으로 팔정도 수행을 더 열심히 하게 되겠지요? 후대의 큰스님들께서 이렇게 열심히 붓다눗사띠 수행을 하라고 당부하시는 것입니다.

법보(法寶, Dhammaratana)

1. 개요

1) 정의

법이란 부처님의 가르침입니다. pāḷi어로 담마(dhamma, 법)라고 하고, 담마의 정의는 '다레띠띠 담모(dāretiti dhammo)'입니다. 다레띠(데리고 간다, 받쳐 준다). 법이란 나쁜 곳으로 떨어지지 않도록 받쳐 주고 좋은 곳으로 모시고 간다는 말인데, 그 말은 법에 따라 바르게 사는 사람을 법이 보호해 준다는 의미입니다.

법에는 공짜가 없습니다. 우리가 법을 실천하지 않으면 법을 가지지 못합니다. 내가 실천하는 만큼 내 법이 되고, 내 법이 말 그대로 나를 위험에서 지켜 주고, 지금 나의 상태에서 추락하지 않게 받쳐 주고, 더 좋은 곳으로 데리고 갑니다. 부처님의 법이 나를 지켜 주는 것이 아니고 내가 지키는 내 법이 나를 지켜 줍니다. 부처님께서 말씀하시는 담마(법)가 그런 뜻입니다. 부처님의 가르침에는 부처님이 우리를 닙바나로 데리고 간다는 말은 없습니다. 오히려 '내가 나의 의지처'가 되도록 하라고 말씀하십니다. 부처님은 가르치고 인도할 뿐 우리가 직접 그 가르침을 따라 실천하여 깨달아야 합니다. 그렇게 부처님이 가르쳐 준 법을 내 법으로 만들어야 그 법이 나를 보호하고 더 좋은 곳으로 데리고 갑니다.

더 좋은 곳이란 세간으로 말하면 인간이나 천신이나 범천이고, 출세간으로 말하면 닙바나(열반)입니다. 부처님의 출세간법은 최상으로 말하면 네 가지 도, 네 가지 과, 닙바나입니다. 네 가지 도, 네 가지 과, 닙바나라는 그 아홉 가지 법이 그것을 가지는 자를 지켜 주기 때문에 우리는 그 아홉 가지 법을 가지기 위해서 끊임없이 수행해야 합니다. 법은 그냥 믿어야 하는 것이 아니고, 법이 무엇인지 공부해야 하고, 왜 그것이어야만 하는지 알아야 합니다. 그리고 법을 어떻게 실천 수행해야 하는지도 알아야 합니다. 법이 우리를 지켜 주고 받쳐 주고 좋은 곳으로 데리고 간다고 할 때 그 법을 누가 대신 해 줄 수 있는 것이 아니고 우리가 직접 실천해야 함을 꼭 기억하시기 바랍니다.

2) 종류

담마(법)는 궁극적으로 말할 때는 네 가지 도, 네 가지 과, 닙바나라는 출세간법 아홉 가지입니다. 네 가지 도와 과는 수다원·사다함·아나함·아라한의 도와 과를 말합니다. 도와 과의 대상이 닙바나입니다. 그래서 부처님께서 '나와 로꿋따라담마(nava lokuttaradhamma, 아홉 가지 출세간법)'[10]라고 말씀하셨습니다. 부처님께서 그 아홉 가지 법을 깨달았기 때문에 부처가 되었습니다. 만약에 부처님께서 그 아홉 가지 법을 깨닫지 못했다면 부처가 되지 못하는 것입니다. 싯닷타 태자가 네 가지 도, 네 가지 과, 닙바나로 부처가 되었기 때문에 부처님 법이 아홉 가지라는 것이 분명합니다.

어떤 사람들은 부처님께서 한 번 만에 깨달았다고 말합니다. 수다원 도와 과 없이, 사다함 도와 과 없이, 아나함 도와 과 없이, 아라한 도와 과 없이 바로 부처님으로 깨달았다고 말하는데, 그것은 잘못 알고 있는 것입니다. 부처님께서 '나와 로꿋따라담마(아홉 가지 출세간법)'라고 하시는 것은 본인이 이 아홉 가지를 깨달았다는 것입니다. 그렇게 깨달은 아홉 가지 법을 부처님께서 우리들에게 설명해 주시는 것이 삼장법(경장, 율장, 논장)이고 오부니까야(디가, 맛지마, 상윳따, 앙굿따라, 쿳다까)이고, 팔만사천 대장경입니다.

부처님께서 보리수나무 아래에서 처음 깨달으실 때는 아무 말씀도 없었습니다. 삼장법도 없었고, 오부 니까야도 없었고, 팔만사천 대장경도 없었습니다. 그 법들은 부처님께서 깨닫고 나서 45년 내내 우리들에게 법을 설명하신 설명서입니다. 즉, 네 가지 도·네 가지 과·닙바나가 무엇인지, 그것을 왜 우리가 성취해야 하는지, 어떻게 성취해야 하는지를 설법하신 것인데 그것이 경전

---

10 나와 로꿋따라담마: 나와(아홉 가지, 새로운new), 여기서는 아홉 가지란 말임. '로꿋따라(출세간)=로까(세상을)+웃따라(초월하는)', '담마(법)'. '로꿋따라 담마(출세간법)'.

이 되어 지금까지 전해지고 있는 것입니다. 그래서 경전은 부처님의 '열 번째 법'이라고 할 수 있습니다. 경전은 개념적으로 말하기 때문에 출세간법이 아니고 세간법입니다. 경전을 출세간법 아홉 가지에 더해서 부처님 법을 열 가지라고 하는 것입니다.

경전은 약 설명서와 같습니다. 약 설명서에 약을 언제 얼마나 몇 번 먹어야 하는지가 나와 있는 것처럼 경전은 네 가지 도와 과를 어떻게 이해하고 실천하는지, 그리고 닙바나를 어떻게 성취하는지 설명합니다. 그래서 경전이라는 설명서를 보고 네 가지 도와 네 가지 과라는 약을 먹고 번뇌라는 병이 낫는 것입니다. 병이 완전히 낫는 것이 닙바나입니다. 이렇게 네 가지 도와 네 가지 과와 닙바나를 법이라고 하면 경전은 그 법의 설명서라고 보면 됩니다. 또는 경전을 내비게이션이나 지도에 비유할 수 있습니다. 내비게이션에 목적지를 찍었다고 벌써 도착한 것은 아니지요? 경전은 닙바나로 가는 길을 안내하는 지도와 같습니다. 그래서 설명서나 지도를 가졌다고 도를 깨달았다고 하면 안 된다는 것을 말하고 싶습니다.

출세간법 아홉 가지에서 수다원 도만 깨달아도 죽어서 다시 태어날 때 사악처로 가지 않습니다. 그래서 수다원이 죽어서 갈 수 있는 세상에는 31천 중에서 27천만 남아 있습니다. 즉 사악처를 벗어났다는 말입니다. 아라한의 도를 깨달은 사람은 31천 모든 곳에서 벗어나 다시는 태어나지 않습니다.

그리고 출세간법은 순서대로 깨달아 올라갑니다. 부처님께서도 수다원 도와 과, 사다함 도와 과, 아나함 도와 과, 아라한 도와 과를 거치면서 순서대로 깨달았습니다. 마찬가지로 우리도 깨달는다면 이 순서를 그대로 밟아야 합니다. 부처님께서 아홉 가지 법으로 부처가 되어 고통에서 벗어나셨듯이, 우리도 아홉 가지 법을 깨달아야 고통에서 벗어날 수 있습니다.

부처는 아니지만 그래도 열심히 공부하고 수행하면 부처님처럼 사성제를 아는 사람이 될 수 있는데, 이때 부처님 가르침에 핵심이 사성제라고 하고 여기서 부처님 법이 네 가지 도와 과, 닙바나라고 하면, 이것은 서로 다른 말인가라고 질문할 수 있습니다. 그러나 그것은 똑같은 말입니다. 부처님의 아홉 가지 법 중에서 '네 가지 도'가 도성제이고 '닙바나'가 멸성제이므로, 부처님의 아홉 가지 법에는 2성제뿐이라고 알면 안 됩니다. 도성제로 깨닫는 순간 고성제를 알고 집성제를 버리면서 닙바나라는 멸성제가 도달하기 때문에 '도와 멸'만 말해도 그 속에 '고와 집'이 들어 있다고 알아야 합니다. 예를 들면 박사라고 말하면 학사와 석사를 당연히 다 통과했다고 보는 것과 같습니다. 그래서 부처님께서 사성제를 깨달았다는 말과 부처님의 법이 네 가지 도와 네 가지 과, 닙바나라는 말이 하나도 어긋나지 않습니다.

불보와 승보가 법보에서 만납니다. 법을 알아야 부처님과 승가를 알게 됩니다. 부처님께서 말씀하시기를 "내가 죽으면 법이 나를 대신할 것이다."라고 하셨습니다. 지금은 부처님이 열반하시고 안 계시기 때문에 부처님 대신으로 우리가 부처님과 만날 수 있는 유일한 길은 담마(법)뿐입니다. 그런 법의 공덕이 여섯 가지가 있습니다. 법을 반복해서 항상 마음속에 기억하는 수행을 '담마눗사띠'라고 합니다. 담마(불법), '아누(반복해서), 사띠(기억하고 있음).

2. 법보의 여섯 가지 공덕

법의 공덕 여섯 가지를 독송하겠습니다.

Svākkhāto bhagavatā dhammo sandiṭṭhiko, akāliko,
스왁카또 바가와따 담모 산딧티꼬, 아깔리꼬
Ehipassiko, opaneyyiko, paccattaṁ veditabbo viññūhi.
에히빳시꼬, 오빠네이꼬, 빳짯땅 웨디땁보 윈뉴히

1) 스왁카또

Svākkhāto bhagavatā dhammo
스왁카또 바가와따 담모
잘 설해진 법입니다.

법의 공덕 첫째는 '스왁카또'입니다. '스왁카또'는 '수'와 '에카또'의 합성어입니다. 에카따(설하셨다)는 부처님께서 법을 설했다는 말인데, 법을 어떻게 설하셨는가? '수(아주 완벽하게)' 즉, 잘 설하셨다는 것입니다. 그러면 잘 설하신 법이란 것은 무슨 의미인가요?

(1) 스왁카또의 두 가지 의미

Ādimajjhapariyosāna kalyāṇattā
아디맛자빠리요사나 까랴-낫따

불법은 시작·중간·끝이 모두 좋다.

아디맛자빠리요사나까랴낫따는 아디 까랴낭(시작이 좋다), 맛지 까랴낭(중간도 좋다), 빠리요사나 까랴낭(끝도 좋다)을 합친 말입니다. 시작·중간·끝이 여러 가지가 있겠지만 크게 볼 때 불법의 시작은 실라(계, 지계)이고, 중간은 사마디(정, 집중)이고, 끝은 빤냐(혜, 지혜)입니다. 실라로 시작해서 사마디가 중간이고 빤냐로 끝내는 부처님의 가르침은 아주 좋은 가르침입니다.

우리가 수행을 처음 시작할 때 먼저 실천하는 것이 지계입니다. 지계란 몸을 지키고 입을 지키는 것입니다. 몸과 말로 다른 사람을 괴롭히지 않는 것, 다른 사람을 힘들게 하지 않는 것, 몸으로 좋은 행동을 하고 입으로 좋은 말을 하는 것이 실라(지계)입니다. 실라로 몸과 입을 깨끗하게 합니다. 몸과 입이 깨끗해지면 마음을 사마타(선정 수행)로 집중(사마디, 삼매)시키고 고요하게 합니다. 그러면 실라(계율)로 몸과 입을 예의 바르게 하고, 사마디(집중, 선정)로 마음을 예의 바르게 하는 것입니다. 실라(지계)와 사마디(삼매)의 힘으로, 즉 예의 바른 몸과 마음에서 빤냐(지혜)라는 꽃을 피우게 하는 것입니다.

깨달음의 도 지혜와 과 지혜를 '빤냐'라고 합니다. 우리는 지혜로 깨닫습니다. 그래서 실라, 사마디, 빤냐가 불법의 시작, 중간, 끝이 되어 부처님의 가르침이 시작도 좋고 중간도 좋고 끝도 좋다고 하는 것입니다. 또 경전이나 게송 하나만 봐도 서두에서 시작하는 말도 좋고, 중간의 내용도 좋고, 결론도 엄청나게 좋습니다. 끝으로는 다 깨닫거나 행복하게 됩니다. 이렇게 부처님의 가르침이 시작, 중간, 끝이 다 좋기 때문에 스왁카또(아주 잘 가르치는 좋은 법)입니다.

Sāttha sabyañjana kevalaparipuṇṇa parisuddha brahmacariyappa
샷타 사비얀자나 께왈라빠리뿐나 빠리숫다 브라흐마짜리얍
kāsanattā ca.
빠까사낫따 짜
의미와 어휘가 아주 완벽하고 청정하고 고귀한 삶을 보여주는 가르침.

부처님께서 설법하실 때 의미와 표현을 잘 구족하여 더할 나위 없이 완벽하게 지극한 청정 범행을 밝히셨기 때문에 잘 설하셨다는 것입니다.

샷타, 부처님 가르침은 의미나 정의가 바르게 잘 갖춰 있는 가르침입니다. 사비얀자나, 부처님의 가르침에서 부처님이 사용하시는 단어를 보면 단어 하나하나가 엄청나게 의미심장하며 정확합니다. 그래서 부처님 가르침은 완벽합니다. 의미와 정의만 좋은 것(샷타)이 아니고 문학적으로 가치가 있고 문법적으로 단어와 어휘 선택이 아주 탁월하십니다(사비얀자).

께왈라빠리뿐나, 부처님의 가르침은 아래 위, 앞뒤, 안팎에서 하나도 부족함이 없이 아주 완벽합니다. 빠리숫다, 틀린 것과 나쁜 것이 하나도 없는 청정한 가르침입니다. 다른 가르침에는 죽임에 대한 이야기들이 많이 있습니다. 신이 화가 나서 인간들을 죽이는 이야기도 있습니다. 그러나 부처님 가르침에는 잔인한 것이 하나도 없습니다. 아주 지혜롭고 의미가 깊고, 문법적이나 문학적으로도 엄청난 가치가 있는 깨끗한 가르침입니다. 빠리뿐나(완벽한), 빠리숫다(청정한 가르침).

그래서 부처님의 가르침은 브라흐마짜리얍빠까사낫따, 아주 고귀하게 살아가는 수행법을 가르치고 있습니다. 브라흐마짜리야(청정한 삶), 빠까사나(보여 주는).

다시 정리하면 부처님의 가르침은 삿타(의미와 정의가 다 갖춰 있는 가르침), 사비얀자나(문학적으로 가치가 있고 단어와 어휘가 아주 대단한 가르침), 께왈라빠리뿐나(아주 완벽한 가르침), 빠리숫다(청정하고 깨끗한 가르침), 브라흐마짜리얍빠까사나(고귀한 삶을 보여 주는 가르침)입니다. 그래서 부처님의 가르침을 무엇이라고 말합니까? '스왁카또(잘 설해진 좋은 가르침)'라고 합니다. 부처님께서 얼마나 잘 가르치신 법인지, 부처님의 가르침은 시작도 좋고 중간도 좋고 끝도 좋은 가르침입니다. 어휘는 의미가 아주 깊고 아름답습니다. 그래서 부처님의 가르침은 아주 완벽하고 청정한 가르침입니다.

(2)『청정도론』 설명

법의 첫째 공덕에서는 경전을 포함한 열 가지 부처님 법을 다 언급하고 있습니다. 그러나 나머지 다섯 가지 공덕에서는 아홉 가지 출세간법만 언급하고 있습니다.

Yañhi bhagavā ekagāthampi deseti, sā samantabhaddakattā
얀히 바가와에까가탐삐 데세띠, 사 사만따밧다깟따

dhammassa paṭhamapādena ādikalyāṇā, dutiyatatiyapādehi
담맛사 빠타마빠데나 아디까랴나 뚜띠야따띠야빠데히
majjhekalyāṇā, pacchimapādena pariyosānakalyāṇā.
맛제까랴나 빳치마빠데나 빠리요사나까랴나.
세존이 설하신 것은 단 하나의 게송이라도 더할 나위 없이 훌륭하기 때문에 첫째 구절의 시작이 좋고, 둘째와 셋째 구절의 중간도 좋고, 마지막 넷째 구절로 끝도 좋다.

네 줄로 되는 게송 하나를 봐도, 첫째 줄인 시작이 아주 좋고, 중간인 두 줄도 좋고, 끝인 마지막 네 번째 줄까지 좋습니다.

Ekānusandhikaṃ suttaṃ nidānena ādikalyāṇaṃ,
에까누산디깡 숫땅 니다네나 아디까랴낭
nigamanena pariyosānakalyāṇaṃ, sesena majjhekalyāṇaṃ.
니가마네나 빠리요사나까랴낭, 세세나 맛제까랴낭
하나의 주제를 놓고 연결해서 설명하는 경전도 서론으로 시작이 좋고, 결론으로 끝도 좋고, 나머지로 중간도 좋다.

경전 하나를 봐도 앞의 소개말이 좋습니다. 끝의 결론도 좋습니다. 나머지 중간에 펼쳐지는 말씀이 다 좋습니다. 부처님께서 설하신『대념처경』처음 소개부터 아주 좋습니다.

Ekāyano ayaṃ, bhikkhave, maggo sattānaṃ visuddhiyā,
에까야노 아양, 빅카웨, 막고 삿따낭 위숫디야

비구들이여, 모든 중생들이 청정하기 위해서 이것이 유일한 길이다.

어떤 경전은 안에 들어 있는 내용들이 엄청나게 많습니다.

Nānānusandhikaṃ suttaṃ paṭhamānusandhinā ādikalyāṇaṃ,
나나누산디깡 숫땅 빠타마누산디나 아디까랴낭
pacchimena pariyosānakalyāṇaṃ, sesehi majjhekalyāṇaṃ.
빳치메나 빠리사나까랴낭 세세히 맞제까랴낭
여러 가지 내용들을 나열해서 설명하는 경전도 처음의 나열로 시작이 좋고, 마지막 결론으로 끝도 좋고, 나머지 중간 설명이 계속 이어지는 중간도 좋다.

하나의 주제로 시작·중간·끝으로 마무리하는데, 중간 내용이 많으면 계속 연결시키는 말이 있어요. 그것도 아주 적절하고 훌륭합니다. 이렇게 시작하는 소개도 좋고 계속 전개시키는 중간도 좋고 끝의 결론도 좋습니다.

Apica sanidānasauppattikattā ādikalyāṇaṃ, veneyyānaṃ
아삐짜 사니다나사웁빳띠깟따 아디까랴낭웨네이야낭
anurūpato atthassa aviparītatāya ca hetudāharaṇayuttato
아누루빠또 앗탓사 아위빠리따따야 짜 헤뚜다하라나윳따또
ca majjhekalyāṇaṃ, sotūnaṃ saddhāpaṭilābhajananena
짜 맞제까랴낭, 소뚜낭 삿다빠띨라바자나네나

nigamanena ca pariyosānakalyāṇaṃ.
니가마네나 짜 빠리요사나까랴낭
여러 가지로 좋은 것이 서론과 그것을 설하게 된 동기로 시작이 좋고, 제도하려는 자들의 근기에 따른다고 해서 뜻이 전도되지 않고 또 원인과 비유가 적절하기 때문에 중간이 좋고, 경청하는 자들에게 믿음을 불러일으키는 결론으로 끝도 좋다.

이렇게 부처님의 가르침이 시작, 중간, 끝이 좋다는 말이 끝이 없습니다.

Sakalopi sāsanadhammo attano atthabhūtena sīlena
사깔로삐 사사나담모 앗따노 앗타부떼나 실레나
ādikalyāṇo, samathavipassanāmaggaphalehi majjhekalyāṇo,
아디까랴노, 사마타위빳사나막가팔레히 맞제까랴노
nibbānena pariyosānakalyāṇo.
닙바네나 빠리요사나까랴노
부처님의 가르침인 모든 법은 자신에게 이로운 지계로 시작부터 좋고, 사마타 위빠사나 도와 과로 중간이 좋고, 닙바나를 성취하는 것으로 끝까지 좋다.

'실레나 아디까랴나', 실라는 처음부터 깨끗하게 지켜야 하는데 그렇게 계율을 잘 지키는 것이 시작이 아주 좋은 것입니다. 부처님께서는 계율을 아주 잘 지키셨습니다.

'사마타위빳사나막가팔레히 맞제까랴노', 부처님께서는 사마타를 수행했고 위빳사나를 수행하고 마지막으로 막가(도)·팔라(과)를 깨달았습니다. 그것이 중간이라면 중간도 좋습니다.

'닙바네나 빠리요사나까랴노', 마지막에 닙바나를 성취하는 것으로 끝이 좋은 것입니다.

그래서 시작이 실라(계율), 중간이 사마타와 위빳사나와 막가팔라(도와 과), 그리고 끝에는 닙바나(열반), 이것이 부처님의 좋은 가르침입니다. 그래서 '수+에카또=스왁카또'입니다.

Sīlasamādhīhi vā ādikalyāṇo, vipassanāmaggehi
실라사마디히 와 아디까랴노, 위빳사나막게히
majjhekalyāṇo, phalanibbānehi pariyosānakalyāṇo.
맞제까랴노, 팔라닙바네히 빠리요사나까랴노
지계와 삼매로 시작이 좋고, 위빳사나와 막가(도)로 중간이 좋고, 팔라(과)와 닙바나(열반)로 끝이 좋다.

'실라사마디히 와 아디까랴노', 실라(계)와 사마디(정)를 시작으로 말하고, '위빳사나막게히 맞제까랴노', 위빳사나와 막가(도)가 중간이라고 하면, '팔라닙바네히 빠리요사나까랴노', 팔라(과)와 닙바나(열반)가 끝입니다.

이것은 원인과 결과를 말하는 것입니다. 즉, 실라(계)를 지키지 않고 사마디라는 집중이 없으면, 위빳사나와 막가(도)라는 지혜가 생기지 않습니다. 원인과 결과로 볼 때는 시작이 실라와 사마디, 즉 계율을 지키고 집중을 키우는 것입니다. 그것들을 바탕으로 해서 위빳사나 지혜와 도 지혜가 일어납니다. 이것이 중간입니다. 위빳사나와 도 지혜가 있으면 그것의 결과가 과 지혜와 닙바나입니다. 이것이 끝입니다.

도 지혜가 생기면 도의 결과로 과가 생기는 것이고, 도와 과의 대상으로 닙바나가 있는 것입니다. 시작이 무엇인가요? 실라(계)와 사마디(정)입니다. 중간이 위빳사나와 막가(도) 지혜입니다. 끝이 팔라라는 과 지혜와 닙바나(열반)라는 열반입니다.

Buddhasubodhitāya vā ādikalyāṇo, dhammasudhammatāya
붓다수보디따야 와 아디까랴노 담마수담마따야
majjhekalyāṇo, saṅghasuppaṭippattiyā pariyosānakalyāṇo.
맞제까랴노 상가숩빠띱빳띠야 빠리요사나깔리야노
부처님께서 잘 깨달으셨기 때문에 시작이 좋고, 법이 좋은 가르침이기 때문에 중간이 좋고, 승가가 잘 실천하기 때문에 끝이 좋다.

'붓다수보디따야 와 아디까랴노', 부처님이 부처로 깨달은 자체가 '아디까랴나'로 시작이 좋은 것입니다. 부처님께서 보리수나무 밑에서 네 가지 도와 네 가지 과와 닙바나를 깨달았습니다. 그것이 법의 시작입니다. 부처님께서 법을 잘 깨달으셨기 때문에 시작이 좋습니다.

'담마수담마따야', 깨달은 법을 자세하고 정확하게 잘 설하시니까 담마라는 법이 생깁니다. 그것이 두 번째 중간이 좋은 것입니다. 즉, 설하신 법이 좋은 법이기 때문에 중간이 좋습니다.

'상가숩빠띱빳띠야 빠리요사나깔리야노', 깨달은 승가들이 이 세상에서 그 법을 잘 실천하기 때문에 끝도 좋은 것입니다. 상가(깨달은 승가들이), 숩빠띱빳띠야(잘 실천 수행하는 삶)가 법의 끝입니다.

그래서 시작도 좋고 중간도 좋고 끝도 좋은 것이 부처님의 가르침이라는 말입니다. 부처님께서 보리수나무 밑에서 깨달은 것은 법의 시작으로 좋은 것이고, 부처님께서 45년 내내 설법해서 삼장법과 오부 니까야와 팔만사천 대장경이 나오는 것이 중간으로 좋은 것이고, 법을 가르치고 배우고 실천 수행하면서 깨달은 승가들이 있음이, 즉 깨닫기 위해서 법을 잘 실천 수행하고 있는 승가가 있음이 끝이 좋은 것입니다.

Taṃ sutvā tathatthāya paṭipannena adhigantabbāya
땅 수뜨와 따탓타야 빠띠빤네나 아디간땁바야
abhisambodhiyā vā ādikalyāṇo, paccekabodhiyā
아비삼보디야 와 아디까랴노 빳쩨까보디야
majjhekalyāṇo, sāvakabodhiyā pariyosānakalyāṇo.
�제까랴노, 사와까보디야 빠리요사나까랴노
이것을 듣고 여여하게 법을 실천하면서 성취하게 되는 정등각 부처님으로 시작이 좋고, 벽지불로 중간이 좋고, 성문각으로 끝도 좋다.

또 다른 방법으로 분석하면 법을 실천하다가 '아비삼보디(abhisambodhim, 정등각)', 즉 석가모니 부처님처럼 마하까루나(대

연민)와 삽반뉴따냐나(모든 것을 아는 지혜)로 아눗따라삼마삼보디가 되시는 것이 시작이라면, 그것은 아주 좋습니다. 아눗따라삼마삼보디가 안 되어도 빳쩨까붓다(paccekabodha, 독각)로 벽지불이 되는 것이 중간인데 그것도 좋은 것입니다. 그리고 사와까붓다(sāvakabodha, 성문각)로 사리불이나 오비구처럼 부처님의 가르침을 듣고 제자 아라한이 되는 것이 끝으로 좋은 것입니다.

이것은 법의 강도나 수준을 말합니다. 석가모니 부처님처럼 대(大) 부처님으로 깨닫는 것이 최고로 좋은 것이고 시작이 좋은 것입니다. 부처님처럼 안 되어도 벽지불이 되면 그것이 중간으로 좋은 것입니다. 그리고 일반 제자 아라한으로 깨닫는 것이 끝으로 그것도 좋은 것입니다.

Suyyamāno cesa nīvaraṇavikkhambhanato savanenapi
수이야마노 쩨사 니와라나윅캄바나또 사와네나삐
kalyāṇameva āvahatīti ādikalyāṇo, paṭipajjiyamāno
까랴나메와 아와하띠띠 아디까랴노, 빠띠빳지야마노
samathavipassanāsukhāvahanato paṭipattiyāpi kalyāṇaṃ
사마타위빳사나수카와하나또 빠띠빳띠야삐 까랴낭
āvahatīti majjhekalyāṇo, tathāpaṭipanno ca paṭipattiphale
아와하띠띠 맞제까랴노, 따타빠띠빤노 짜 빠띠빳띠팔레
niṭṭhite tādibhāvāvahanato paṭipattiphalenapi kalyāṇaṃ
닛티떼 따디바와와하나또 빠띠빳띠팔레나삐 까랴낭
āvahatīti pariyosānakalyāṇoti
아와하띠띠 빠리요사나까랴노띠

evaṃ ādimajjhapariyosānakalyāṇattā svākkhāto.

에왕 아디맞제빠리요사나까랴낫따 스왁카또

들을 때 이 가르침은 장애를 억압하기 때문에 듣는 것만으로도 좋은데 그것이 시작이 좋은 것이다. 실천 수행하면 사마타와 위빳사나 행복을 가져오기 때문에 중간도 좋다. 그렇게 도를 실천 수행함으로써 실천 수행의 결과로 평정을 가져 오기 때문에 실천 수행의 완성된 과로도 끝이 좋다. 이와 같이 시작 중간 끝이 좋기 때문에 스왁카또이다.

부처님의 법을 열심히 듣고 있으면 '니와라나윅캄바나또', 오장애가 사라집니다. 불법을 믿음으로 열심히 듣기만 해도 욕심이 조용해지고 성냄이 조용해지고 해태·혼침이 사라지고 들뜸·후회가 수그러지고 의심이 사라집니다. 이렇게 부처님의 법은 듣기(교학, 빠리얏띠)만 해도 니와라나(오장애)가 사라지는 것이 시작이 좋은 것입니다.

두 번째 '빠띠빳띠(실천 수행)'를 하게 되면 사마타의 행복과 위빳사나의 행복이 생기는데 그것이 또 얼마나 행복한지! 그것이 중간이 좋은 것입니다. 세속적인 행복과는 비교가 안 될 정도로 큰 사마타와 위빳사나의 행복을 가져오기 때문에, '빠띠빳띠(도 닦음의 실천 수행)'가 좋은 것입니다. 수행자들은 알고 있지요? 한 시간 가만히 앉아 있는데 행복하고, 두 시간 앉아 있어도 행복하고, 수행처에 와서 힘들게 먹고 힘들게 자면서도 행복합니다. '빠띠빳띠'가 그런 사마타와 위빳사나 행복을 가져오기 때문에 중간이 좋은 것입니다. 마지막으로는 깨달았습니다. 실천 수행하여 깨달음으로써 '빳띠(patti, 도달이나 성취)', '뿐냐(puñña, 공덕이나 선행)'라는 '성취 공덕'을 가지게 되면 끝으로 좋은 것입니다. '빳띠'는 흔들림이 없는 것, 평정입니다. 사실은 아라한이 되어야 빳띠가 완벽해집니다. 있다거나 없다거나, 됐다거나 안 됐다거나, 세상이 어떻게 되어도, 아라한의 마음은 '빳띠(하나도 흔들림이 없음)'입니다. 그렇게 아주 단단한 마음을 가지게 되는 아라한이 되는 것이 끝으로 좋은 것입니다.

여기서는 빠리얏띠(pariyatti, 교학), 빠띠빳띠(paṭipatti, 실천 수행), 빠띠웨다(paṭivedha, 깨달음)로 법을 말하고 있습니다. 빠리얏띠는 교리적으로 가르치는 것인데, 배우고 설법하고 강의 듣는 것을 말합니다. 빠띠빳띠는 빠리얏띠로 배운 것을 실천하는 것입니다. 즉, 계·정·혜를 실천하는 것이 빠띠빳띠입니다. 빠띠빳띠가 성공하면 그 다음에 꿰뚫어 보는 지혜인 깨달음이 바로 빠띠웨다입니다. 이 세 가지를 말하면서 부처님의 가르침이 시작도 좋고 중간도 좋고 끝도 좋다고 합니다.

'스왁카또 바가와따 담모'는 바가와따(부처님이), 담모(법을), 스왁카또(잘 설하다). 부처님께서 아주 잘 설하신 법이기 때문에 스왁카또입니다. 그런 식으로 숙지하면서 "스왁카또, 스왁카또……"라고 불법을 마음에 새기고 있으면 그것이 담마눗사띠 수행입니다.

2) 산딧티꼬

Sandiṭṭhiko bhagavatā dhammo
산딧티꼬 바가와따 담모

본인이 직접 스스로 보고 깨달을 수 있는 법입니다.

불법의 두 번째 공덕은 산딧티꼬입니다. 삼(스스로), 딧티까(직접 볼 수 있는). 본인이 직접 보고 깨달을 수 있는 법의 공덕이 산딧티꼬입니다.

(1) '산딧티까'의 네 가지 의미

(가) 도 지혜(사망 닷탑보띠 산딧티꼬)

산딧티까의 첫째 의미는 '사망 닷탑보띠 산딧티꼬'인데, 도의 지혜로 번뇌를 버리고 깨달아 닙바나를 직접 보는 것을 말합니다.

Sandiṭṭhikoti ettha pana ariyamaggo tāva attano santāne
산딧티꼬띠 엣타 빠나 아리야막고 따와 앗따노 산따네
rāgādīnaṃ abhāvaṃ karontena ariyapuggalena sāmaṃ
라가디낭 아바왕 까론떼나 아리야뿍갈레나 사망
daṭṭhabboti sandiṭṭhiko.
닷탑보띠 산딧티꼬
스스로 보아 알 수 있다는 것은, 성스러운 도로써 먼저 자신에게서 잠재되어 내려온 탐욕 등등의 번뇌를 없앤 성인들이, 자신이 깨달은 법을 스스로 보고 알 수 있기 때문에 산딧티꼬이다.

사망(sāmaṃ)은 '스스로 또는 자신'이라는 뜻입니다. '사망 닷탑보띠 산딧티꼬'는 부처님의 가르침인 법을 본인이 스스로 직접 볼 수 있다는 의미입니다. 다른 가르침은 본인이 아는 것이 아니고, 신이 알거나 신의 메신저가 아는 것입니다. 그러면 신도들은 신이나 그의 말을 듣고 무조건 믿어야 합니다. 그런데 부처님 가르침은 본인이 직접 법을 알고 실천하여 스스로 본다는 것입니다. 딧타(보는 것). 볼 때 맨 눈으로 보는 것이 아니고 지혜의 눈으로 보는 것을 말합니다. 부처님 말씀만 듣고 '네 가지 도가 그런 것이구나, 네 가지 과가 그런 것이구나, 닙바나가 그런 것이구나.'라고 이렇게 믿는 것이 아니고 본인이 직접 보고 체험으로 알 수 있는 법입니다. 본인이 도와 과를 깨달았으면 스스로 닙바나를 볼 수 있다는 말입니다. 사망(스스로), 닷탑보(볼 수 있다). 본인이 직접 볼 수 있는 법이기 때문에 '산딧티까'입니다.

여기서 본인이 스스로 보는 것을 어떻게 해석하는가? 아리야 막가(성인의 도)는 수다원의 도, 사다함의 도, 아나함의 도, 아라한의 도를 말합니다. 아리야 막가(성인의 도), 산딧티까(스스로 본다), 앗따노(본인의), 산따네(내면의), 라가디나(탐욕 등의 모든 번뇌), 아바와(없애 버리는), 까론떼나(하면서), 아리야뿍갈레나(성자로서), 사망(스스로), 닷탑보(보는), 이것이 '산딧티꼬'입니다.

직접 본다는 것은 아리야 막가, 수다원의 도, 사다함의 도, 아나함의 도, 아라한의 도를 보는 것입니다. 그러면 깨달은 자는 라가(탐욕) 등등의 번뇌들이 사라지면서 성자가 되어 자신의 깨달은 법을 직접 볼 수 있습니다. 그것이 '산딧티꼬'입니다. 도로써 깨달으니 번뇌가 없어지고, 번뇌가 없어진 것을 본인이 스스로 아는 것입니다. "너는 번뇌가 없어서 수다원이다."라고 스승이 말해서 아는 것이 아니고, 본인이 깨달으면 본인이 번뇌가 없어지는 것을 스스로 압니다. 본인이 직접 닙바나를 봅니다. 부처님, 아라한 등의 성자들이, 스승들이 말해 주어서가 아니라, 본인이 직접 깨달아서 본인의 도와 과로 닙바나를 성취하고 보는 것입니다. 다른 가르침에는 '산딧티꼬'라는 공덕이 없습니다.

부처님께서 어떤 바라문에게 다음과 같이 말씀하셨습니다.

Ratto kho, brāhmaṇa, rāgena abhibhūto pariyādiṇṇacitto
랏또 코, 브라흐마나, 라게나 아비부또 빠리야딘나찟또
attabyābādhāyapi ceteti, parabyābādhāyapi ceteti,
앗따비아바다야삐 쩨떼띠, 빠라비아 바다야삐 쩨떼띠
ubhayabyābādhāyapi ceteti. Cetasikaṃ dukkhaṃ domanassaṃ
우바아비아바다야삐 쩨떼띠. 쩨따시깡 둑캉 도마낫상
paṭisaṃvedeti. Rāge pahīne neva attabyābādhāya ceteti, na
빠띠상웨데띠. 라게 빠히네 네와 앗따비아바다야 쩨떼띠, 나
parabyābādhāya ceteti, na ubhayabyābādhāya ceteti,
빠라비아바다야 쩨떼띠, 나우바야비아바다야쩨떼띠
na cetasikaṃ dukkhaṃ domanassaṃ paṭisaṃvedeti.
나 쩨따시깡 둑캉 도마낫상 빠띠상웨데띠

탐욕에 물들었고, 제압되었고, 전도된 마음을 가진 자는 자신을 괴롭히는 생각을 하게 되고, 남을 괴롭히는 생각을 하게 되고, 양쪽 모두를 괴롭히는 생각을 하게 된다. 그는 정신적인 고통을 겪고 슬픔을 겪는다. 탐욕을 버렸을 때는 자신을 괴롭히는 것도 생각하지 않고, 남을 괴롭히는 것도 생각

하지 않으며, 양쪽 모두를 괴롭히는 것도 생각하지 않는다. 정신적인 고통도 겪지 않고 슬픔도 겪지 않는다.

어떤 사람이 랏또 라게나(탐욕에 물들었고), 아비부또(탐욕에 제압되었고), 빠리야딘나찟또(전도된 마음을 가진), 즉 한마디로 탐욕이 생기면, 첫째는 앗따비아바다야삐 쩨떼띠(자신을 괴롭히는 생각을 하게 된다), 스스로를 괴롭히고 있습니다. 둘째는 빠라비아바다야삐 쩨떼띠(타인을 괴롭히는 생각을 하게 된다), 남도 괴롭히기 시작합니다. 욕심이 생기면 일단 스스로도 망가지고 남도 망가뜨리게 된다는 말입니다. 셋째는 우바아비아바다야삐 쩨떼띠(양쪽 모두를 괴롭히는 생각을 하게 된다), 결국 양쪽이 다 괴로운 일을 하게 됩니다. 탐욕은 먼저 나를 괴롭히고 그 다음 남도 괴롭히고 또 상호작용으로 서로를 괴롭게 만드는 일을 하게 된다는 말입니다. 그러면 자연히 심리적으로 둑캉 도마낫상(고통과 괴로움)을 겪게 됩니다. 우리가 그렇게 고통스러운 이유가 탐욕이 생겼기 때문입니다. 그러나 '라가(탐욕)'를 위빳사나 지혜로 버리든, 사마타 선정으로 어느 정도 억누르든, 완전히 도 지혜로 제거하든, 라가가 사라지는 순간 스스로도 괴롭지 않고, 남을 괴롭히지도 않고, 너도 나도 모두가 다 괴롭지 않게 됩니다. 그러면 고통과 괴로움이 사라지는 것을 바로 알 수 있습니다.

본인이 도를 깨달으면 바로 고통이 사라지는 것으로 닙바나를 보고 있음을 스스로 알 수 있다고 설명하고 있습니다. 도를 깨달으면 일단 내가 괴로움에서 벗어나 괴롭지 않기 때문에 남을 괴롭히려고 하지 않습니다. 내가 괴로움의 원인을 버렸기 때문에 자신에게 괴로움이 생기지 않고, 괴로움의 원인으로 다른 사람을 괴롭히는 일도 하지 않습니다. 나도 괴롭지 않고 남도 괴롭지 않고 너와 내가 괴로워하지 않은 닙바나를 스스로 아는 것을 말합니다.

'사망닷탑보 산딧티꼬'는 네 가지 도를 직접 볼 수 있다는 말입니다. 수다원은 수다원 도를 직접 볼 수 있고, 사다함은 사다함의 도를 직접 볼 수 있고, 아나함은 아나함의 도를 직접 볼 수 있고, 아라한은 아라한의 도를 직접 볼 수 있습니다.

(나) 반조의 지혜(빳짜웩카나냐네나 사양 닷탑보띠 산딧티꼬)

산딧티까의 또 다른 해석에는 반조의 지혜로 되돌아보는 것입니다.

Apica navavidhopi lokuttaradhammo yena yena
아삐짜 나와위도삐 로꿋따라담모 예나 예나
adhigato hoti, tena tena parasaddhāya gantabbataṃ hitvā
아디가또 호띠, 떼나 떼나 빠라삿다야 간땁바땅 히뜨와
paccavekkhaṇañāṇena sayaṃ daṭṭhabboti sandiṭṭhiko.
빳짜웩카나냐네나 사양 닷탑보띠 산딧티꼬
다시 아홉 가지 출세간법을 얻게 되면 누구나 남을 믿는 곳에 의지함을 버리고 반조하는 지혜로 스스로 보기 때문에 산딧티꼬이다.

'사양'과 '사망'은 똑같은 말입니다. 여기서는 '사양 닷탑보띠 산딧티꼬(스스로 보니까 산딧티꼬)'라고 합니다. '나와위도삐 로꿋따라

담모(네 가지 도와 네 가지 과, 닙바나라는 아홉 가지 출세간법)를, 예나 예나(어느 때 어느 때), 아디가또 호띠(성취하고 도달했다). 그러면 떼나 떼나(그때그때), 예를 들면 지금 수다원의 도를 깨달았다면 그 때 바로, 빠라삿다야(남의 말을 듣고 가지게 된 믿음을, 남에게 의지하여 믿음을 가지고 있던 것을 모두 다), 간땁바땅(버리게), 히뜨와(된다). 즉, 내가 확실하게 아니까 타인의 말만 듣고 믿었던 믿음이 아니라는 것입니다.

처음에는 내가 깨닫지 못했기 때문에 부처님의 가르침을 듣고, 스님들의 법문을 듣고, 스승들의 가르침을 받고, '수다원의 도가 그럴 것이다. 수다원의 도가 생기면 의심과 사견이 사라진다지. 그러면 이러이러 하겠지.'라고 알던 것을 버리게 됩니다. 이것은 남의 믿음을 빌려서 쓰는 것이지, 나의 진실한 믿음이 아닙니다. 그래서 네 가지 도, 네 가지 과, 그리고 닙바나를 성취했다면 그때 바로 남의 말만 듣고 믿는 믿음이 필요 없는 것입니다.

'빳짜웩카나냐나'는 깨달음의 뒤에 오는 반조의 지혜입니다. 반조의 지혜는 아까 있었던 깨달음의 사실을 다시 보게 되는 것을 말합니다. 도 지혜는 윤회에서 처음 경험하는 느낌이기 때문에 너무 생소하고 충격적이라서 그것을 다시 돌아보게 되는 마음이 무조건 일어납니다. 그것이 빳짜웩카나입니다. 도가 생기면 바로 과가 생깁니다. 과는 도의 결과이기 때문에 도와 과 사이에는 틈이 없습니다. 이렇게 순간적으로 강력한 도 마음이 생기고, 그 다음에 과 마음이, 과 마음 다음에 바로 반조(빳짜웩카나)의 마음이 생깁니다.

빳짜웩카나는 출세간 마음이 아니고 세간적인 마음입니다. 지금 여러분들이 위빳사나 수행을 하고 있는 마음과 똑같이 욕계 선한 마음입니다. 욕계 아름다운 선업 마음이 여덟 개 있는데, 그중에 지혜 있는 네 가지 마음입니다. 빳짜웩카나냐나(반조의 지혜)로 다시 보는 것은 내가 성취한 닙바나이거나 아니면 내가 버렸던 번뇌들, 아니면 남아 있는 번뇌들입니다. 도로 깨달을 때는 출세간이고, 도의 결과인 과와 닙바나도 출세간인데, 도와 과 다음의 빳짜웩카나는 도와 과의 마음이 아니기 때문에 일반적인 욕계의 마음으로 되돌아보는 것입니다. 그렇기 때문에 산냐(상想, 지각)로 기억한 것을 다시 본다고 이해해야 됩니다.

그렇다 해도 나의 지혜로 보는 겁니다. 빳짜웩카나냐나라는 본인의 지혜로, 아까 깨달았던 것을 다시 기억하면서 보는 것이기 때문에 산딧티꼬입니다. 빳짜웩카나냐네나(뒤돌아보는 반조의 지혜로), 사양(본인이 직접), 닷탑보(볼 수 있기 때문에), 부처님의 아홉 가지 출세간법은 산딧티꼬입니다. 그래서 두 번째 산딧티꼬의 의미는 도와 과를 지나서 반조의 지혜로 본인이 직접 보는 것을 말합니다. 부처님이 와서 보여 주는 것 아니고, 아라한이 와서 보여 주는 것이 아니고 스승이 와서 보여 주는 것이 아니고 수행자가 깨달아서 본인의 반조의 지혜로 직접 다시 볼 수 있는 것이기 때문에, 불법이 '산딧티까'입니다.

(다) 귀한 법을 봄(見)과 그것으로 번뇌를 이겨냄

산딧티꼬의 세 번째 풀이는 다시 두 가지로 나누어 설명하겠습니다.

Atha vā pasatthā diṭṭhi sandiṭṭhi, sandiṭṭhiyā jayatīti sandiṭṭhiko.
아타 와 빠삿타 딧티 산딧티, 산딧티야 자야띠띠 산딧티꼬
칭찬 받을 만하게 귀한 법을 봄이다. 귀한 법을 봄으로써 번뇌를 다 이겨내기 때문에 산딧티꼬이다.

첫째는 '빠삿타 딧티 산딧티'입니다.

'산딧티'에서 '산'을 '빠삿타'로 해석합니다. 빠삿타(최고라고 칭찬받는 말), 딧티(보는 것). 여기서는 지혜의 눈으로 보는 것을 말합니다. 빠삿타딧티는 법을 보는 것 자체가 귀한 봄(見)이고, 귀한 법을 직접 만나기 때문에 '산딧티까'입니다.

우리가 여행을 하면서 보기 드물게 좋은 것을 보면 아주 귀하다고 생각합니다. 그러면 그것을 보았다고 내가 변했어요? 나에게 탐·진·치가 줄었어요? 나의 고통이 줄었어요? 그러나 불법을 보는 것은 내가 선(善)하게 변하기 때문에 아주 귀한 것입니다. 사실 우리는 반복되는 윤회로 살아오는 동안 보지 못한 것이 거의 없지만 그러나 닙바나는 한 번도 보지 못했습니다. 불법은 진정만나 보지 못하였습니다. 그리고 다른 것은 본다고 해도 내게 정말 좋은 것이 별로 없는데, 불법을 만나는 것은 진짜 나에게 좋은 것을 주는 가치 있는 것입니다. 그래서 불법을 만나 보는 것이 '빠삿타 딧티'입니다. 빠삿타(칭찬 받을 만한), 딧티(見)이기 때문에, 산딧티꼬입니다.

둘째는 '산딧티야 자야띠띠 산딧띠꼬'입니다.

Tasmā yathā rathena jayatīti rathiko, evaṃ navavidhopi
따스마 야타 라테나 자야띠띠 라티꼬, 에왕 나와위도삐
lokuttaradhammo sandiṭṭhiyā jayatīti sandiṭṭhiko.
로꿋따라담모 산딧티야 자야띠띠 산딧티꼬
마차를 타고 싸워 이기는 사람을 라티꼬로 말하듯이, 아홉 가지 출세간법을 직접 봄으로써 번뇌를 이기기 때문에 산딧티꼬라고 한다.

마차를 타고 싸워 이기는 자를 '라티까'라고 말하듯이 '산디타'라는 귀한 것을 봄(見)으로써 번뇌를 이기는 자를 '산딧티까'라고 합니다. 자야띠(이기는 것)는 전쟁에서 이기든지 아니면 운동 시합에서 이기든지, 이기는 것을 말합니다. '라타'가 마차이고 마차를 타고 싸워 이기는 사람을 '라티꼬'라고 하는데, 여기서는 마차를 타고 싸워 이기는 것이 아니고 '네 가지 도'로써 번뇌를 이기는 것이기 때문에 '산딧티꼬'라고 말합니다.

네 가지 도를 깨달으면 번뇌가 사라집니다. 그래서 번뇌를 네 가지 도로 이기니 곧바로 네 가지 과를 이루고, 그것을 원인으로 해서 닙바나에 도달하고, 닙바나를 '산딧티야(직접 보게)' 되니까 산딧티꼬입니다. 닙바나를 보게 됨으로써 번뇌들이 사라져 버리는 것을 말합니다. 그래서 라테나(마차를 타고) 자야띠띠(싸워 이기기 때문에) '라티꼬'라고 말하듯이, 산딧티야(봄見으로써) 낄레세(번뇌를) 자야띠(이기기 때문에), 산딧티꼬라고 합니다. 무엇을 봤어요? 도를 보고 과를 보고 닙바나를 보면서 번뇌를 이겨내기 때문에 산딧티꼬입니다.

불법이 '산딧티까'입니다. 불법을 보면 번뇌를 이겨낼 수 있습니다. 번뇌를 떨쳐낼 수 있습니다. 번뇌를 제거하거나 제압할 수 있습니다. 그래서 그런 힘을 갖고 있는 법이기 때문에 법은 보기만 해도, 네 가지 도를 보기만 해도, 네 가지 과를 보기만 해도, 닙바나를 보기만 해도, 번뇌는 끝장납니다. 그래서 불법은 직접 보기만 해도 번뇌를 이길 수 있기 때문에 '산딧티까'라는 겁니다.

(라) 볼 만한 가치가 있는 법

산딧티까의 네 번째 풀이를 보면 '산딧탕 아라하띠띠 산딧티꼬, 볼 만한 가치가 있는 것이기 때문에 산딧티꼬'입니다.

Atha vā diṭṭhanti dassanaṃ vuccati. Diṭṭhameva sandiṭṭhaṃ,
아타 와 딧탄띠 닷사낭 웃짜띠. 딧타메와 산딧탕
dassananti attho. Sandiṭṭhaṃ arahatīti sandiṭṭhiko.
닷사나띠 앗토. 산딧탕 아라하띠띠 산딧티꼬
Lokuttaradhammo hi bhāvanābhisamayavasena
로꿋따라담모 히 바와나비사마야와세나
sacchikiriyābhisamayavasena ca dissamānoyeva
삿치끼리야비사마야와세나 짜 딧사마노예와
vaṭṭabhayaṃ nivatteti. Tasmā yathā vatthaṃ arahatīti
왓따바양 니왓떼띠 따스마 야타 왓탕 아라하띠띠
vatthiko, evaṃ sandiṭṭhaṃ arahatīti sandiṭṭhiko.
왓티꼬 에왕 산딧탕 아라하띠띠 산딧티꼬

보이는 것을 봄이라 말한다. 보는 것이 바로 산딧타이다. 즉 본다는 뜻이다. 볼 만하기 때문에 산딧티꼬이다. 왜냐하면 출세간법은 그것이 보이자마자 수행을 실천하고 닙바나의 성취를 이루어 윤회의 두려움을 물리치기 때문이다. 그러므로 옷을 입을 만하기 때문에 옷을 입을 수 있는 자라고 하듯이 볼 만하기 때문에 산딧티꼬이다.

딧탄띠(보는 것), 닷사나(봄見), 웃짜띠(말한다). 딧타메(보는 것)와 산딧탕(잘 보는 것), 닷사나띠 앗토(있음〈존재〉을 보는 것이). '산딧탕 아라하띠띠 산딧티꼬(볼 만하기에 산딧티꼬이다)', 산딧타(서로 아는, 잘 볼 수 있는)', 아라하띠(가치가 있다, 받을 만하다). 볼 수 있는 것이 법이다, 법이란 본인이 볼 수 있다는 말입니다. 법 자체가 볼 수 있는 법이기 때문에 산딧타라고 말합니다.

불법은 어떻게 볼 수 있나요? 그냥은 볼 수 없고 여러분들이 끊임없이 위빳사나 수행을 함으로써 볼 수 있습니다. 위빳사나 수행하는 것이 힘들지만 꾸준히 열심히 하다 보면 결국 볼 수 있습니다. 그렇게 열심히 수행하니까 바와나비사마야와세나(수행을 성공시키다), 바와나(수행)가 성공하니까 삿치끼리야비사마야와세나(직접 도달하여 도와 과로 닙바나를, 볼 수 있다). 그렇게 삿치끼리야(도착하여 볼 수 있다) 하기 때문에 '산딧티꼬'입니다. 수행함으로써 볼 수 있고, 수행이 완성되어 도착하여 볼 수 있는 것이기 때문에 '산딧티꼬'입니다. '딧사 마노(수행하여 깨달아 도 지혜로 보고, 수행이 성공하여 닙바나에 도달해서 과 선정으로 보고 있다)' 하기 때문에 산딧티까입니다. '산딧탕 아라하띠띠 산딧띠꼬', 산딧타(직접 볼 수 있다는 것)는 수행으로 보고, 도와 과로 닙바나를 보는 것을 말하는데 산딧타 아라하띠띠(그렇게 볼 만한 가치가 있는 것(법)을 보는 것 자체)가 산딧티꼬입니다.

산딧티까 공덕을 다시 정리해 보겠습니다.

첫째는 '사망 닷탑보띠 산딧티꼬'입니다. 사망 닷탑보는 도 지혜(아리야막가)입니다. 아리야막가(성인의 도 지혜 네 가지)를 직접 볼 수 있습니다. 수다원이 되면 수다원 도를 직접 볼 수 있고 사다함의 도를 깨달으면 사다함의 도를 직접 볼 수 있습니다.

둘째는 '사양 닷탑보띠 산딧티꼬'인데 이때는 무엇을 보는 겁니까? 빳짜왁카나냐나(반조의 지혜)입니다. 깨닫고 나서 반조의 지혜로 본인이 직접 보기 때문에 산딧티꼬입니다.

셋째는 '빠삿타띠띠 산딧티꼬'입니다. 빠삿타(칭찬을 받을 만하게 귀한), 딧티(봄見)이기 때문에, 산딧띠꼬입니다. 그리고 '자야띠띠 산딧띠꼬'입니다. 자야띠띠(봄으로써 번뇌를 이겨냄)이기 때문에 산딧띠꼬입니다.

넷째는 '산딧타 아라하띠띠 산딧티꼬'입니다. 산딧타(봄), 아라하띠띠(할 수 있다, ~할 만하다). '산딧타 아라하띠띠'는 볼 만한 법을 볼 수 있다는 말입니다. 법을 어떻게 봅니까? 수행함으로써 법을 봅니다. 수행함으로써 법을 보고 법을 완성해서 닙바나를 봅니다. 닙바나를 본다는 것은 닙바나에 도착해서 닙바나를 직접 보고 있는 것입니다. 봄 자체가 법입니다. 그렇게 법을 볼 수 있기 때문에 산딧티꼬입니다.

법은 깨달은 자들만이 볼 수 있습니다. 무슨 뜻인가 하면 빤딧짜 스님이 깨달았으면 빤딧짜 스님만 볼 수 있다는 것입니다. 다른 누가 중간에서 볼 수 없습니다. 부처님이 빤딧짜 스님 대신 봐

줄 수 없습니다. 그래서 깨달은 본인이 직접 보고 있는 '봄 자체가 법'이라는 겁니다. 조금 어려운 해석이지만 그렇게 이해해야 합니다. 누가 대신 해 줄 수 없습니다. 본인의 도와 과를 스스로 보고 있는 것 자체가 법입니다. 그렇게 본인이 본인의 법을 실천 수행하면서 보고 깨닫고 나서 닙바나에 도착하여 보고 있는 것이 법입니다. 수다원이 되어서 수다원의 과 선정에 들어가서 닙바나를 보고 있으면 그것이 법입니다.

3) 아깔리꼬

Akāliko bhagavatā dhammo.
아깔리꼬 바가와따 담모
즉시 결과를 주는 법입니다.

불법의 세 번째 공덕은 '아깔리꼬(시차가 없음)'입니다. 아(없음), 깔라(시간, 시차), 잇까(있음)의 합성어입니다. 그래서 부처님의 출세간법은 시차 없이 바로 결과를 나타낸다는 뜻입니다. 부처님의 출세간법을 깨달았다면 다음 생에 그 과보를 받는 것이 아니고 바로 지금 법의 과보가 나타납니다. 도 다음에 바로 과가 옵니다. 그런 뜻으로 부처님의 출세간법이 '아깔리까' 공덕이 있다고 말합니다.

Attano phaladānaṃ sandhāya nāssa kāloti akālo.
앗따노 팔라다낭 산다야 낫사 깔로띠 아깔로

Akāloyeva akāliko. Na pañcāhasattāhādibhedaṃ kālaṃ
아깔로예와 아깔리꼬. 나 빤짜하삿따하디베당 깔랑
khepetvā phalaṃ deti, attano pana
케뻬뜨와 팔랑 데띠, 앗따노 빠나
pavattisamanantarameva phaladoti vuttaṃ hoti.
빠왓띠사마난따라메와 팔라도띠 웃땅 호띠
Atha vā attano phaladāne pakaṭṭho kālo patto assāti
아타 와 앗따노 팔라다네 빠깟토 깔로 빳또 앗사띠
kāliko. Ko so? Lokiyo kusaladhammo. Ayaṃ pana
깔리꼬. 꼬 소? 로끼요 꾸살라담모. 아양 빠나
samanantaraphalattā na kālikoti akāliko.
사마난따라팔랏따 나 깔리꼬띠 아깔리꼬
Idaṃ maggameva sandhāya vuttaṃ.
이당 막가메와 산다야 웃땅
자신의 결과를 주는데 시간이 걸리지 않기 때문에 아깔로이다. 시간이 걸리지 않음이 아깔리꼬이다. 5일이나 7일 등의 시간이 경과하지 않고 결과를 준다. 즉, 그것은 일어나자마자 곧바로 결과를 주는 것이라고 설했다. 자신의 결과를 주는 데 긴 시간이 걸리는 것이 깔리꼬이다. 그것이 무엇인가? 세간의 선법이다. 그러나 출세간법은 결과가 바로 그 다음에 즉시 따라오기 때문에 시간이 걸리지 않는다. 그것이 아깔리꼬이다. 아깔리꼬는 도에 관해서 설한 것이다.

앗따노(자신의), 팔라다낭(결과를 준다는 것이), 산다야(~에 대해서),

깔로띠(시차라는 것이), 낫사(없다), 그것이 아깔로(시차가 없는 것)이다. 그러면 시차가 없다는 것이 무슨 뜻인가? 5일 있다가, 7일 있다가 결과를 주겠다는 것이 아니고, 지금 도를 깨달으면 결과가 바로 나타난다는 말입니다. 도 마음의 바로 뒤에 생기는 것이 과 마음인데, 도 마음 뒤에 시차 없이 바로 과가 생기는 것이 불법의 아깔리까 공덕입니다.

일반 선업은 지금 해도 한참 있다가 결과가 나타나기도 하고, 어떤 선업은 지금 하고, 죽어서 다음 생에 결과가 나타나는 것도 있습니다. 일반 선업은 욕계 선업, 색계 선업, 무색계 선업입니다. 여러분들이 만약 색계 선정을 가졌다면 그때 색계 선정의 결과를 바로 받을 수 있습니까? 만약 그럴 수 있다면 지금 바로 범천이 되어야 하는데 그렇게 안 되지요? 선정에 들어서 한 시간이나 두 시간 있다가 선정이 깨지면 욕계 마음으로 그냥 살아갑니다. 그러다가 다시 선정에 들어가고, 배가 고프거나 대소변이 마려우면 선정에서 나옵니다. 욕계에서는 선정에 들었다가 나왔다가 하면서 인간으로 그냥 살아갑니다. 그런데 죽기 전에 선정을 갖고 죽었다면 그 선정의 공덕으로 다음 생에 범천으로 태어납니다. 그러면 이생의 선정 공덕의 결과가 다음 생에 나타나는 것입니다.

그러나 도와 과는 그렇지 않습니다. 도 마음은 딱 한 번입니다. 수다원의 도 마음도 딱 한 번입니다. 사다함의 도도 딱 한 번이지 두 번이 없습니다. 수다원이 됐다가 도가 다시 생긴다면 그것은 사다함의 도입니다. 사다함이 되었는데 다시 도가 생긴다면 그것은 아나함의 도입니다. 아나함이 되었는데 다시 도가 생겼다면 아라한의 도입니다. 아라한이 되었는데 다시 도가 생겼다면 그것은 거짓말이거나 착각이겠지요. 아라한 도가 끝입니다. 그리고 도가 생기면, 도 마음 다음에 바로 생기는 마음이 과 마음입니다. 과 마음은 두세 번 있을 수 있습니다. 도는 딱 한 번 생기고, 도 다음 바로 생기는 첫째 과는 두세 번밖에 없습니다.

이제 수다원이 되었습니다. 사성제를 알고 수다원의 도를 깨닫고 의심과 사견이라는 번뇌를 제거해 버렸습니다. 수다원의 도 마음 다음에 바로 수다원의 과 마음이 두세 번 일어나고, 다시 일반 마음이 옵니다. 수다원이 되었지만 욕계의 마음이 일어납니다. 다시 수행을 열심히 하면 수다원의 과 선정으로 들어갈 수 있는데 이때는 과 마음을 엄청나게 많이 가질 수 있습니다. 수행자의 힘에 따라 한 시간이고 두 시간이고 세 시간이 되어도, 하루가 되어도, 일주일이 되어도 선정에 머무를 수 있습니다. 과 선정의 시간 동안에 일어나는 마음은 무수히 많습니다. 과 선정의 마음은 처음 도를 깨닫고 뒤따라 일어나는 과 마음과는 다릅니다. 도로 깨닫자마자 바로 일어나는 과 마음은 많이 있을 수 없습니다. 깨닫고 나서 바로 과가 생기면 두세 번입니다. 그 다음에 일반 욕계 선업 마음인 뒤돌아보는 마음(반조의 마음)이 일어납니다. 그리고는 일반 위빳사나를 수행하는 마음이 됩니다. 즉, 일반 욕계의 지혜 있는 선업 마음으로 몸과 마음을 관찰하여 무상·고·무아를 다시 봐야 수다원의 과 선정으로 들어갑니다. 과 선정에 들어가는 힘에 따라 한 시간이고 두 시간이고, 일주일이 되어도 그렇게 선정에 머무는 겁니다.

여기서는 도 다음에 바로 과가 나타나는 것을 말하는데 그것이 '아깔리꼬' 공덕입니다. 시간을 기다릴 필요 없이 바로 결과를 주기 때문에 아깔리까입니다. 그것은 세간의 선업을 말하는 것이 아닙니다. 만일 세간의 선업 마음으로 보시했다면 지금 보시의 공덕이 바로 안 나타날 수 있습니다. 대부분 안 나타나는 것같이 보이지만 보시 공덕은 반드시 있습니다. 지금 계율을 지키면 그 공덕을 바로 모를 수도 있어요. 그런데 결과가 오긴 틀림없이 오는데 시차가 있다는 겁니다. 언제 오는지는 모릅니다. 우리가 지금 사과나무를 심었다고 바로 사과를 딸 수는 없습니다. 시간이 필요하지요. 그렇지만 '도'라는 출세간 선업은 바로 결과를 가져옵니다. 그것이 '아깔리까'라는 법의 공덕입니다.

4) 에히빳시꼬

Ehipassiko bhagavatā dhammo.
에히빳시꼬 바가와따 담모
와서 보라고 초청할 만한 법입니다.

불법의 공덕 네 번째는 에히빳시꼬(와서 보세요)입니다.

"Ehi passa imaṃ dhamma"nti evaṃ pavattaṃ ehipassavidhiṃ
"에히 빳사 이망 담마"안띠(담만띠) 에왕 빠왓땅 에히빳사위딩
arahatīti ehipassiko. Kasmā panesa taṃ vidhiṃ arahatīti?
아라하띠띠 에히빳시꼬. 까스마 빠네사 땅 위딩 아라하띠띠?
Vijjamānattā parisuddhattā ca. Rittamuṭṭhiyaṃ hi hiraññaṃ
윗자마낫따 빠리숫닷따 짜. 릿따뭇티양 히 히란냥

vā suvaṇṇaṃ vā atthīti vatvāpi "ehi passa ima"nti
와 수완낭 와 앗티띠 와퐈삐 "에히 빳사 이마"인띠(이만띠)
na sakkā vattuṃ. Kasmā? Avijjamānattā. Vijjamānampi ca
나 사까 왓뚱. 까스마? 아윗자마낫따. 윗자마남삐 짜
gūthaṃ vā muttaṃ vā manuññabhāvappakāsanena
구탕 와 뭇땅 와 마눈냐바왑빠까사네나
cittasampahaṃsanatthaṃ "ehi passa ima"nti na sakkā vattuṃ.
찟따삼빠항사낫탕 "에히 빳사 이마"안띠(이만띠) 나 삭까 왓뚱
Apica kho pana tiṇehi vā paṇṇehi vā paṭicchādetabbameva
아삐짜 코 빠나 띠네히 와 빤네히 와 빠띳차데땁바메와
hoti. Kasmā? Aparisuddhattā.
호띠. 까스마? 아빠리숫닷따.
"와서 이 법을 보라."고 초대를 할 만하기 때문에 와서 보라는 것이다. 무슨 이유로 초대할 만한가? 있기 때문이고 청정하기 때문이다. 빈주먹을 쥐고 금이나 보석이 있다고 거짓말을 할 수는 있지만 "와서 이것을 보라."고 초청할 수는 없다. 왜 그런가? 없기 때문이다. 또 소변이나 대변이라면 실제로 있다 하더라도 아름다움을 드러내 보이면서 마음을 흡족하게 하기 위해 "와서 이것을 보라."고 말할 수 없다. 오히려 풀이나 나뭇잎으로 가려야만 할 것이다. 왜 그런가? 더럽기 때문이다.

에히(오세요, 환영하고 초청하는 것), 빳사(보세요), 이망 담마(이 법을). "에히 빳사 이망 담마(이 법을 와서 보세요)"라고 확실하게 초

청할 수 있는 법이기 때문에 '에히빳시까'입니다. 부처님 법은 매우 좋기 때문에 조금도 망설이거나 걱정할 필요 없이, 다른 사람을 언제든지 '에히 빳사'로 초청할 수 있습니다. 내 것이 미흡하면 "오세요, 보세요."라고 말하지 못하지요? 그러나 내 것이 진짜 좋기 때문에 그렇게 초청할 수 있습니다.

내 손에 진짜 좋은 금이나 루비가 있으면 보여줄 수 있지요? 그런데 내 손에 똥이 있으면 보여 주지 못합니다. 오히려 남이 알까 봐서 부끄러워하며 가립니다. 왜 그런가요? 더럽기 때문입니다. 그러나 부처님의 법은 아주 좋기 때문에 "오세요, 보세요."라고 보여 줄 수 있습니다. 부처님께서 "에히 빳사"로 "오세요, 보세요, 하세요."라고 하시면 나쁜 것이 하나도 없습니다. 좋은 것밖에 없습니다. 그래서 자신감 있게 초청할 수 있다는 것이 불법의 에히빠시꼬 공덕입니다. 왜 그렇게 말할 수 있을까요?

Ayaṃ pana navavidhopi lokuttaradhammo sabhāvatova
아양 빠나 나와위도삐 로꿋따라담모 사바와또와
vijjamāno vigatavalāhake ākāse sampuṇṇacandamaṇḍalaṃ
위자마노 위가따왈라하께 아까세 삼뿐나짠다만달랑
viya paṇḍukambale nikkhittajātimaṇi viya ca parisuddho.
위야 빤두깜발레 닉킷따자띠마니 위야 짜 빠리숫도
Tasmā vijjamānattā parisuddhattā ca ehipassavidhiṃ
따스마 윗자마낫따 빠리숟닷따 짜 에히빳사위딩
arahatīti ehipassiko.
아라하띠띠 에히빳시꼬

아홉 가지 출세간법은 각각의 본성을 가지고 분명히 존재하는 것으로, 구름 없는 하늘에 둥근 보름달처럼, 붉은색 천 위에 놓인 보석처럼 훌륭하고 청정한 법이다. 그러므로 분명히 있고 청정하여 와서 보라고 초대할 만하기에 "와서 보라는 것"이다.

나와위도삐 로꿋따라담모(아홉 가지 출세간법은), 사바와또(각각 자기 본성을 가진 궁극적 실제로), 위자마노(확실하게 분명하게 존재하는 것이다). 즉, 네 가지 도·네 가지 과·닙바나는 각자의 본성을 가지고 확실하게 있는 궁극적인 실재법입니다.

삼뿐나(보름날), 짠다(달), 만달랑(동그랗게). 삼뿐나짠다만달랑(보름달과 같이 선명하게). 보름날의 달과 같이 분명하게 있기 때문에 와서 보라고 보여 줄 수 있습니다. "와서 해보세요, 공부해 보세요, 실천해 보세요, 그러면 스스로 볼 수 있습니다."

'빤두깜발레 닉킷따자띠마니 위야' 빤두깜발레(붉은 천 위에), 닉킷따(놓여진), 자띠마니(천연의 진짜 보석), 위야(~처럼). 아주 아름답고 깨끗한 천 위에 보석을 놓으면 그 보석이 더 깨끗하고 화려하게 보이듯이, 부처님의 법이 그렇다는 것입니다. 빠리숫도(아주 청정한 법). 분명히 있고 청정한 법이기 때문에 "오세요, 와서 보세요. 해보세요." 그렇게 초청할 수 있는 법입니다.

윗자마낫따(분명히 있기 때문에), 빠리숫닷따(청정하기 때문에). 분명히 있는데 청정하지 않으면 어떻게 보여 주겠습니까? 보여 줄 수 없습니다. 아주 분명히 있으면서 아주 청정한 법이기 때문에, 에히(오세요), 빳사위딩(보세요), 아라하띠띠(그렇게 할 만하다), 즉,

다른 사람을 부를 수 있는 것입니다. 그래서 '에히빳시꼬'입니다.

수행도 마찬가지입니다. 수행하다가 아직 깨닫지 못해도 내가 하는 만큼 행복해지고, 내가 하는 만큼 지혜로워집니다. 그러니 남편을 데리고 오고 부인을 데리고 오고 아들을 데리고 오고 딸을 데리고 오고 친구를 데리고 오고 동생을 데리고 옵니다. 데리고 오는 이유가 무엇입니까? 법의 가치를 알기 때문에, 법의 공덕을 알기 때문에, "에히 빳사(와서 보라)"라고 초청하는 겁니다. 이것이 법의 공덕 '에히빳시꼬'입니다.

5) 오빠네이꼬

Opaneyiko bhagavatā dhammo.
오빠네이꼬 바가와따 담모
가까이 두고 따라 실천해야 하는 법입니다.

불법의 공덕 다섯 번째는 '오빠네이꼬'입니다. 우빠(아주 가까이), 나이까(가지고 있어야 된다). 즉, 항상 가까이 들고 있어야 하는 것이 불법이라는 말입니다. 여러분들이 아주 귀한 것은 항상 손에 들고 살지요? 어디 갈 때 지갑 같은 아주 중요한 것은 손에 들고 다닙니다. 그것처럼 항상 나에게서 떨어지지 않게, 항상 같이 가지고, 같이 들고, 같이 모시고 살아야 하는 것이 법입니다. 너무 귀하기 때문에 항상 같이 살아야 하는 것이 법의 공덕 '오빠네이꼬'입니다.

Upanetabboti opaneyyiko. Ayaṃ panettha vinicchayo,
우빠네땁보띠 오빠네이꼬. 아양 빠넷타 위닛차요
upanayanaṃ upanayo, ādittaṃ celaṃ vā sīsaṃ vā
우빠나야낭 우빠나요, 아딧땅 쩰랑 와 시상 와
ajjhupekkhitvāpi bhāvanāvasena attano citte upanayanaṃ
앗주뻭키뜨와삐 바와나와세나 앗따노 찟떼 우빠나냐낭
arahatīti opanayiko. Opanayikova opaneyyiko.
아라하띠띠 오빠나이꼬. 오빠나이꼬와 오빠네이이꼬
Idaṃ saṅkhate lokuttaradhamme yujjati.
이당 상카떼 로꿋따라담메 윳자띠
Asaṅkhate pana attano cittena upanayanaṃ arahatīti
아상카떼 빠나 앗따노 찟떼나 우빠나야낭 아라하띠띠
opaneyyiko. Sacchikiriyāvasena allīyanaṃ arahatīti attho.
오빠네이꼬. 삿치끼리야와세나 알리야낭 아라하띠띠 앗토

아주 가까이 붙여서 가지고 가야 하는 법이기 때문에 오빠네이꼬이다. 가까이 붙여서 가짐이 오빠네이꼬이다. 자기의 옷이나 머리카락이 불타는 것도 상관치 않고 먼저 수행해야 하는 법이기 때문에 오빠네이꼬이다. 가까이 붙여서 가지고 가야 하는 법이란 바로 향상으로 인도하는 것이다. 이것은 형성된 출세간법들(닙바나를 제외한 네 가지 도와 네 가지 과)에 적용된다. 형성되지 않은 출세간법(닙바나)은 형성된 출세간 법들의 대상으로 삼을 만하기 때문에 향상으로 인도하는 것이다. 깨달아서 체득할 만하다는 뜻이다.

우빠(매우 가까이 붙여서), 네땁보(들고 가는, 모셔 가는 것). 그래서 언제 어디서나 항상 모시고 살아야 하는 것이 법입니다. 불법은 항상 가까이 모셔야 하는 좋은 법입니다. 앗따노(본인의), 찟떼나(마음에), 우빠나야낭(항상 붙여서), 아라하띠띠(모실 만하기에), 오빠네이꼬입니다. 법을 마음에 항상 붙여서 가지고 가야 한다, 그렇게 모실 만한 법입니다.

법을 늘 가지고 있는 사람에게 고통이 사라지고 행복이 옵니다. 법을 그렇게 모시는 자에게 고통이 사라지고 행복이 오기 때문에 법은 항상 본인의 마음 아주 가까이에 모셔야 합니다.

여러분들이 아침에 깰 때부터 밤에 잠이 들 때까지 뭐하고 있는 겁니까? '오빠네이꼬' 하는 겁니다. 오빠네이꼬는 항상 사띠, 사띠 하면서 법대로 살고 있는 것입니다. 팔정도 법을 마음에서 떨어지지 않게 오빠네이꼬 하는 겁니다. 팔정도 법을 해야 다음에 네 가지 도, 네 가지 과가 생깁니다. 팔정도가 무엇인지 알고(물라막가, 기본 도), 위빠사나 수행으로 팔정도를 실천하고 있는 것(뿝바바가막가, 앞선 도)이 있어야 그 다음에 성인의 도와 과(아리야막가, 성인 도)를 깨닫고 마지막에 닙바나(열반, 완전한 행복)를 성취하게 됩니다.

Atha vā nibbānaṃ upanetīti ariyamaggo upaneyyo.
아타 와 닙바낭 우빠네띠띠 아리야막고 우빠네이요
Sacchikātabbataṃ upanetabboti phalanibbānadhammo
삿치까땁바땅 우빠네땁보띠 팔라닙바나담모
upaneyyo. Upaneyyo eva opaneyyiko.

우빠네이요. 우빠네이요 에와 오빠네이꼬
성스러운 도는 닙바나를 내 앞으로 가까이 가져 온다. 열심히 실천 수행하여 도를 직접 깨달으니 과와 닙바나가 바로 내 가까이에 딱 붙어 있다. 닙바나를 내 앞 가까이로 모셔 오기 때문에 오빠네이꼬이다.

우빠네띠(가까이 가져오다). 우빠네이요(앞으로 가져오고). 그렇게 법을 오빠네히꼬한 다음에는 법이 닙바나를 내 앞으로 가져오기 때문에, 먼저 내가 법(팔정도)을 실천하면서 들고 갔는데, 이번에는 거꾸로 법이 닙바나를 들고 나에게 오는 것입니다. 닙바나를 나에게 들고 오는 것 같습니다. 도를 깨달으면 바로 과나 닙바나를 모시고 올 수 있는 법이기 때문에 '오빠네이꼬'입니다.

그래서 가는 것과 오는 것을 다 보는 겁니다. 내가 실천 수행하는 것을 보니 이 법은 그렇게 내가 항상 들고 같이 살아야 하는 법이고, 내가 그렇게 열심히 실천 수행하니까 법(도 지혜, 과 지혜)이 닙바나를 모셔 오기 때문에 '오빠네이꼬'입니다.

내가 데리고 가는 것을 '오빠네이까', 나에게 좋은 것을 모셔 오는 것도 '오빠네이까', 이것이 법의 공덕 '오빠네이까'입니다.

6) 빳찻땅 웨디땁보 윈뉴히

Paccattaṁ veditabbo viññūhi
빳찻땅 웨디땁보 윈뉴히
깨달은 분들이 제각각 알고 누리는 법.

마지막으로 불법의 여섯 번째 공덕은 '빳짯땅 웨디땁보 윈뉴히'입니다. 윈뉴히(깨달은 성인들), 위(특별하게), 뉴(깨달았던), 히(자들이). 이분들은 모르는 분들이 아니고 깨달은 분들입니다. 빳짯땅(각자 각자가), 웨디땁보(알아 누리고 있다). 그래서 닙바나를 즐기는데 제각각 누리고 있습니다. 부처님은 부처님의 닙바나를 누리고 사리불은 사리불의 닙바나를 누립니다.

닙바나가 하나만 있어서 돌려가면서 누리는 것이 아닙니다. 부처님이 닙바나를 누릴 때 사리불이 줄서서 기다리는 것이 아닙니다. 사리불 존자가 닙바나를 즐길 때 목련 존자가 기다릴 필요도 없습니다. 각각 깨달으면 본인의 닙바나를 본인이 누리는 것입니다. 다른 것은 누릴 때 모자라면 뺏으려고 전쟁을 하며 서로 싸우지만, 부처님의 법은 그렇지 않습니다. 깨달은 자들은 각각의 법을 알아서 편안하게 누리는 것입니다.

Paccattaṃ veditabbo viññūhīti sabbehipi ugghaṭitaññūādīhi
빳짯땅 웨디땁보 윈뉴히띠 삽베히삐 욱가띠딴뉴아디히
viññūhi attani attani veditabbo "bhāvito me maggo, adhigataṃ
윈뉴히 앗따니 앗따니 웨디땁보 "바위또 메 막고, 아디가땅
phalaṃ, sacchikato nirodho"ti. Na hi upajjhāyena bhāvitena
팔랑, 삿치까또 니로도"띠. 나 히 우빳자예나 바위떼나
maggena saddhivihārikassa kilesā pahīyanti, na so tassa
막게나 삿디위하리깟사 낄레사 빠히얀띠, 나 소 땃사
phalasamāpattiyā phāsuviharati, na tena sacchikataṃ nibbānaṃ
팔라사마빳띠야 파수위하라띠, 나 떼나 삿치까땅 닙바낭

sacchikaroti. Tasmā na esa parassa sīse ābharaṇaṃ viya
삿치까로띠. 따스마 나 에사 빠랏사 시세 아바라낭 위야
daṭṭhabbo, attano pana citteyeva daṭṭhabbo, anubhavitabbo
닷탑보, 앗따노 빠나 찟떼예와 닷탑보, 아누바위땁보
viññūhīti vuttaṃ hoti. Bālānaṃ pana avisayo cesa.
윈뉴히띠 웃땅 호띠. 발라낭 빠나 아위사요 쩨사
제각각 자기 법을 알고 있는 예리한 지혜를 가진 자는 "나는 도를 닦았고, 과를 얻었고, 닙바나를 실현했다."라고 각각 자신이 깨달은 법을 각자가 알고 있다. 은사스님께서 도를 닦을 때 제자가 옆에서 함께 머문다 해서 제자의 오염원들이 버려지는 것이 아니고, 은사가 과를 증득했다 해서 옆에 있던 제자도 행복하게 머무는 것이 아니다. 은사가 닙바나를 실현했다 해서 제자도 따라 닙바나를 성취하는 것이 아니다. 그러므로 이것은 타인의 머리에 꾸며 놓은 장식처럼(밖에서) 볼 수 있는 것이 아니다. 오직 지혜로운 자들이 자신의 마음에서 볼 수 있고 체험하는 것이라고 말한다. 이것은 어리석은 자의 영역이 아니다.

앗따니앗따니(제각각), 웨디땁보(알아야 하는 것), 아디가따(성취된), 바위또 메 막고(내가 도성제를 수행하여 깨달았다), 아디까따 팔랑(과를 얻었다), 삿치까또 니로도(닙바나를 성취했다). 은사스님이 열심히 수행할 때 제자가 옆에 같이 있었다고 제자가 번뇌를 버리고 깨끗해지는 것이 아닙니다. 은사스님이 열심히 수행해 깨달아 과를 증득할 때 제자가 같이 팔라사마빳띠(과 선정)로 들어갈 수가

없습니다. 은사스님이 닙바나를 성취했다고 옆에 있던 제자도 따라서 성취하는 것이 아닙니다. 불법은 누가 대신 해 주어서 깨닫게 되는 것이 아닙니다. 부처님도 나를 대신 해 줄 수 없습니다. 스승이 제자 대신 수행을 하여 제자로 하여금 닙바나를 보게 한다는 것은 있을 수가 없습니다.

본인이 본인의 마음으로만, 닷탑보(보아야 하는 것), 아누바위땁보(누려야 하는 것), 윈뉴히(지혜로운 자들), 발라낭(지혜 없는 어리석은 자들의)은 누릴 자격이 없다는 말입니다. 이렇게 닙바나를 즐기고 누리려면 본인이 직접 법을 알아야 합니다. 스스로 깨달은 법을 스스로 알고 직접 누릴 수 있습니다. 깨달은 자만 누릴 수 있고 깨닫지 못한 사람은 절대로 누릴 수 없는 법이라고 말하고 있습니다.

그래서 다음과 같이 마무리하고 있습니다.

Apica svākkhāto ayaṃ dhammo. Kasmā? Sandiṭṭhikattā.
아삐짜 스왁카또 아양 담모. 까스마? 산딧티깟타
Sandiṭṭhiko, akālikattā. Akāliko, ehipassikattā.
산딧티꼬, 아깔리깟따. 아깔리꼬, 에히빳시깟따.
Yo ca ehipassiko, so nāma opaneyyiko hotīti.
요 짜 에히빳시꼬, 소 나마 오빠네이꼬 호띠띠
이 법은 잘 가르치는 법이다. 왜 그런가? 스스로 보아 알 수 있기 때문이다. 스스로 보아 알 수 있다는 것은 시차 없이 즉시 결과를 주는 법이기 때문이다. 시차 없이 즉시 결과를 주는 법이기 때문에 와서 보라고 초청할 수 있다. 와서 보라고 초청할 수 있는 법이, 항상 가까이에 모시고 가야만 하는 법"이라고 말하는 것이다.

불법의 공덕 여섯 가지 모두를 간략하게 정리해 보면, 부처님의 법은 스왁카또(가르치는 대로 되기 때문에 잘 설해진 법)입니다. 스왁카또, 그 법을 듣기만 해도 편해지고 지혜로워지고 행복해집니다. 실천하면 실천하는 만큼 행복해집니다. 그리고 실천이 완벽하면 행복도 완벽합니다. 우리의 행복을 만들 수 있는 법, 그래서 스왁카또입니다. 고통에서 벗어나 행복할 수 있는 법, 시작도 좋고 중간도 좋고 끝까지 좋은 가르침을 부처님께서 설하시기 때문에 '스왁카또'입니다.

부처님의 법은 산딧티까(직접 볼 수 있는 법)입니다. 부처님 말씀에서 끝나는 일이 아니고 우리가 실천하고 우리가 직접 알 수 있는 법이기 때문에 산딧티꼬입니다.

부처님의 법은 아깔리까(시차가 없는)입니다. 법은 결과를 기다릴 필요가 없습니다. 법을 실천하는 순간 바로 결과를 받을 수 있습니다. 도를 깨달으면 바로 과를 받게 되고 마찬가지로 지금 우리가 번뇌를 끊어버리면 바로 마음이 행복합니다. 화가 나서 고통스러울 때 화가 끊어지면 바로 고통이 사라지는 것입니다. 그렇게 법이란 것이 아깔리까, 시차가 없어 기다릴 필요가 없습니다.

부처님의 법은 에히빳시까(당당히 말하며 초청할 수 있는 아주 좋은 법)입니다. 우리는 좋지 않은 법을 가지고 "오세요, 보세요."라고 하면서 다른 사람을 초청하지 않습니다. 그래서 "아주 좋은 법이 있어요."라고 말하는 것이 '에히빠시까'입니다. 불법은 그렇게 자신 있게 남에게 추천할 수 있는 아주 좋은 법입니다. 법은 우리가 직접 볼 수 있는 청정하고 분명하게 있는 법입니다. 없는 것을 우리가 초청해서 와서 보라고 할 수 없습니다. 있기 때문에 볼 수 있는 것이고, 또 있다고 해도 좋지 않으면 와서 보라고 초청할 수 없습니다. 청정하지 않으면, 가치가 없다면 초청하지 않습니다. 확실하게 있고 매우 깨끗하고 청정한 법이기 때문에 '에히빳시까' 하는 것입니다.

부처님의 법은 오빠네이꼬(우리의 몸과 마음에 항상 같이 붙이고 있어야 하는 법)입니다. 따로따로 살아야 하는 법이 아니고 우리가 항상 이 법을 몸과 마음에 같이 붙이고 있어야 합니다. 그렇게 아주 귀하다는 뜻입니다.

부처님의 법은 빳짯땅 웨디땁보 윈뉴히(깨달은 자들이 제각각 알아 누리는 법)입니다. 법을 깨달은 만큼 최상의 행복을 각자가 누린다는 것입니다. 깨달은 자들은 각각의 행복을 누리고, 깨닫지 못하면 알 수 없는 법입니다. 깨닫기 위해서 각자 해야 하는 일이 있고 깨달은 후에도 제각각 누릴 수 있는 법입니다.

이렇게 법의 공덕을 여섯 가지로 말합니다.

3. 법의 공덕을 숙지하는 이익

『청정도론』에서는 법의 공덕을 숙지하면 다음과 같은 이익이 있다고 설명하고 있습니다.

법의 여섯 가지 공덕을 계속 마음속에 숙지하고 있으면, 그때 수행자의 마음은 탐욕에 얽매이지 않고, 성냄에 얽매이지 않고, 어리석음에 얽매이지 않게 되고, 또한 그의 마음은 법을 의지하여 올곧아집니다. 이와 같이 탐·진·치에 얽매이지 않으면서 오장애를 억압하고 올곧은 마음을 가질 때 법의 공덕을 향해 위딱까(일으킨 생각)와 위짜라(지속적 고찰)가 지속됩니다. 위딱까와 위짜라가 되면 희열도 생깁니다. 희열이 생기면 편안함(빳삿디)으로 몸과 마음이 고요해집니다. 몸과 마음이 편안하고 고요해지면 행복이 일어납니다. 행복한 수행자는 법의 공덕을 대상으로 하여 삼매(사마디, 집중)에 들게 됩니다. 이와 같은 과정을 따라 어느 때에 선정(禪)의 구성 요소들이 일어납니다. 법의 공덕은 심오하기 때문에 이 선정은 본삼매에는 들지 못하고 근접삼매까지만 됩니다. 이것을 담마눗사띠 수행이라고 합니다.

그리고 법의 공덕을 숙지하면 할수록 이런 법을 설하시는 부처님이 진짜 귀하다고 알고 그 가치를 깨닫게 됩니다. '부처님과 같은 분은 과거에도 없었고, 미래에도 있을 수 없다.'라고 스스로 부처님을 매우 존경하게 되고 부처님에 대한 큰 믿음을 가지게 됩니다. 희열과 행복이 많아지고, 위험이 없어지고, 무섭지 않고, 용기가 생기고, 힘든 일이 있어도 당당히 견딜 수 있는 인내심이 생기고, 그리고 법과 항상 같이 지내는 느낌이 있습니다.

그래서 법의 공덕을 항상 숙지하고 있는 이 몸도 탑이 되어 존경을 받게 되고, 법을 깨닫고자 하는 간절함이 있어서 마음은 항상 법을 향하여 있게 됩니다. 마음이 항상 법을 향해 있으면서 닙바나를 생각하고, 그러면서 불선업은 쉽게 버리고 수행을 더 열심히 하게 됩니다.

법을 계속 숙지하면서 수행하고 있으면 비록 이번 생에 더 이상 수승하게 깨닫지 못한다 하더라도 적어도 다음 생에 선처로 갈 수 있습니다.

이렇게 수행자에게 큰 도움이 되니 법의 공덕을 잊지 말고 항상 숙지하라고 당부하십니다.

승보(僧寶, Saṅgharatana)

1. 개요

1) 정의

승가는 부처님의 가르침을 배우고 따라 실천하여 아라한으로 깨달은 부처님의 제자들입니다. 승가의 정의는 '상한냐띠띠 상고(samhaññatīti saṃgho)'입니다. 상한냐띠(고문하다, 괴롭히다), 이띠(그래서), 상고(승가이다). 여기서 괴롭힌다고 할 때 누구를 괴롭히는 겁니까? 탐·진·치를 비롯한 여러 가지 번뇌를 괴롭히는 겁니다. 사람을 괴롭히면 안 됩니다.

이렇게 모든 번뇌를 항상 고문하는 자가 승가(Saṃgha상가)입니다. 승가는 아침에 깨어 밤에 잠들 때까지 번뇌와 전쟁하는 삶을 살고 있습니다. 승가의 의무는 번뇌를 괴롭히고 고문하고 죽이는 것입니다. 승가의 삶을 완성하면 도와 과의 깨달음을 얻어 성인(聖人)이 됩니다. 도와 과를 깨달은 분들이 승가이지만 여기서 승가라고 할 때는 도와 과보다는 번뇌를 괴롭히고 고문하고 죽이는 것에 더 주안점을 두고 말합니다. 즉 도가 무슨 일을 하는가? 도는 번뇌를 죽이는 일을 합니다. 수다원의 도가 일어나면 의심과 사견이라는 번뇌가 완전히 사라져 다시는 일어나지 못합니다. 아나함의 도는 성냄과 오욕락의 욕심을 죽입니다. 아라한의 도는 모든 번뇌를 죽입니다. 이렇게 승가가 번뇌를 괴롭히고 죽였다는 의미로 '상한냐띠띠 상고'가 되는 것입니다. 승가에는 두 종류가 있습니다.

2) 종류

엄밀하게 말하면 승가는 도와 과로써 깨달은 분들입니다. 즉, 네 가지 수다원·사다함·아나함·아라한의 도와 과를 깨달은 여덟 분의 성인들입니다. 이렇게 번뇌를 완벽하게 뽑아 없앤 분들이 승가이지만 번뇌를 없애려고 끊임없이 노력하는 분들도 승가라고 할 수 있습니다. 그래서 승가에는 두 가지 종류가 있습니다.

첫째는 최상의 의미로 말하는 '빠라맛타 상가(paramattha saṃgha)'입니다. 출가자든 재가자든 상관없이 네 가지 도와 과, 닙바나를 깨달은 성인(聖人)들의 모임입니다. 즉 빠라맛타 상가에서는 도와 과가 있나 없나만 봅니다. 그래서 빠라맛타 상가의 종류로는 수다원 도와 과, 사다함 도와 과, 아나함 도와 과, 아라한 도와 과로 여덟 분을 말하는데 거기에 각각 속하는 성자들은 많이 있습니다.

도는 딱 한 순간이기 때문에, 예를 들어 '수다원 도에 있는 사람'이라고 잡기는 무척 어렵습니다. 도 마음 다음에 바로 과 마음이고 그 과 마음은 여러 번 반복하기 때문에, 이 사람이 수다원 도의 사람이라고 말할 때는 벌써 '수다원 과'의 사람이 되어 있는 것입니다. 그래서 그 사람은 다음 단계의 도가 되기 전까지는 죽을 때까지 수다원 '과' 마음으로 살고, 죽어서 다음 생에도 수다원 '과' 마음으로 살게 됩니다. 이때 수다원 '과' 마음이란 수다원 '과 선정'의 마음입니다. 수다원이 선정에 들지 않을 때는 욕계 마음으로 살아갑니다. 수다원이 되었다고 항상 수다원 과 마음으로 산다고 착각하면 안 됩니다. 보고 들을 때 우리와 똑같이 보고 듣는데, 차이는 수다원은 보고 들을 때 우리처럼 의심과 사견이 없다는 것입니다.

그러면 수다원 과 선정에서 산다는 말은 무엇인가? 수다원 도를 깨닫고 바로 따라오는 과 마음은 두세 찰나입니다. 그 다음에 욕계 마음으로 돌아갑니다. 거기서 다시 수행해서 닙바나를 대상으로 하는 수다원 과 선정에 들어갑니다. 그렇게 과 선정에 들어가서 한 시간, 하루, 일주일 등 자신의 힘에 따라 오래 머물 수 있다는 말인데 그때만 수다원 과의 마음으로 사는 것입니다. 수다원 과 선정에 있을 때는 보고 듣고 냄새 맡고 맛보고 감촉하는 것이 없습니다. 오로지 닙바나만 알고 있습니다. 그런 상태를 수다원 과 마음으로 산다고 하고, 그 수다원 과 선정이 깨지면 다시 보고 듣고 하는데, 그 보고 듣는 마음은 의심과 사견이 없는 욕계 마음입니다.

수다원은 도의 흐름에 들었기 때문에 다시 범부로 돌아가지 않습니다. 수다원은 욕계로는 최대 일곱 번만 윤회하고 아라한이 됩니다. 사다함, 아나함, 아라한도 마찬가지입니다. 사다함은 욕계로 한 번만 윤회합니다. 아나함은 욕계로는 윤회하지 않고 정거천 범천에서 아라한이 됩니다. 아라한은 번뇌가 하나도 없이 완전히 깨달은 마음이기 때문에 아라한이 과 선정에 들지 않았을 때의 욕계 마음은 '작용만 하는 마음'이라고 따로 분류하고 있습니다. 아라한은 무슨 일을 하건 그것은 선업도 아니고 불선업도 아닙니다. 이와 같은 작용만 하는 마음은 부처님과 아라한의 욕계·색계·무색계의 특별한 마음인데, 업이 되지 않아 다시 태어나지 않습니다. 아라한의 생은 윤회에서 마지막 생입니다.

둘째는 '삼무띠 상가(sammuti saṃgha)'[11] 입니다. 삼무띠(정하다, 만들다). 이것은 부처님의 명령 즉 율장에 의해 만들어진 비구·비구니입니다. 삼무띠 상가는 오로지 출가자만을 말하는 부처님의 특수 부대입니다. 삼무띠 상가에는 깨달은 분도 있을 수 있고 깨닫지 못한 분도 있을 수 있습니다. 삼무띠 상가는 도와 과보다는 계율에 더 중점을 두고 말합니다.

이분들은 스물네 시간 부처님을 생각하면서 계율을 지키고 집중을 키우며 지혜를 계발시키는 수행을 하고 번뇌를 고문하고 괴롭히며 살기 때문에 '삼무띠 상가'라고 합니다. 물론 삼무띠 상가의 최종 목표는 도와 과입니다. 그러나 삼무띠 상가는 중생의 기

11 sammuti saṅgha(세간 승가): 구족계를 받은 비구, 비구니의 모임.
sammuti : ① 동의, 인정, 허가 ② 전통, 관습 ③ 세속

본 욕구인 식욕·성욕·수면욕을 줄이도록 정한 계율에 따라 시도 때도 없이 욕심으로 먹던 것을 오후불식으로 바꾸고, 결혼을 하지 않음으로써 성욕을 없애고, 잠도 적게 자면서 수행합니다. 머리는 삭발하여 번거로움을 없애고, 옷은 거칠고 어두운 가사 한 벌로 좋은 옷을 멋스럽게 입고 싶다는 탐욕을 고문하여 죽입니다.

이렇게 삼무띠 상가는 계율을 지키며 수행하면서 매 순간 번뇌와 전쟁하는 삶을 살고 있습니다. 삼무띠 상가는 부처님의 명령인 율장에 맞게 수계를 받아야만 될 수 있습니다. 그래서 깨달은 재가자로 되는 상가도 있지만 그들보다 율장에 의해 만들어진 삼무띠 상가를 더 존중해야 한다고 합니다. 즉 재가자는 깨달을 때만 깨닫게 되는 계율이 있지만 평소에는 지킨 계율이 그렇게 많지 않기 때문에, 그들은 평생을 계율을 지키며 살아온 삼무띠 상가의 법랍을 존경해야 한다고 부처님께서 말씀하셨습니다.

비구·비구니의 생명은 계율입니다. 죽을 때까지 계율을 지키고 살아야 합니다. 깨닫지 못했더라도 깨달은 자의 모습을 가지도록 훈련하는 것입니다. 수다원이 되면 오계는 기본이 되어 절대로 오계를 어길 수 없게 됩니다. 깨달음의 힘으로 계율을 자연스럽게 지키게 되는 것입니다. 사미·사미니의 계율은 오계가 기본입니다. 수다원을 흉내 내며 살라는 것입니다. 비구·비구니 계율은 아라한이 되어야 완벽하게 지킬 수 있는 계율들입니다. 아라한은 번뇌가 없어 몸과 입과 마음이 깨끗하지만 비구·비구니는 마음으로는 번뇌가 있더라도 몸과 입으로 나타나지 못하도록 계율로 막고 있습니다. 그래서 아라한이 되기 위해 평생을 계율 따라 살고 있는 삼무띠 상가를 존중해야 하는 것입니다. 깨달은 사람은 깨달음의 힘으로 계율이 저절로 완벽하게 지켜지지만, 아직 깨닫지 못한 자로 죽을 때까지 계율을 지키고 살아야 하는 삼무띠 상가도 대단합니다. 이런 삼무띠 상가에 의해 부처님의 가르침이 오늘날까지 전해질 수 있었다고 볼 수 있습니다. 부처님의 가르침은 500년, 5,000년을 지나면서 약해지는 것이 아니고 우리가 부처님 가르침을 얼마나 열심히 바르게 배우고 실천 수행하는가에 따라 더 오래 유지될 수 있습니다.

이런 상가의 공덕이 아홉 가지가 있습니다. 이것은 사실 깨달은 상가의 공덕이지만 깨닫지 못한 상가도 부분적으로 가지게 됩니다. 상가의 공덕을 계속 생각하며 수행하는 것을 '상가눗사띠'라고 합니다.

2. 승보의 아홉 가지 공덕

승가의 아홉 가지 공덕을 독송하겠습니다.

Suppaṭipanno bhagavato sāvakasaṅgho, ujuppaṭipanno bhagavato
숩빠띠빤노 바가와또 사와까상고, 우줍빠띠빤노 바가와또
sāvakasaṅgho, ñāyappaṭipanno bhagavato sāvakasaṅgho,
사와까상고, 냐얍빠띠빤노 바가와또 사와까상고
sāmīcippaṭipanno bhagavato sāvakasaṅgho, yadidaṃ cattāri,
사미찝빠띠빤노 바가와또 사와까상고, 야디당 짯따리
purisayugāni aṭṭha purisapuggalā, esa bhagavato sāvakasaṅgho
뿌리사유가니 앗타 뿌리사 뿍갈라, 에사 바가와또 사와까상고
āhuneyyo, pāhuneyyo, dakkhiṇeyyo, añjalikaraṇīyo,
아후네이요, 빠후네이요, 닥키네이요, 안자리까라니요
anuttaraṃ puññakkhettaṃ lokassā.
아눗따랑 뿐냑켓땅 로깟사

1) 숩빠띠빤노

Suppaṭipanno bhagavato sāvakasaṅgho
숩빠띠빤노 바가와또 사와까상고
실천 수행을 잘 하시는 분

첫 번째 승가의 공덕은 숩빠띠빤노입니다. 수(잘하는), 빠띠빤나

(실천 수행). 바가와또(부처님의), '~오'는 소유격의 조사입니다. 바가와따(부처님은)의 '~아'는 주격의 조사입니다. 사와까(제자), 상고(승가). 빠띠빤나는 그냥 놀면서 사는 것이 아니고 열심히 실천 수행하면서 산다는 뜻입니다. 그래서 부처님의 제자 승가는 열심히 부처님 가르침을 배우고 실천 수행하고 있어야 합니다. 불법을 교육 받고 훈련(빠띠빤나)할 때, 잘(수)하고 있다는 말입니다.

부처님 제자들은 부처님 가르침인 계 · 정 · 혜를 잘 실천 수행하여 깨달은 분들입니다. 숩빠띠빤노는 실천 수행을 아주 대단하게 하여 깨달아서 수다원 도와 과, 사다함 도와 과, 아나함 도와 과, 아라한 도와 과를 성취한 성인(聖人)들을 말합니다. 성인이 되는 이유가 법을 잘 실천 수행했다는 말이지요. 수행하지 않으면 깨달을 수 없습니다. 그래서 숩빠띠빤노입니다. 사마타나 위빳사나 수행뿐만 아니라 계율을 잘 지키는 것도 숩빠띠빤나입니다. 숩빠띠빤노라고 할 때는 계 · 정 · 혜 모두를 말합니다. 수행할 때 몸과 입과 마음까지 모두를 잘 챙기는 것입니다. 그래서 깨달은 분들과 깨닫기 위해 노력하고 있는 분들을 다 숩빠띠빤노라고 할 수 있습니다. 『청정도론』을 인용하여 다시 설명하겠습니다.

Tattha suppaṭipannoti suṭṭhu paṭipanno, sammāpaṭipadaṃ
땃타 숩빠띠빤노띠 숫투 빠띠빤노, 삼마빠띠빠당
anivattipaṭipadaṃ anulomapaṭipadaṃ apaccanīkapaṭipadaṃ
아니왓띠빠띠빠당 아눌로마빠띠빠당 아빳짜니까빠띠빠당
dhammānudhammapaṭipadaṃ paṭipannoti vuttaṃ hoti.
담마누담마빠띠빠당 빠띠빤노띠 웃땅 호띠

숩빠띠빤노라는 것은 실천 수행을 잘 하는 것을 말하는데, 즉 바른 실천 수행과, 퇴보함이 없는 실천 수행과, (닙바나를) 성취하는 실천 수행과, 반대가 없는 실천 수행과, (출세간)법과 (그것에) 이르게 하는 법의 실천 수행에 들어섰다는 말이다.

숩빠띠빤나를 '숫투 빠띠빠노 숩빠띠빤나[12]'라고 해석할 때 '숫투'의 의미를 다섯 가지로 설명하고 있습니다.

첫째, 삼마빠띠빠당 빠띠빤노 숩빠띠빤나. 실천하고 있는데 잘못하고 있는 것이 아니고, 삼마(올바르게), 빠띠빠다(실천하고 있음). 삼마빠띠빠당, 올바르게 법을 실천하고 있다는 것입니다. 부처님의 제자 승가가 실천 수행을 잘 하는 사람들이라고 하는 것(숩빠띠빤노)은 올바르게 살고 있다(삼마빠띠빠당)는 것입니다. 부처님의 제자 승가라면 바른 법을 올바르게 실천하고 있습니다. 여러분들도 팔정도에 맞게 올바르게 수행하고 있으면 숩빠띠빤나입니다.

둘째, 아니왓띠빠띠빠당 빠띠빤노 숩빠띠빤노. 니왓띠(퇴보하는 것), 아니왓띠(퇴보하지 않음). 여러분들도 퇴보하지 않고 계속 전진하고 도전하고 있지요? 잊어버리면 다시, 또 잊어버리면 또다시, 계속 그렇게 뒤돌아 가지 않고 포기하지 않고 계속 앞으로 가고 있는 것이 '아니왓띠'입니다. 계속 계율을 지키고 마음을 집중하려고 하고 지혜를 계발하려고 하는 것이 '숩빠띠빤노'의 의미입니다. 숩빠띠빤나(잘 실천 수행하고 있다)는 포기하지 않는 것, 뒤돌

12 숫투 빠띠빠노 숩빠띠빤나: 빠띠빤노(실천 수행을), 숫투(잘하고 있는 사람이), 숩빠띠빤나이다.

아 가지 않는 것, 계속 더 좋게 하는 것. 사띠도 더 좋아지게, 집중도 더 좋아지게, 노력도 더 좋아지게, 지혜도 더 좋아지게 계속 수행하고 있는 것입니다. 부처님의 가르침에서 퇴보하지 않도록 실천 수행을 잘 하고 있는 것이 숩빠띠빤노입니다.

셋째, 아누로마빠띠빠당 빠띠빤노 숩빠띠빤노. 아누로마(적절하고 마땅한, 깨달음에 합당한). 아누로마라는 것이 거꾸로 하지 않는 것입니다. 부처님 가르침에 맞게 순서대로 따라가고 있는 것입니다. 부처님께서 그렇게 가르쳤다면 그 가르침 그대로 따라가고 있는 것이 아누로마입니다. 빠띠로마(역방향), 아누로마(순방향). 부처님의 가르침에 합당한 것만 실천하고 있는 것이 숩빠띠빤노입니다.

넷째, 아빳짜니까빠띠빠당 빠띠빤노 숩빠띠빤노. 아빳짜니까(반대하지 않는다). 부처님께서 이렇게 말씀하셨는데 그것이 아니라고 반대하지 않는 것입니다. 아빳짜니까는 가르침에 반대하지 않고 찬성하며 그대로 잘 따라가는 것입니다.

다섯째, 담마누담마빠띠빠당 빠띠빤노 숩빠띠빤노. 담마(깨달은 법), 담마누(그 법에 맞는). 담마누담마빠띠는 올바른 법, 깨달을 수 있는 수행법만 실천하고 있다는 말입니다. 부처님의 가르침이 깨달을 수 있는 수행법입니다. 깨달을 수 있는 수행 방법 그대로 실천하고 있는 사람이 숩빠띠빤나입니다.

이렇게 '숫투 빠띠빤노'의 '숫투'를 삼마(올바르게), 아니왓띠(퇴보하지 않게), 아빳짜니까(반대하지 않고), 아누로마(불법의 순서대로 합당하게), 담마누담마(법에 맞게 하는 것)로 설명하고 있습니다.

Bhagavato ovādānusāsaniṃ sakkaccaṃ suṇantīti sāvakā.
바가와또 오와다누사사닝 삭깟짱 수난띠띠 사와까
Sāvakānaṃ saṅgho sāvakasaṅgho, sīladiṭṭhisāmaññatāya
사와까낭 상고 사와까상고, 실라딧티사만냐따야
saṅghātabhāvamāpanno sāvakasamūhoti attho.
상가따바와마빤노 사와까사무호띠 앗토
부처님의 가르침을 아주 공손하게 잘 듣기 때문에 제자들이다. 제자들의 승가가 사와까 상고이다. 계와 바른 견해를 함께 가져서 공동체를 이룬 제자들의 무리라는 뜻이다.

사와까(제자). 제자는 어떤 사람인가요? 바가와또(거룩하신 부처님의), 오와다누사사낭(가르침을), 삭깟짱(아주 공손하게, 아주 존경스럽게), 수난띠(듣고 있다). 사와까(제자)는 스승의 말을 잘 듣는 사람을 말합니다. 즉, 부처님의 가르침을 아주 존경스럽게 공손하게 듣고 있는 불제자가 '사와까'입니다.

부처님의 제자들을 사와까상고라고 하는데 '상고'의 의미는 무엇인가? 실라딧티사만냐따야. 실라(몸의 행동과 입의 말인 계율), 딧티(아는 견해), 사만냐따(똑같기에). 부처님의 제자 상가라면 부처님께서 가르치기 때문에 부처님과 똑같은 행동을 하고 똑같은 말을 합니다. 계율이 똑같고 앎이 똑같습니다. 부처님 가르침대로 알기 때문에 바른 견해가 똑같고 바른 말·바른 행동·바른 생계도 똑같습니다. 그런 사람들의 모임을 상가라고 합니다. 그냥 무작위로 모인 것이 아니고 똑같은 계율로 똑같은 견해를 가진 사람들끼리의 모임이 상가입니다. 그래서 부처님의 가르침을 착하고 공손하고 존경스럽게 잘 듣고 따라 실천하면서 똑같은 말, 똑같은 행동, 똑같은 견해로 살아가는 모임을 상가라 하는 것입니다. 그것이 숩빠띠빤나 공덕입니다.

거룩하신 부처님의 제자 상가의 모임이 올바른 수행법을 잘 수행하고 실천하며 사는 분들이라고 할 때 개인적으로는 못하는 스님들도 있겠지만 '상가'라고 말할 때는 다 잘하는 것만 말합니다. '상가'는 모임으로서 한 개인을 말하는 것이 아니고 공동체를 말합니다.

> Ettha ca ye maggaṭṭhā, te sammāpaṭipattisamaṅgitāya suppaṭipannā.
> 엣타 짜 예 막갓타, 떼 삼마빠띠빳띠사망기따야 숩빠띠빤나.
> Ye phalaṭṭhā, te sammāpaṭipadāya adhigantabbassa adhigatattā
> 예 팔랏타, 떼 삼마빠띠빠다야 아디간땁밧사 아디가땃따
> atītaṃ paṭipadaṃ sandhāya suppaṭipannāti veditabbā.
> 아띠땅 빠띠빠당 산다야 숩빠띠빤나띠 웨디땁바
> 여기서 도에 선 자들은 바른 실천 수행을 가졌기 때문에 숩빠띠빤나이고, 과에 선 자들은 바른 실천 수행으로 증득해야 할 것을 증득했기 때문에 과거의 실천 수행을 두고 숩빠띠빤나라고 한다고 알아야 한다.

막갓타(도에 있는), 팔랏타(과에 있는), 아디가따(성취된, 도달한, 체험한, 증득한), 아띠따(과거), 산다야(~에 대해서). 부처님 가르침을 있는 그대로 수행하고 있기 때문에 깨달았습니다. 깨달은 자를 숩빠띠빤나라고 부를 때 깨달은 사람은 더 이상 할 것이 없이 다 완

성했습니다. 그런데 왜 그런 사람을 숩빠띠빤나라고 하는가? 그것은 원인으로 인한 결과를 말하기 때문입니다. 지금 이미 깨달은 자는 과거에 잘 수행했기 때문에 깨달았다는 말입니다. '부처님의 제자들은 부처님 말씀을 잘 듣고 제대로 실천 수행했기 때문에 깨달았다, 부처님 말씀을 듣지 않았다면 깨닫지 못한다, 그래서 깨달은 자가 숩빠띠빤나이다.'라고 결과를 말하고 있습니다. 그리고 아직 깨닫지 못했어도 부처님 말을 아주 공손하게 듣고 제대로 실천하고 있는 자도 숩빠띠빤나입니다. 그래서 여러분들이 아침부터 밤낮으로 열심히 부처님 말씀대로 수행하고 있는 모습이 숩빠띠빤나의 모습입니다. 계율을 지켜 하루 종일 행동도 조심하고 말도 조심하고 마음까지 조심하면서 부처님 가르침 팔정도를 열심히 수행하고 있는 모습이 숩빠띠빤나의 모습입니다. 숩빠띠빤나 승가는 그런 의미입니다.

그래서 승가의 최상의 의미는 깨달은 자, 중간의 의미는 출가자, 최하의 의미는 깨닫기 위해서 부처님의 가르침에 귀 기울이고 공손하게 받아들이고 열심히 실천 수행하는 수행자들 모두가 숩빠띠빤나입니다.

수행자라면 모두 숩빠띠빤나 공덕이 있기 때문에 수행자들에게 공양을 올리는 공덕이 매우 크다고 합니다. 미얀마 수행처에 가면 공양 올리는 사람들이 매우 많습니다. 3개월이면 3개월 내내, 1년이면 1년 내내 줄서서 기다립니다. 왜냐하면 수행자를 '숩빠띠빤나' 공덕을 가진 분으로 보기 때문입니다.

여러분들도 생각해 보세요. 내가 태어나서 지금처럼 정직하고 깨끗하게 살려고 노력한 적이 있었나요? 수행처에서 수행자의 삶은 아주 대단하고 또 깨끗한 삶입니다. 평소 살면서는 그런 노력이 별로 없었습니다. 마음대로 생각하고 마음대로 행동하고 마음대로 말하는 것이 많았습니다. 어쩔 수 없는 것은 지키지만 대부분은 지키지 않는 것이 많았습니다. 그러나 수행처에 와서는 몸도 지키고 말도 지키고 마음까지 지키고 있는데 이런 삶이 바로 '숩빠띠빤나'입니다.

이렇게 '숩빠띠빤나'의 뜻이 여러 가지가 있지만 한마디로 말하자면 부처님 가르침 그대로, 하나도 거스르지 않고 열심히 따라 실천하고 있는 사람입니다. 그렇게 열심히 따라 했기 때문에 깨닫게 되고, 그렇게 깨달은 자들이 완벽한 숩빠띠빤나입니다. 깨달았던 아라한들이, 아나함들이, 사다함들이, 수다원들이, 모두 숩빠띠빤나이고, 우리도 숩빠띠빤나가 되면 그분들과 마찬가지로 모든 고통에서 벗어나 행복해질 수 있습니다.

2) 우줍빠띠빤노

Ujuppaṭipanno bhagavato sāvakasaṃgho
우줍빠띠빤노 바가와또 사와까상고

두 번째 승가의 공덕은 '우줍빠띠빤나'입니다. 정직하게 올곧게 실천 수행하는 분들이 '우줍빠띠빤나'입니다. 승가는 권세나 부나 명예에 흔들리지 않고 오로지 도와 과, 닙바나를 위해서만 수행합니다. 모든 번뇌에서 벗어나고 모든 고통에서 벗어나는 깨달음이라는 목표 하나만 두고 줄곧 달려간다는 말입니다. 수다원, 사다함, 아나함, 아라한에게는 이런 공덕이 갖춰 있습니다. 수다원이 되면 무조건 사다함, 아나함, 아라한으로 가게 됩니다. 범부로 되돌아오지 않습니다. 그래서 수다원을 '소따빠나'라고 합니다. 소따(흐름에), 아빤나(들어감). 그런 분들을 '우줍빠띠빤나'라고 합니다.

> Yasmā pana sā sammāpaṭipadā uju avaṅkā akuṭilā ajimhā,
> 야스마 빠나 사 삼마빠띠빠다 우주 아완까 아꾸띨라 아지마
> 여기서 바른 실천 수행은 정직하고, 구부러짐이 없고, 왜곡됨이 없고, 뒤틀림이 없다.

삼마빠띠빠다(승가가 실천 수행하고 있는 부처님의 법이), 우주(아주 정직한 법이다, 틀림없는 법이다). 부처님의 가르침은 시작도 중간도 끝에도 꾸불꾸불하지 않다는 말입니다. 부처님의 가르침 계·정·혜가 시작도 중간도 끝도 아주 똑바르고 좋은 가르침이라서 '우주'입니다.

'아완까 아꾸띨라 아지마'도 다 똑같은 뜻으로 꾸불꾸불하지 않다는 뜻입니다. 부처님의 가르침은 아주 정직하고 올바른 법입니다. 올바른 법을 올바르고 정직한 마음으로 실천 수행하고 있는 수행자들이 승가입니다. 정직한 마음으로 정직한 법을 정직하게 실천하고 있기 때문에 '우줍빠띠빤나'입니다. 그래서 부처님의 제자로서 정직하게 살고 있으면 이 공덕을 갖추게 됩니다.

부처님의 제자 승가는 최상으로 말할 때 깨달은 자입니다. 깨달은 자들이 정직한 법을 정직하게 수행해 왔기 때문에 깨달았고, 깨닫고 나서 그 깨달음의 원인을 보니 정직한 법을 정직하게 수

행했더라는 것입니다.

또 다르게 말하면,

Majjhimāya paṭipadāya antadvayamanupagamma paṭipannattā
� 맛지마야 빠띠빠다야 안따돠야마누빠감마 빠띠빤냣따
kāyavacīmanovaṅkakuṭilajimhadosappahānāya paṭipannattā ca
까야와찌마노완까꾸띨라지마도삽빠하나야 빠띠빤냣따 짜
ujuppaṭipannattā ca ujuppaṭipanno.
우줍빠띠빤냣따 짜 우줍빠띠빤노
중도로 양극단을 피하여 실천 수행하고, 몸과 말과 마음의 구부러짐과 왜곡됨과 뒤틀림의 결점을 버리고 올바르게 실천 수행하기 때문에 우줍빠띠빤노이다.

우주(정직한, 똑바른), 까야(몸으로도). 몸으로 꾸불꾸불하지 않다는 것은 몸으로도 부처님 가르침을 아주 똑바로 따라 한다는 뜻입니다. 와찌(말로도 똑바로 하고), 마노(마음으로도 똑바로 하기 때문에), 우줍빠띠빤나입니다. 맛지마야 빠띠빠다야(중도를 따르고), 안따돠야마누빠감마 빠띠빤냣따(양극단을 따라가지 않고). 길이 꾸불꾸불하지 않고 중도로 똑바로 가기 때문에 우줍빠띠빤나입니다. 올바른 법을 정직하게 수행하기 때문에 우줍빠띠빤나라고 할 수 있고, 중도를 따르기 때문에 우줍빠띠빤나라고 할 수 있고, 몸으로 입으로 마음으로 왜곡되지 않고 부처님 가르침을 따라 똑바로 실천하기 때문에 우줍빠띠빤나라고 하는 것입니다.

3) 냐압빠띠빤노

Ñāyappaṭipanno bhagavato sāvakasaṃgho
냐압빠띠빤노 바가와또 사와까상고

세 번째 승가의 공덕은 '냐압빠띠빤노'입니다. '냐야'는 바른 길, 올바른 태도, 진리, 체계를 말합니다. 부처님의 제자 승가는 다른 목적이 없이 오로지 네 가지 도와 네 가지 과, 닙바나를 알기 위해서만 실천 수행하고 있다는 말입니다.

Ariyo ca ñāyotipi vuccati,
아리요 짜 나요띠삐 웃짜띠
성인을 냐야라고 말한다.

냐야는 아리야(성인聖人)를 말합니다. 승가는 성인이 되기 위해서 수행하는 자들입니다. 그래서 성인이 되기 위해 수행하기 때문에 승가를 냐-압빠띠빤노라고 합니다. 아리야(번뇌가 없어 청정해진 사람). 세속적으로 성공해서 뻐기려고 하는 것이 아니고 수행하여 청정한 사람이 되려고, 번뇌가 없는 깨끗한 사람이 되려고 수행하기 때문에 '냐압빠띠빤노'라고 합니다.

또 다르게 말하면,

Ñāyo vuccati nibbānaṃ. Tadatthāya paṭipannattā ñāyappaṭipanno.
냐요 웃짜띠 닙바낭. 따닷타야 빠띠빤낫타 냐압빠띠빤노

닙바나를 나야라고 말한다. 닙바나를 성취하기 위하여 승가가 실천 수행하기 때문에 냐압빠띠빤노이다.

냐야는 닙바나(열반)를 말합니다. 열반하면 윤회에서 해방되고 번뇌에서 해방됩니다. 윤회에서 벗어나 닙바나를 성취하기 위해서 수행하기 때문에 냐압빠띠빤노입니다.

이렇게 '냐야'를 '아리야(성인)'와 '닙바나(열반)' 두 가지로 해석할 수 있습니다. 하나는 '아리야'입니다. 즉 청정한 사람이 되기 위해서 실천 수행하기 때문에 '냐압빠띠빤나'입니다. 두 번째는 '냐야'를 닙바나로 보고, 닙바나를 성취하기 위해서 실천 수행하기 때문에 '냐압빠띠빤나'입니다. 닙바나는 윤회의 고통에서 벗어나는 것이고, 아리야는 번뇌에서 벗어나기 위해서라는 그런 뜻입니다.

4) 사미찝빠띠빤노

Sāmīcippaṭipanno bhagavato sāvakasaṃgho
사미찝빠띠빤노 바가와또 사와까상고
합장하여 예경 올림을 받을 만한 세존의 제자들

네 번째 승가의 공덕은 사미찝빠띠빤노입니다. 바가와또(거룩하신 부처님의), 사와까상고(제자들의 모임인 승가는), 사미찝빠띠빤노입니다. '사미찌'는 재가자들이 합장하여 절하는 것을 받을 만하다는 말입니다. 계·정·혜를 실천 수행하는 승가의 삶을 재가자들이 존경하며 모시고 대접하는 것을 받을 자격이 있다는 의미입니다. 계·정·혜를 실천 수행하지 않으면 승가가 아니라는 말입니다.

Anucchavikattā ca sāmīcītipi saṅkhaṃ gatā.
아눗짜위깟따 짜 사미찌띠삐 상캉 가따
적합하기 때문에 합당하다는 명칭을 가진다.

아눗짜위깟따(어울리는, 알맞은, 적합한, 마땅한). 사미찌는 재가자나 제자들이 합장을 하고 존경을 표하며 절하는 것입니다. 그래서 승가는 여러분들의 존경을 받을 만한 행위만 한다는 의미입니다. '바른 말과 바른 생각만 한다, 남들의 존경을 받을 만한 일만 한다.' 만약 승가가 어떤 일을 하면 사람들이 싫어하고 믿음이 떨어지고 존경을 해주지 않는다면 그와 같은 일들을 다 피합니다. 어떤 일을 하면 사람들에게 믿음이 생기고 삼보께 합장하여 절하고 싶은 마음이 우러날 수 있다면 그와 같은 일만 하는 분들이 승가입니다. 승가의 모습이나 승가의 삶 자체가 사람들의 존경을 받을 만한 삶이라는 뜻으로 '사미찝빠띠빤노'라고 합니다.

Yathā paṭipannā sāmīcippaṭipannārahā honti,
야타 빠띠빤나 사미찝빠따빤나라하 혼띠
thatā paṭipannattā sāmīcippaṭipanno.
따타 빠띠빤낫따 사미찝빠띠빤노
이렇게 실천 수행하면 여러 사람들의 존경과 예경을 받을 만하다. 그렇게 실천 수행하기 때문에 사미찝빠띠빤노이다.

야타(이렇게), 빠띠빤나(실천하면), 사미찝빠따빤나라하 혼띠(여러 사람들의 존경과 예경을 받을 만하다). 절을 받고 싶어서 수행하는 것이 아니고, 수행하는 것 자체가 좋은 일이기 때문에 절을 받게 되는 것입니다. 그분들이 하는 일들이 여러 사람들이 존경할 만한 일들입니다. 부처님께서는 그런 일들만 가르치고 제자들은 그런 일들만 따르면서 하기 때문에 '사미찝빠띠빤나'입니다.

여기서 '숩빠띠빤노 바가와또 사와까상고, 우주빠띠빤노 바가와또 사와까상고, 냐압빠띠빤노 바가와또 사와까상고, 사미찝빠띠빤노 바가와또 사와까상고', 이 네 가지 공덕이 원인이 되어 다음의 다섯 가지 공덕이 결과로 나타난다고 합니다. 이 네 가지를 하고 있는 그런 분들을 생각해 보세요. 실천 수행을 잘하고 깨달을 수 있는 청정한 수행법만 열심히 하고 있고(숩빠띠빤노), 정직하게 하고 있고(우줍빠띠빤노), 깨닫기 위해서, 진리를 알기 위해서, 청정하기 위해서, 열반하기 위해서 수행하고 있고(냐압빠띠빤노), 존경받을 만한 일들을 하고 있기 때문에(사미찝빠띠빤노) 깨달은 성인 여덟 분이 됩니다.

Yadidaṁ cattāri purisayugāni aṭṭha purisapuggalā,
야디당 짯따리 뿌리사유가니, 앗타 뿌리사뿍갈라
esa bhagavato sāvakasaṃgho,
에사 바가와또 사와까상고
이 네 쌍 여덟 단계의 사람들이 거룩하신 세존의 제자들인 승가이다.

이 단락은 깨달은 분들을 말하고 있습니다. 야디당(이), 짜따리(네 가지), 뿌리사(사람) 유가니(쌍, 짝), 앗타(여덟 분의), 뿌리사뿍갈라(사람들). 야디당 짯따리 뿌리사유가니 앗타 뿌리사뿍갈라(네 쌍으로 된 여덟 분의 성인들은). 유가(쌍)가 네 쌍이면 여덟이 되지요? 즉 수다원의 도와 과, 사다함의 도와 과, 아나함의 도와 과, 아라한의 도와 과, 이렇게 한 쌍씩 네 쌍이기 때문에 여덟 종류의 성인들이 됩니다.

이런 공덕을 완성하려면 깨달은 자가 되어야 됩니다. 깨닫기 위해서 실천하고 있는 승가들도 노력하고 있기 때문에 이런 공덕이 있다고 말하지만 100% 완성된 공덕은 깨달은 분에게 있습니다. 그래서 '야디당 짜따리 뿌리사유가니(네 쌍의), 앗타 뿌리사뿍갈라(여덟 분의 성인들이). 뿌리사가 어떤 때는 남자를 말하고 어떤 때는 모든 인간들을 말합니다. 즉 깨달은 부처님의 제자들이 여덟 종류임을 말합니다. 깨달은 여덟 종류의 성인들은 위 네 가지 공덕을 갖추었기 때문에 다음과 같은 다섯 가지 결과를 받는다고 말하고 있습니다.

Āhuṇeyyo, pāhuṇeyyo, dakkhiṇeyyo, añjalikaraṇīyo,
아후네이요, 빠후네이요, 닥키네이요, 앙자리까라니요
anuttaraṁ puññakkhettaṁ lokassa.
아눗따랑 뿐냑켓땅 로깟사
먼 곳에서 가져온 매우 귀한 공양물을 보시 받을 만하고, 귀한 손님을 위해 챙겨 둔 공양물을 보시 받을 만하고, 내생을 위해 올리는 공양물을 받을 만하고, 합장하여 예경 올리는 것을 당연하게 받을 만하고, 최고의 선업의 씨앗을 심을 수 있는 복밭이 승가이다.

5) 아후네이요

다섯 번째 승가의 공덕은 '아후네이요(āhuṇeyyo)'입니다. '아'는 어디 멀리에서 이렇게 향해 오는 것을 말합니다. 아후네이요는 멀리서 가져온 아주 귀한 것들을 보시해도 받을 만하다는 말입니다. 보시를 받고 싶어서가 아니고 승가가 그렇게 대단한 분들이라는 것을 말합니다. 멀리 지구의 저쪽 끝에서 가져온 아주 귀한 것을 누구에게 보시할까? 그때 그런 것을 받을 만한 자격이 있는 사람들 중에 최고가 성인(聖人)입니다. '성인은 멀리에서 가져오는 보시물을 받을 만하다.' 그것이 무슨 뜻입니까? 멀리에서 가져온다는 것은 아주 귀하다는 것인데 그런 귀한 것을 보시해도 받을 만한 자가 '아후네이야'이다, 승가는 그런 '아후네이야' 공덕을 갖추고 있다는 말입니다.

승가가 그런 공덕을 갖추고 있으니 누가 봐도 그렇게 주고 싶은 겁니다. 번뇌가 없고 깨끗하고 사고방식이 좋은 깨달은 승가가 너무 존경스럽고 좋아서 잘 해주고 싶기 때문에, 잘 해주는 표현이 내가 멀리에서 어렵게 가져온 귀한 것을 보시하는 것입니다. 요즘 시대에는 교통이 좋아서 먼 곳에서도 쉽게 가져오지만 옛날에는 아주 어려웠습니다. 요즘에는 가져올 수 있다고 해도 엄청나게 비싸지요? 먼 곳에서 가져오는 것은 귀하기 때문에 귀한 분에게 주고 싶은 것입니다. 그때 최고로 귀한 자가 성인(아리야)입니다. 수다원의 도에 이른 자, 수다원의 과에 이른 자, 사다함의 도에 이른 자, 사다함의 과에 이른 자, 아나함의 도에 이른 자, 아나함의 과에 이른 자, 아라한의 도에 이른 자, 아라한의 과에 이른 자. 이 여덟 분이 제일 고귀하므로 그분들은 멀리에서 가져온 귀한 것을 보시 받을 만하다는 것입니다.

6) 빠후네이요

여섯 번째 승가의 공덕은 '빠후네이요(pāhuṇeyyo)'입니다. '빠후네이야'는 귀한 것을 챙겨 두면서 귀빈들이 올 때 주겠다고 할 때 그 귀빈 중에 최고의 귀빈이 깨달은 분들입니다. 왜냐하면 백 년도 살지 못하는 인생에서 진정한 귀빈이라고 할 만한 것이 승가 외에 없기 때문입니다.

깨달은 승가는 한 생도 아니고 두 생도 아니고 무수한 생 무수한 겁을 지나도 만나기 힘든 분들입니다. 왜냐하면 부처님이 이 세상에 오시기 힘들고, 부처님이 오셔야 법이 있고, 부처님이 오셔야 승가가 있기 때문입니다. 그래서 부처님이 귀한 만큼 부처님의 제자, 깨달은 승가도 아주 귀합니다.

깨달은 부처님의 제자들이 이 세상의 귀빈입니다. 한 생에서만 귀빈이 아니고 무수한 윤회에서도 최고의 귀빈입니다. 이 세상으로 봐도 귀인이지만 내가 몇 번 태어나고 몇 번 죽어도 한 번 볼까 말까한 것이 승가입니다. 승가는 아주 귀하기 때문에 어렵게 만나는 손님 중에 매우 귀한 손님입니다. 승가가 이 세상에 항상 존재하는 것이 아닙니다. 몇 겁을 지나도 만나기 힘든 귀빈 중에 최고의 귀빈이기 때문에 갖고 있는 아주 귀한 것을 줍니다. 귀빈을 기다리다가 깨달은 분을 만날 때 귀빈에게 주기 위해서 챙겼던 음식, 가사, 거처, 약 같은 것을 다 보시해도 그 분은 받을 만한 자격이 충분히 있다는 뜻입니다. 승가는 받고 싶은 욕심이 있는 것이 아닙니다. 다만 승가에게는 이런 귀빈 자격이 있다는 공덕을 말하는 것입니다.

7) 닥키네이요

일곱 번째 승가의 공덕은 '닥키네이요(dakkhiṇeyyo)'입니다. '닥키네이야'는 뭔가를 바라면서 재를 올리는 공양(pūjā뿌자)을 받을 만한 분들이라는 말입니다. 승가는 모두가 존경하고 의지하고 모실만한 대상들 중에서 최고라는 뜻입니다. 모든 중생들과 천신들이 모실 만한, 재를 올릴 만한, 공양을 올릴 만한 존경의 대상이고, 확실한 의지처라는 말입니다. 승가는 이렇게 모실 만한 자격이 있다는 뜻입니다.

승가가 왜 '닥키네이야'인가?

Dakkhiṇāti pana paralokaṃ saddahitvā dātabbadānaṃ
닥키나띠 빠나 빠라로깡 삿다히뜨와 다땁바다낭
vuccati. Taṃ dakkhiṇaṃ arahati, dakkhiṇāya vā hito
웃짜띠. 땅 닥키낭 아라하띠, 닥키나야 와 히또
yasmā naṃ mahapphalakaraṇatāya visodhetīti dakkhiṇeyyo.
야스마 낭 마합팔라까라나따야 위소데띠띠 닥키네이요

헌공이란 다가올 내생을 믿고 올리는 공양을 말한다. (승가는) 그런 공양을 받을 만하다. 혹은 헌공에 도움이 된다. 왜냐하면 큰 결과를 얻게 하여 공양물을 청정하게 하기 때문이다. 그러므로 보시 받아 마땅하다.

우리가 누군가를 모신다고 할 때 일반적인 흔한 대상을 모시지는 않습니다. 대부분은 이번 생에 우리가 해결하지 못하는 것을 해결하기 위해서 모시는 겁니다. 종교를 믿으며 신을 모실 때 잘 먹고 잘 살기 위해서 모시는 것보다 내가 해결하지 못하는 것, 내 지혜의 힘으로 모르는 부분들을 알기 위해서입니다. 이번 생에 먹고 사는 문제는 사람들이 스스로 해결할 줄 압니다. 그런데 죽어서 어떻게 될까? 다음 생은 어떻게 살까? 이런 것을 위해서 종교나 신을 모시면서 다음 생에 내가 어떻게 되고 싶다는 기대치를 가지게 됩니다. 그때 모시는 승가가 진짜 그런 결과를 해 줄 수 있다는 말입니다. 그래서 '닥키네이야'입니다.

승가는 '닥키네이야'라는 공덕을 가지고 우리의 지혜가 높아질 수 있게, 공덕도 높아질 수 있게 해 줍니다. 전생, 이번 생, 다음 생의 여러 가지 지혜를 가르치며, '이번 생에 어떻게 살면 다음 생에 어떻게 될 수 있다.'고 알려 줍니다. 또 선업의 공덕도 확실하게 되게끔 우리를 청정하게 도울 수 있는 분들이기 때문에 승가를 '닥키네이야'라고 말합니다.

승가는 이번 생만 아니고 다음 생을 위해서도 모실 만한 존경의 대상이고 의지처라는 의미로 '닥키네이야'라고 합니다.

8) 앙자리까라니요

여덟 번째 승가의 공덕은 '앙자리까라니요(añjalikaraṇīyo)'입니다. 앙자리(두 손 모아서 합장하며 하는 절), 까라니(하는 것). 그래서 합장하여 절하는 것을 당연하게 받을 만한 분들이 승가라는 말입니다. 왜냐하면 번뇌가 없고 깨끗하기 때문입니다.

Ubho hatthe sirasamiṃ patiṭṭhapetvā sabbalokena
우보 핫테 시라사밍 빠띳타뻬뜨와 삽바로께나
kayiramānaṃ añjalikammaṃ arahatīti añjalikaraṇīyo.
까이라마낭 앙자리깜망 아라하띠띠 앙자리까라니요
모든 세상 사람들이 양손을 머리에 얹어 합장할 만하기 때문에 합장 받아 마땅하다.

우보(양쪽의), 핫타(손), 우보 핫테(두 손을). 시라사밍(머리), 빠띳타뻬뜨와(향하여, 위에서), 우보 핫테 시라사밍 빠띳타뻬뜨와(두 손을 머리 위에서 모아서, 가슴에서 모은 것이 아니고 머리 위에서 양손을 모으는 것), 삽바로께나(모든 중생들이), 까이라마낭(행해져야 하는, 이루어져야 할), 앙자리깜망(인사를 위해 두 손을 모아 올리는 합장), 아라하띠(~받을 만하다, 가치가 있다), 앙자리까라니요(존경스러운, 공경할 가치가 있는). 승가는 온 세상이 머리 위에서 두 손을 모아 합장하고 절을 올려도 받을 만한 자격이 있다는 말입니다. 승가는 그 정도로 대단한 분들입니다.

승가는 깨달은 분들이기 때문에 하나도 망설일 필요 없이 합장

공경해도 된다는 말입니다. 승가는 이 세상에 누가 와도, 대통령이 와도, 신이나 신들의 왕이 와도, 범천이 와도, 온 세상이 같이 합장해도 충분히 받을 만한 자격이 있습니다. 네 가지 도와 네 가지 과를 깨달은 분들은 모든 중생들이 합장하여 올리는 절을 받을 자격이 있는 분이라는 것이 '앙자리까라니요'입니다.

9) 아눗따랑 뿐냑켓땅 로깟사

아홉 번째 승가의 공덕은 아눗따랑 뿐냑켓땅 로깟사(anuttaraṁ puññakkhettaṁ lokassa)입니다. 로깟사(이 세상에), 아눗따라(위없는, 제일 좋은), 뿐냐(선업의 씨앗을 심기 위한), 켓땅(논밭이 되어 주기 위해서), 승가가 오셨습니다. 승가를 논밭에 비유합니다. 황무지, 중간, 옥토로 세 가지 논밭이 있을 때, 똑같은 씨앗을 똑같은 농부가 똑같은 기술로 심어도 논밭이 다르면 수확이 다릅니다. 그와 마찬가지로 우리가 보시 공덕을 짓든 계율 공덕을 하든 수행 공덕을 하든 승가라는 논밭에 하는 공덕이 제일 크다는 말입니다.

이 말을 오해하면 승가에게 보시하도록 유도하기 위해 하는 말이라고 착각할 수 있습니다. 사실은 우리를 위해 하는 말입니다. 우리가 투자를 할 때 이익이 많이 남는 곳에 하듯이, 선업 공덕을 제일 많이 쌓을 수 있는 곳에 보시해야 합니다.

우리가 선업을 할 수 있는 대상이 많이 있지만 그 중에 승가가 최고라는 말입니다. 승가는 번뇌가 없는 분들이기 때문에 그 공덕으로 스스로 충분히 살아갈 수 있는 분들이지만 우리들을 위해서 오시는 겁니다. 선업이라는 씨앗을 심을 수 있는 논밭이 되어 주기 위해서 승가가 있는 것입니다. 승가는 선업이라는 씨앗을 심을 수 있는 논밭 중에는 제일 좋은 논밭입니다. 그래서 승가는 '아눗따랑 뿐냐켓땅 로깟사(이 세상에서 위없는 최상의 선업 씨앗을 심을 수 있는 논밭)'입니다.

앞에서 숩빠띠빤노 했기 때문에, 우주빠띠빤노 했기 때문에, 냐얍빠띠빤노 했기 때문에, 사미찝빠띠빤노 했기 때문에, 아후네이요, 빠후네이요, 닥키네이요, 앙자리까라니요, 아눗따랑뿐냐켓땅로깟사가 됩니다.

무슨 일을 하든지 승가를 통해서 하면 그 공덕이 커집니다. 예를 들면 보시 받는 자, 보시물, 보시하는 자가 있습니다. 그때 보시 받는 자, 보시물, 보시하는 자의 힘이 각각 있어서 그에 따른 결과가 다 다릅니다. 똑같은 조건에서 보시하는 자가 얼마나 지혜롭고 믿음이 있는지, 얼마나 계율을 잘 지키는지에 따라서 공덕이 달라집니다. 보시 받는 자와 보시하는 자가 똑같다면 보시물의 차이에 따라 공덕이 달라지는 경우도 있습니다. 보시 받는 자도 수다원이냐, 사다함이냐, 아나함이냐, 아라한이냐에 따라서 공덕이 달라집니다.

선업을 할 수 있는 대상은 많습니다. 부모를 통해서, 스승을 통해서 공덕을 쌓을 수 있지만, 깨달은 승가를 통한 공덕이 최고로 수승하다는 말입니다. 부처님께서도 그렇게 하셨습니다. 부처님의 이모이자 어머니인 고따미가 부처님을 위해서 밤새도록 만들었던 가사를 보시했는데 부처님께서 세 번이나 거절하셨습니다. 어머니의 공덕을 더 크게 하기 위해 그 가사를 승가에 보시하도록 하였습니다. 승가에 보시한다는 것은 승가 공동체에 보시한다는 의미입니다. 그래서 깨달았거나 혹은 깨닫기 위해서 계·정·혜를 열심히 닦고 있는 승가가 우리에게 어떤 의미가 있는지 잘 이해해야 합니다.

3. 승가의 공덕을 숙지하는 이익

『청정도론』에서 승가의 공덕을 숙지하면 어떤 이익이 있는지 다음과 같이 설명하고 있습니다.

실천 수행을 잘하는 승가의 공덕을 숙지하면 수행자의 마음은 탐욕에 얽매이지 않고, 성냄에 얽매이지 않고, 어리석음에 얽매이지 않습니다. 그리고 그의 마음은 계를 의지하여 올곧아집니다. 그러면 올곧은 마음이 장애들을 억압할 때 과정에 따라 어느 때에 선정(禪定)의 구성요소들이 일어나게 됩니다. 승가의 공덕은 심오하기 때문에 상가눗사띠 수행으로는 본삼매에는 이르지 못하고 근접삼매에만 이르게 됩니다.

이렇게 승가를 계속해서 생각함을 닦는 수행자는 승가를 존중하고 승가에 순종합니다. 그리고 믿음이 깊어집니다. 희열과 기쁨이 커지고, 두려움과 공포를 극복하고, 고통을 감내할 수 있습니다. 승가와 함께 사는 것 같은 느낌을 가지게 됩니다. 승가의 공덕을 항상 마음속에 지니고 있을 때 그의 몸도 승가가 운집한 포살당, 계단(sīmā)처럼 예경를 받을 수 있습니다. 그의 마음은 승가의 공덕을 증득함으로 항상 닙바나를 향하여 있습니다. 계를 범할 대상을 만날 때도 마치 면전에서 승가를 대하는 것처럼 부끄러움과 두려움이 일어나 하지 않습니다. 승가의 공덕을 계속 숙지하면서 수행하고 있으면 비록 이번 생에 수승하게 깨닫지 못한다 하더라도 적어도 다음 생에 선처로 갈 수 있습니다.

그러므로 지혜로운 수행자는 항상 게을리하지 말고 이와 같이 큰 위력을 가진 승가의 공덕을 계속해서 생각하는 수행을 열심히 하라고 큰스님들께서 격려하고 계십니다.

삼보의 공덕 법문을 마치며

불·법·승 삼보의 공덕에서, 부처님께서 어떤 공덕을 가지고 있는지, 부처님의 법에 어떤 공덕이 있는지, 부처님의 제자 승가가 어떤 공덕을 지니는지를 이야기했습니다.

불·법·승이 이 세상에 오신 지금 우리가 알게 되고 만나게 된 것은 아주 큰 축복입니다. 부처님이 이 세상에 오신 것은 우리 모든 중생들의 이익을 위해서 오신 겁니다. 부처님이 오셨기 때문에 우리들에게 세간적인 이익도 출세간적인 이익도 많아졌습니다. 우리는 부처님을 만남으로써 선과 악을 뚜렷하게 구분하여 알 수 있게 되었습니다. 만약에 이 세상에 부처님이 오시지 않았다면 불선업과 선업에 대하여 보통 사람의 지혜를 가진 우리로는 100% 완벽하게 구별하지 못합니다. 부처님이 오셨기 때문에 선과 악을 분명하게 알게 되고, 선을 따라 실천할 수 있고 악을 피할 수 있게 되었습니다. 우리가 선을 따르게 되면 낮은 수준부터 높은 수준까지, 다음에는 깨달아 성인이 될 때까지 성장할 수 있습니다. 선업을 한다는 것은 이번 생에도 이익이고 죽어서 다음 생에도 유익합니다. 아라한이 되면 좋고 아라한으로 깨닫지 못하더라도 이 삼보를 만난 공덕으로 우리는 다음 생에 더 좋은 생으로 태어날 수 있고 그 좋은 생을 수용해서 깨달음까지 이를 수 있습니다.

우리는 부처님의 법을 아는 만큼 행복해질 수 있습니다. 안다는 것이 그냥 아는 것으로 끝나지 않고 아는 사람은 따라 실천하게 됩니다. 알면 아는 만큼 실천이 따라오는 것입니다. 부처님의 법은 세속적인 가르침에서부터 출세간의 가르침까지, 즉, 윤회에서 완전히 벗어나 열반까지 이르게 하는 가르침으로 아주 완벽하게 있습니다. 보시(다나)에서 시작해서, 중간의 계율(실라)로, 마지막에는 마음의 청정함인 지혜(빤냐)까지, 부처님의 가르침이 아주 완벽하게 있기 때문에 그 법을 따르면 따를수록 우리는 행복하게 됩니다.

법을 따르면 이번 생에도 행복하고 위험이 없고 좋은 일들이 생기고, 그 법을 따르는 공덕으로 다음 생에 태어나도 위험이 없고 좋게 태어나고 더 좋은 일을 할 수 있는 기회들이 많아집니다. 사람들에게 주어지는 기회가 똑같지 않은데, 그것은 누가 만들어 주는 것이 아니고 본인이 행한 업에 따라 생기는 겁니다. 그래서 이번 생에 법을 만나서 법을 알고 따르면 그 선업이 다음 생에 또 따라 옵니다. 그러면 태어날 때부터 내 조건이 다른 사람과는 다름을 알 수 있습니다.

지금 이번 생에 좋은 일을 하고 싶어도 할 수 있는 형편이 안 되는 사람들은 전생에 법을 실천하는 선업이 부족했다고 알아야 합니다. 이번 생에 법을 만나 따르고 실천하면서 행복하게 살 수 있는 것은, 우리가 전생에도 법을 만나 법을 알고 실천했기 때문이라고 이해해야 합니다. 그래서 법을 만나는 것이 아주 큰 행복이고 승가를 만남으로써 우리의 선업 공덕의 복밭이 아주 커집니다. 승가의 논밭은 좋은 논밭 중에서도 아주 좋은 논밭입니다. 우리에게 선업 공덕이라는 씨앗을 심을 수 있는 아주 좋은 논밭이 되어 주기 위해서 승가가 이 세상에 오셨다고 알아야 합니다.

삼보의 공덕을 기리는 게송을 소개하겠습니다.

Buddho loke samuppanno hitāya sabba pāṇinaṃ
붓도 로께 사뭅빤노 히따야 삽바 빠니낭
붓다가 세상에 오신 것은 모든 중생들의 이익 위해서

Dhammo loke samuppanno sukhāya sabba pāṇinaṃ
담모 로께 사뭅빤노 수카야 삽바 빠니낭
법이 세상에 오신 것은 모든 중생들의 행복 위해서

Saṃgho loke samuppanno puññakkhettaṃ anuttaraṃ
상고 로께 사뭅빤노 뿐냑켓땅 아눗따랑
승가가 세상에 오신 것은 모든 중생에게 선업 씨앗을 심을 수 있는 최상의 논밭이 되기 위함이다.

Etena sacca vajjena sukhitā hontu sādhavo
에떼나 삿짜 왓제나 수키따 혼뚜 사다오
이 진실을 말함으로써 모든 중생들이 행복하게 되기를 기원합니다.

'붓도 로께 사뭅빤노 히따야 삽바 빠니낭'

로께(이 세상에), 붓도(부처님께서), 사뭅빤노(나오신 것은), 삽바빠니낭(모든 중생들의), 히따야(세간 이익과 출세간의 이익, 그 두 가지 이익 위해서이다). 부처님이 이 세상에 오셔서 부처로 깨닫는 것은 우리 모든 중생들의 이익 위해서입니다. 차별 없는 모든 중생들의 이익 위해서입니다.

'담모 로께 사뭅빤노 수카야 삽바 빠니낭'

로께(이 세상에), 담모(부처님의 가르침인 법이), 사뭅빤노(생기는 것이, 나오신 것이), 삽바 빠니낭(모든 중생들의), 수카야(행복 위해서이다). 우리가 지혜로워지고 행복하도록 하기 위해서 법이 나왔습니다. 사실은 법이 지혜입니다. 지혜가 생기는 만큼 우리가 행복해집니다. 그래서 부처님의 법이 이 세상에 나오는 것은 우리 모든 중생들이 지혜로워지기 위해서이고, 그 지혜가 바로 행복입니다. 지혜와 행복은 동전의 양면과 같습니다. 지혜롭지 못하면서 행복하다는 것은 착각입니다. 지혜롭지 못하면 고통을 일으키는 원인을 하게 되고 그러면 언젠가는 또 고통으로 갈 겁니다. 지혜 있는 사람만이 진정한 행복을 알고 진정한 행복을 가져올 수 있는 일을 할 수 있습니다. 그래서 나의 지혜 수준이 나의 행복 수준입니다. 부처님의 법이 우리 모든 중생들의 행복을 위해서 이 세상에 오시는 겁니다.

'상고 로께 사뭅빤노 뿐냑켓땅 아눗따랑'

이 세상에 깨달은 승가가 나오시는 것은 우리 모두에게 선업이라는 씨앗을 심을 수 있는 아주 좋은 논밭이 되어 주기 위함입니다. 불·법·승은 그 자체로 아주 충분합니다. 부처님은 부처님의 공덕으로 더 이상 필요한 것이 아무것도 없습니다. 승가도 깨달은 분이기 때문에 우리로부터 공양을 안 받아도 스스로의 힘으로 충분히 살아 갈 수 있습니다. 최고의 법이고 최고의 가르침인 이 법에 대해서도 법이 필요로 하는 것은 더 이상 없습니다.

불·법·승이 이 세상에 오시는 것은 우리를 위해서 오신다고 알아야 합니다.

해가 뜰 때 보기 싫다고 눈감고 있는 자는 밝음을 만나지 못합니다. 마찬가지로 불·법·승을 싫다고 하는 사람에게는 어쩔 수 없는 일이지만, 사실은 본인을 위해서 불·법·승이 오는데 외면하면 얼마나 손해 보는지 모릅니다. 해가 뜰 때 해는 차별하지 않고 온 세상을 골고루 비춰 주면서 뜹니다. 불·법·승이 이 세상에 오실 때도 차별함 없이 모든 중생들을 위해서 오시는 겁니다. 그런데 차별하는 것은 우리 중생들입니다. 우리 중생들이 어리석기 때문에 차별하는 겁니다. 부처님을 무시하고 부처님의 법을 무시하고 깨달은 부처님의 제자들을 무시합니다. 그렇게 무시하고 외면하면 손해 보는 것은 누구입니까? 불·법·승은 손해 보는 것 하나도 없습니다. 손해 보는 사람은 본인입니다.

우리가 불·법·승을 모르는 것이 문제입니다. 알면 우리를 위해서 오신다는 것을 이해할 수 있습니다. 종교와는 아무런 관계가 없습니다. 종교와 상관없이 불·법·승은 이 세상을 축복해 주려고 오시는 겁니다. 여러분들은 지금 불·법·승의 공덕을 알 수 있는 지혜와 복덕이 있기 때문에 만나게 되었습니다. 삼보의 공덕을 알 수 있는 충분한 복을 가지고 태어났기 때문에 여러분들이 이 삼보를 만나는 것입니다. 알고 믿을 수 있는 힘이 있기 때문에 그 힘으로 여러분들에게 좋은 일들이 많이 생길 겁니다.

여기까지가 경전에 나오는 삼보 공덕 예찬입니다. 이 게송을 많이 독송하면 그것이 곧 붓다누사띠, 담마누사띠, 상가누사띠 수행이 됩니다. 그리고 그 다음 구절은 후대의 지혜로운 큰 스님들께서 축복해 주시는 말씀입니다.

'에떼나 삿짜 왓제나 수키따 혼뚜 사다오'

에떼나(이), 삿짜(진실을), 왓제나(말함으로써), 수키따(행복이), 혼뚜(되기를)!, 사다오(착한 사람들이여). 이렇게 진실을 말함으로써 모든 중생들이 행복하게 되기를 기원합니다. 이 구절에서는 진실바라밀과 자애바라밀 수행을 할 수 있습니다.

삼보는 이 세상에서 최고로 진실한 말입니다. 삼보 속에 인류의 궁극적 문제에 대한 해답이 정확하게 들어 있습니다. 한 치의 거짓도 없습니다. 진실한 말에는 힘이 있습니다. 부처님의 전생담에 메추라기라는 작은 새로 태어난 생이 있었습니다. 어느 날 그 새가 사는 숲에 산불이 났습니다. 놀라서 부모도 도망가고 없었습니다. 어린 새는 날 수도 없어 도망갈 수가 없었습니다. 그래서 진실한 말을 합니다.

"나는 날개가 있지만 어린 새라 힘이 없어서 날지를 못합니다. 다리가 있지만 역시 잘 걷지 못합니다. 부모가 있지만 부모도 도망가고 혼자 남았습니다. 이런 진실을 말하니 산불을 꺼 주세요!"

그러자 진짜로 산불이 꺼졌답니다. 이렇게 진실한 말에는 힘이 있습니다. 그리고 마지막에 모든 중생들이 이 삼보의 공덕을 진심으로 예찬함으로써 그 공덕으로 행복해지기를 바라고 있습니다. 이것이 멧따바와나(자애수행)이지요? 이 게송 하나로 우리는 다섯 가지 수행(붓다누사띠, 담마누사띠, 상가누사띠, 삿짜빠라미, 멧따빠라미)을 할 수 있습니다. 그만큼 좋은 게송이니 열심히 독송하시기 바랍니다.

또 다른 게송이 있는데 『쿳다까니까야』에 나오는 『법구경』 게송 192번입니다.

Etaṃ kho saraṇaṃ khemaṃ, etaṃ saraṇamuttamaṃ;
에땅 코 사라낭 케망 에땅 사라나뭇따망
이것이 위험 없는 의지처이고, 위없는 최고의 의지처이다.

Etaṃ saraṇamāgamma, sabbadukkhā pamuccati.
에땅 사라나마감마 삽바둑카 빠뭇짜띠
이 의지처를 의지함으로 모든 고통에서 벗어난다.

'에땅 코 사라낭 케망'

에땅 사라낭(이 의지처가), 케망(위험 없는 곳이다). 의지할 곳을 찾다가 내가 의지하는 곳에서 위험이 되돌아오는 경우가 매우 많습니다.

인류가 시작할 때는 배우지 못해서 지혜가 없고 모든 면에서 약하기 때문에 의지처를 많이 찾았습니다. 산에는 산신, 하늘에는 하느님, 바다에는 바다신, 강에는 강신을 찾았습니다. 그런 식으로 내가 볼 수 없고 원인과 결과를 모르는 상태에서, 벼락 맞으면 하느님이 화가 나서 나를 죽이는 줄 알았고, 홍수나 풍랑을 만나면 강신이나 바다신이 화난 줄 알았고, 산에 산불이 나거나 이상한 일이 있으면 산신이 화난 줄 알았습니다. 뭔가 보이지 않기 때문에 또 생기는 일에 대해 그 이유를 잘 모르고 지혜가 없어 어리석기 때문에, 신들을 모시게 되었습니다. 존재하지도 않는 신들을 모시면서 사람들을 죽여 목에서 피를 빼 그 신에게 제를 올리기도 했습니다. 무식하면 그런 나쁜 일을 하게 됩니다. 그러면 그 불선업의 결과를 누가 받습니까? 자기가 받습니다. 잘못된 의지처를 찾다가 자기에게 나쁜 일들만 생기게 되는 거지요. 요즘에도 종교 때문에 도처에서 싸움이 일어납니다. 종교 문제로 사람들을 많이 죽이는데, 그것은 엄청나게 무서운 일입니다. 그들은 자기가 잘못 의지하는 곳에서 오는 위험들을 만나게 될 겁니다.

그러나 불·법·승이라는 의지처는 위험 없는 의지처입니다. 위험 없는 의지처에서 위험 없는 가르침을 따르고 실천하면 다음에는 위험이 완전하게 없는 열반까지 가게 됩니다. 생로병사 등등의 모든 위험이 없어지는 완벽한 행복이 열반입니다. 그래서 '케망'이 열반을 의미합니다. 위험 없는 곳입니다. 여러분들이 불·법·승 삼보에 의지하는 것은 아주 잘 의지하는 겁니다. 하나도 위험이 없고 좋은 것밖에 없습니다.

'에땅 사라나뭇따망'

에땅 사라낭(이 의지처가), 웃땀망(위없는 의지처이다). 이 세상에 우리가 의지하게 되는 것이 많이 있습니다. 금방 태어난 아기에게는 부모가 의지처입니다. 조금 크면 친구나 스승이 생깁니다. 다음에는 나라나 정부나 직장에 의지하지요? 그리고 또 남편이나 부인이나 아들이나 딸이나 이런 식으로 의지처를 찾아 의지하면서 살아갑니다. 그런 곳에서 해주지 못하는 것들은 종교에서 찾습니다. 우리는 왜 절대자에게 의지하는가요? 고통과 위험에서 벗어나 행복해지고 싶어서 의지합니다. 예를 들면 비가 올 때는 건물 안으로 들어갑니다. 왜냐하면 비라는 고통에서 벗어나려고 건물 안으로 들어가는 것입니다.

내가 뭔가를 의지한다는 것은 내가 무서워하는 것에서 벗어나 내가 원하는 것을 가지려고 하는 겁니다. 내가 무서워하는 고통에서 벗어나고 내가 좋아하는 행복을 가지려고 우리는 의지처를 찾는 것입니다. 아이가 배가 고프면 밥을 달라고 어머니를 부릅니다. 어머니를 의지처로 찾는 거지요 왜냐하면 배고픔의 고통을 해소하고 배부름의 행복을 줄 수 있는 것이 어머니이니까 어머니를 의지하는 거지요.

그래서 의지하는 것을 아주 기본적으로 단순화하면, 내가 피하고 싶은 것이 있고 또 내가 원하는 것이 있을 때 그 두 가지를 줄 수 있는 것을 의지처라고 말합니다. 그러면 우리 인간들이 찾고 있는 의지처를 생각해 보세요. 그것이 진정한 의지처가 되고 있습니까? 우리는 진짜 고통이 무엇인지 알고 있습니까? 그 고통에서 벗어나는 방법을 알고 있습니까? 그렇게 볼 때 우리가 여러 가지 종교를 찾고 있지만 진짜 고통을 잘 알고 있는 종교는 없습니다. 자기 나름대로 고통을 알거나 아무나 아는 고통만 알고 진짜 고통을 모릅니다. 진짜 고통에서 벗어난, 고통의 완전한 소멸인 행복을 아는 것이 아니라 한계가 있는 행복만, 누구나 아는 행복만 알고 있습니다. 그래서 의지처를 찾을 땐 최고의 의지처를 찾아야 합니다.

불·법·승이라는 의지처야말로 우리의 기본적인 문제, 핵심적인 문제인 고통에서 벗어나 행복할 수 있는 의지처입니다. 완전한 행복인 닙바나(열반)까지 갈 수 있는 최상의 뜻을 갖고 있는 의지처입니다. 우리 모두가 고통이 무섭고 행복해지고 싶어서 의지처를 찾고 있는데 우리의 요구를 만족시켜 주는 의지처는 불·법·승 삼보뿐입니다. 그래서 '에땅코 사라낭 케망(이 의지처가 위험 없다), 에땅 사라낭 웃땀망(이 의지처가 위없는 최고의 의지처이다)'이라고 합니다.

'에땅 사라나마감마 삽바둑카 빠뭇짜띠'

에땅 사라낭(이 의지처를), 아감마(인해서, 시작으로 해서), 에땅 사라나마감마(이 의지처를 의지함으로써, 이 의지처를 의지하는 원인으로), 삽바(모든), 둑카(고통에서), 빠뭇짜띠(벗어난다). 불·법·승을 의지해 보세요. 현재 겪고 있는 고통들에서도 불·법·승을 아는 만큼 조금씩 벗어납니다. 그 다음에 생로병사라는 큰 고통까지 완전히 벗어날 수 있습니다.

이렇게 우리가 이 불·법·승 삼보를 의지하면서 모든 고통에서 벗어난다고 확실하게 알고 확실하게 믿고 확실하게 따라 실천하면 틀림이 없습니다. 경전에 나와서 하는 말이 아니고 지금까지 출가해서 25년 살면서 이 불·법·승 삼보를 통해서 겪고 있던 고통에서 벗어나 행복해지고 지혜로워진 사람들을 많이 보았습니다. 여러분들도 스스로 생각해 보세요. 불·법·승을 알고 나서 내가 지혜가 좋아지는지 아니면 지혜가 나빠지는지. 그 지혜 따라

내 행동이나 말이나 생각의 수준이 좋아지는지 낮아지는지를 스스로 이해할 수 있을 겁니다.

사라나는 마음으로 믿고 가지게 되는 의지처라는 뜻입니다. 그래서 '붓당 사라낭 갓차미.'라고 할 때 붓다(부처님을), 사라낭(의지처로), 갓차미(가지겠습니다), 부처님을 의지해서 살아가겠다는 의미입니다. 말이 중요한 것이 아니고 지혜와 마음이 중요합니다. 확실하게 아는 지혜가 중요하고 지혜가 생기면서 마음에서 가지게 되는 확신이 '사라낭 가마나'입니다. 우리가 예경 올리면서 "붓당 사라낭 갓차미, 담망 사라낭 갓차미, 상강 사라낭 갓차미."라고 말하면서 삼보에 귀의하는 마음이 그냥 귀의한다고 말만 한다고 되는 것이 아니고 귀의하는 이유를 알아야 합니다. 불·법·승이 뭔지를 알고 믿으면 귀의가 자연스럽게 되는 겁니다. 그리고 이 '사라낭'이 강해지면 어떻게 됩니까? '앗자 딱게 빠누뻬땅 붓당 사라낭 갓차미' 라고 하게 됩니다. 앗자딱께(오늘부터, 오늘을 시작으로 해서), 빠누뻬땅(나의 생명이 다할 때까지, 살아 있는 동안, 마지막 죽을 때까지), 붓당 사라낭 갓차미(부처님께 귀의합니다).

그래서 다음과 같은 삼보에 귀의하는 게송이 나오는 겁니다.

Buddho me saraṇaṃ aññaṃ natthi buddhaṃ saraṇaṃ gacchāmi.
붓도 메 사라낭 안냥 낫티 붓당 사라낭 갓차–미
부처님만이 나의 의지처, 다른 의지처는 없습니다. 부처님께 귀의합니다.

ajjatagge pāṇupettaṃ buddhaṃ saraṇaṃ gacchāmi
앗자따게 빠누뻬땅 붓당 사라낭 갓차-미
오늘부터 죽을 때까지 부처님께 귀의합니다.

Dhammo me saraṇaṃ aññaṃ natthi dhammaṃ saraṇaṃ gacchāmi,
담모 메 사라낭 안냥 낫티 담망 사라낭 갓차-미
법만이 나의 의지처, 다른 의지처는 없습니다. 법에 귀의합니다.

ajjatagge pāṇupettaṃ dhammaṃ saraṇaṃ gacchāmi
앗자따게 빠누뻬땅 담망 사라낭 갓차-미
오늘부터 죽을 때까지 법에 귀의합니다.

Saṅgho me saraṇaṃ añña natthi saṅghaṃ saraṇaṃ gacchāmi,
상고 메 사라낭 안냐 낫티 상강 사라낭 갓차-미
승가만이 나의 의지처, 다른 의지처는 없습니다. 승가에 귀의합니다.

ajjatagge ppāṇupettaṃ saṅghaṃ saraṇaṃ gacchāmi
앗자따게 빠누뻬땅 상강 사라낭 갓차-미.
오늘부터 죽을 때까지 승가에 귀의합니다.

'붓도 메 사라낭 안냥 낫티 붓당 사라낭 가차-미'
붓도(부처님이), **메**(나의), **사라낭**(의지처이다), **안냥**(부처 외에 다른 의지처가), 낫티(없다). 붓다(부처님을). 사라낭(의지처로). 갓차미(삼겠습니다). 마음속으로 진정 부처님 외에는 다른 의지처가 없다고 그렇게 확신하게 되는 것입니다. 산신이니 천신이니 하느님이니 이런 것들은 다 마음에서 떨어져 나갑니다. 오직 부처님께 의지하고 귀의합니다.

'앗자따게 빠누뻬땅 붓당 사라낭 갓차-미'

오늘부터 생명이 다하여 죽을 때까지 부처님을 의지처로 하고 살아가겠습니다. 그 다음에 담모(법)와 상고(승)도 마찬가지입니다. 같이 독송해 봅시다.

"붓도 메 사라낭 안냥 낫티 붓당 사라낭 갓차-미
앗자따게 빠누뻬땅 붓당 사라낭 갓차-미
담모 메 사라낭 안냥 낫티 담망 사라낭 갓차-미
앗자따게 빠누뻬땅 담망 사라낭 갓차-미
상고 메 사라낭 안냥 낫티 상강 사라낭 갓차-미
앗자따게 빠누뻬땅 상강 사라낭 갓차-미"

삼보에 귀의하는 공덕은 엄청나게 큽니다. 진짜 불·법·승의 공덕을 알고 여러분들의 마음속에 '불·법·승 삼보에 귀의합니다.'라는 마음이 한 번만 생겨도 그 공덕으로 다음과 같은 복을 받게 됩니다.

첫째, 어떤 생에 태어나든 주변으로부터 항상 존경을 받는 대상이 됩니다. 태어날 때부터 복이 붙어 오는 겁니다. 불·법·승에 귀의하는 마음으로 살아 보세요. 그러면 어디를 가나 종교가 달라도 사람들이 나를 존경합니다. 인간적으로 나의 인격이 그렇게 되는 겁니다. 다른 사람들이 존경할 수 있는 뭔가 보이지 않는 힘이 생기는 겁니다. 나를 보면 뭔가 묘한 힘을 느끼기 때문에 다 꺾이게 되어 있습니다. 그래서 다른 사람들에게 존경을 받을 수 있는 공덕이 됩니다.

둘째, 삼보를 존경하고 귀의하는 마음을 가지면 그 복으로 지혜가 아주 예리해지고 좋아집니다. 이번 생보다 다음 생이 더 지혜로워지고, 오늘보다 내일이 더 지혜로워집니다.

셋째, 삼보에 귀의하여 살면 다른 사람들로 하여금 내 뜻에 따르게 할 수 있습니다. 내가 무슨 일을 하려고 할 때 여러 사람들이 내 뜻을 따르게 할 수 있는 그런 힘이 생깁니다. 왜냐하면 불·법·승이 특별하기 때문에 그렇습니다. 의지처가 여러 가지 있는데 불·법·승이 특별한 의지처입니다.

넷째, 삼보라는 특별한 의지처에 의지할 수 있는 지혜와 믿음이 생기면 그 사람은 다른 사람들이 얻지 못해 부러워하는 특별한 것을 많이 가지게 됩니다. 많이 갖춰서 살게 되고 그리고 언제 어디서 태어나든지 간에 잘생긴 모습으로 태어나고 또 잘생겼을 뿐만 아니라 모습 자체가 특별합니다. 어떤 사람은 외모는 잘생겼다거나 예쁘다고 할 수 없지만 뭔가가 보기 좋고 빛이 나는 것

같이 보이는 경우가 있는데 그것은 삼보를 의지하는 공덕이 있기 때문입니다. 원래 있는 모습보다 더 높은 품격을 가진 사람으로 보이는 것이 삼보를 의지함으로써 나타나는 공덕의 하나입니다.

다섯째, 사람들이 사랑하고 존경합니다. 항상 친구들, 도반들, 주변 사람들의 사랑을 받고 유명해집니다. 그런 공덕들이 이 삼보를 의지함으로써 가질 수 있는 겁니다.

그래서 '사라나가마나(삼보에 의지함)'을 진실로 한 번만 해도 내 마음이 안 바뀌면 죽을 때까지 그 마음을 가지고 갈 수 있습니다. '붓당 사라낭 갓차미'를 매일 해야 하는 것은 아닙니다. 한 번만 해도 내 마음이 바뀌지 않으면 죽을 때까지 '사라나가마나'가 있게 됩니다. 그러나 죽으면 깨집니다. 죽는 순간의 마음(cuti, 죽음)에는 귀의하는 마음이 있을 수가 없습니다. 죽는 순간의 마음에는 아는 마음도 없고 지혜도 없기 때문에 죽을 때는 '사라나가마나'가 없습니다.

삼보에 귀의하는 것을 '사라나가마나'라고 하는데 그때 삼보에 대해서 알고 믿는 마음으로 귀의하는 것이 매우 중요합니다. 죽을 때는 없어지지만 살아 있을 때 귀의하고 사는 것이 아주 중요합니다. 그리고 부처님 외에, 법 이외에, 승가 외에 다른 의지처를 믿고 있으면 '사라나가마나'가 깨집니다. 살아 있을 때 깨지는 것은 다른 의지처를 찾을 때입니다. 불·법·승 외에 다른 의지처를 진짜 내가 고통에서 벗어날 수 있는 의지처라고, 이 윤회의 고통에서 벗어날 수 있는 의지처라고 믿고 의지하면 그것이 깨집니다.

그런데 수다원이 될 때부터는 그 의지처가 절대로 깨지지 않습니다. 수다원이 되면 목숨을 걸고서라도 삼보에 대한 믿음을 지킵니다. 죽이면 죽지, 믿음을 바꾸지 않습니다. 다음 생에 태어나도 수다원은 그 '사라나가마나'를 태어날 때부터 갖고 있는 사람이 됩니다. 바꿀 수 없습니다. 그것이 바로 도를 깨달으면 '사라나가마나'가 완성된다고 하는 겁니다.

'사라나니 우빠사까'라는 사람이 있었는데 원래 이름은 다른 이름인데 불·법·승에 대해서 귀의하는 마음이 엄청나게 강하기 때문에 붙여진 이름입니다. 그런데 그 사람은 알콜 중독자였습니다. 그 사람이 죽자 제자들이 부처님께 그 사람이 어디로 갔는지 물어봅니다. "사라나니는 어디로 갔습니까?" 부처님께서 천신으로 태어났다고 말씀하시는데 스님들이 믿지 못하였습니다. 그러자 부처님께서 술을 마신 것은 불선업이지만 사라나의 마음은 술 마시면서도 삼보에 귀의하는 마음이 엄청나게 컸다고 말해 주었습니다. 불·법·승 삼보의 공덕을 숙지하는 수행을 꾸준히 함으로써 마지막 죽음의 순간을 앞에 두고, 죽기 직전까지도, '붓당 사라낭 갓차미 앗자따께 빠누뻬땅 붓당 사라낭 갓차-미'라고 했다는 겁니다. 죽을 때까지 불·법·승에 귀의하는 마음으로 죽었기 때문에 천신으로 태어나는 것이 가능하다고 부처님께서 말씀하셨습니다.

선업도 있고 불선업도 있지만 결론은 죽기 직전의 마음이 제일 중요합니다. 죽기 직전의 마음으로 내가 선업의 마음을 가지게 되면 다음 생에 좋게 태어납니다. 그래서 '사라나가마나' 마음을 항상 가지도록 하는 것이 매우 중요합니다. '사라나니 우빠사까'가

술을 좋아해 술을 마시지 않고는 살 수 없어서 마시지만 그 외에 불선업을 하고 있는 것이 아니고 그의 마음속에는 삼보에 대한 믿음이 엄청나게 강하기 때문에 삼보의 공덕을 깊이 새기게 되고, 죽을 때 마지막 순간까지 삼보에 귀의하는 마음이었다고 하고 싶은 겁니다. 여러분들도 부처님의 공덕, 법의 공덕, 승가의 공덕을 확실하게 알고 믿는 지혜로 삼보에 귀의하시길 바랍니다.

이렇게 불·법·승 삼보를 다 이야기하였는데 그 불·법·승의 정의와 상호관계를 잘 공부하고 알아야 합니다. 부처님의 정의가 흔들리면 법의 정의가 흔들리고 승가의 정의도 흔들리게 되는데 그러면 우리의 모범이 흔들리니 우리가 가는 길도 잘못되는 것입니다. 그러면 결국 부처님의 법이 사라집니다.

붓다를 사성제를 아는 분이라고 할 때 사성제는 범우주적인 진리이고 부처님의 제자 승가들이 마땅히 깨달아야 하는 법입니다. 그래서 사성제를 아는 것이 붓다로 가는 길이고 온전하게 행복해지는 유일한 길입니다. 붓다로 가기 위해선 근본 마음 바탕이 빠라미가 되어야 합니다. 빠라미라는 주춧돌 위에 사성제라는 기둥을 세울 수 있는 것입니다. 그러면 삼보라는 아름다운 집을 지을 수 있는 것입니다.

이제 부처님은 열반하셨고 부처님의 가르침인 법만 남았습니다. 그 법을 잘 실천 수행해야 부처님의 가르침이 이 땅에 오래 오래 머물 수 있습니다. 법이 올바르게 보전되는 것은 우리 손에 달려 있음을 다시 한 번 강조하며 법문을 마치도록 하겠습니다.

삼보의 정의와 공덕을 확실하게 알고 네 가지 바와나로 십바라밀 공덕을 쌓으며 사념처 수행을 팔정도로 열심히 하여 사성제 진리를 깨달아 삼세윤회 모든 고통에서 벗어나 완전한 행복, 완벽한 자유인 닙바나를 성취하시기를 기원합니다.

사-두, 사-두, 사-두!

Buddha sāsanaṃ ciraṃ tiṭṭhatu.
붓다 사-사낭 찌랑 띳타뚜
부처님의 가르침이 오래오래 머물기를!

사-두, 사-두, 사-두!

불보의 아홉 가지 공덕

(1) Itipi so bhagavā arahaṃ
이띠삐 소 바가와 아라항
존귀하신 부처님, 모든 번뇌를 완전히 여의시어 온갖 공양과 예경을 받으실 만한 분, 그러므로 아라한입니다.

(2) Itipi so bhagavā sammāasambuddho
이띠삐 소 바가와 삼마삼붓도
존귀하신 부처님, 모든 법을 올바르게 스스로 깨달으신 분, 그러므로 삼마-삼붓도입니다.

(3) Itipi so bhagavā vijjāacaraṇa sampanno
이띠삐 소 바가와 윗자짜라나 삼빤노
존귀하신 부처님, 세 가지 지혜, 여덟 가지 지혜와 열다섯 가지 수행이 완벽하신 분, 그러므로 윗자-짜라나 삼빤노입니다.

(4) Itipi so bhagavā sugato
이띠삐 소 바가와 수가또
존귀하신 부처님, 모든 중생들의 행복을 위해 아름다이

오셨다가 닙바-나로 가신 분, 그러므로 수가또입니다.

(5) Itipi so bhagavā lokavidū

이띠삐 소 바가와 로까위두

존귀하신 부처님, 살아있는 모든 중생계, 모든 중생이 존재하는 공간계와 인과계에 이르기까지 삼계三界의 모든 것을 아시는 분, 그러므로 로까위두-입니다.

(6) Itipi so bhagavā anuttaro purisadamma sārathī

이띠삐 소 바가와 아눗따로 뿌리사담마 사라티

존귀하신 부처님, 중생 교화에 가장 뛰어나신 분, 그러므로 아눗따로 뿌리사담마 사라티입니다.

(7) Itipi so bhagavā satthā devamanussānaṃ

이띠삐 소 바가와 삿타 데와마눗사낭

존귀하신 부처님, 모든 천신들과 인간들의 스승이신 분, 그러므로 삿타 데와마눗사낭입니다.

(8) Itipi so bhagavā buddho

이띠삐 소 바가와 붓도

존귀하신 부처님, 사성제를 스스로 깨달으시고 가르치신 분, 그러므로 붓도입니다.

(9) Itipi so bhagavā bhagavā.

이띠삐 소 바가와 바가와

존귀하신 부처님, 모든 공덕을 갖추신 분 그러므로 바가와-입니다.

존귀하신 부처님은, 아라한 공덕을 비롯하여 고귀한 아홉 가지 공덕으로 온 우주에 그 이름이 널리 알려졌습니다. 그리하여 지계 · 선정 · 지혜의 으뜸이신 세존 법왕이신 부처님께 정성 다해 예경하고자 두 손 모아 받들어 절합니다.

법보의 여섯 가지 공덕

(1) Svākkhāto bhagavatā dhammo

스왁카또 바가와따 담모

네 가지 도와 네 가지 과, 닙바-나(열반)와 경전의 고귀한 열 가지 법은 듣기만 해도 모든 걱정과 근심이 사라져 고요해지며, 이를 따라 실천하면 행복해지고, 깨달음을 얻어 더없이 평화로운 닙바-나를 성취할 수 있도록 부처님께서 설하신 수승한 것입니다. 그러므로 스왁-카-또입니다.

(2) Sandiṭṭhiko bhagavatā dhammo

산딧티꼬 바가와따 담모

네 가지 도와 네 가지 과, 닙바-나(열반)의 고귀한 아홉 가지 법은 깨달은 성인들이 알듯이 누구나 그 법을 따라 실천하면 스스로 분명히 알 수 있습니다. 그러므로 산딧티꼬입니다.

(3) Akāliko bhagavatā dhammo

아깔리꼬 바가와따 담모

네 가지 도의 고귀한 법은 즉시 그 결과인 네 가지 과를 주시기에 아깔-리꼬입니다.

(4) Ehipassiko bhagavatā dhammo

에히빳시꼬 바가와따 담모

네 가지 도와 네 가지 과, 닙바-나(열반)의 아홉 가지 고귀한 법은 보름날의 달과 같이 분명하게 나타나니, "와서 보시오"라고, 충분히 초대할 만합니다. 그러므로 에히빳시꼬입니다.

(5) Opaneyyiko bhagavatā dhammo

오빠네이이꼬 바가와따 담모

네 가지 도와 네 가지 과, 닙바-나(열반)의 고귀한 아홉 가지 법은 네 가지 도 지혜 중 첫 단계만 알아도 사악처에 가야 할 업보의 불이 꺼지므로 지금 나의 머리카락과 옷에 붙은 불을 끄는 것보다 먼저 해야 합니다. 그러므로 오빠네이이꼬입니다.

(6) Paccattaṁ veditabbo viññūhī bhagavatā dhammo

빳짯땅 웨디땁보 윈뉴히 바가와따 담모

네 가지 도와 네 가지 과, 닙바-나(열반)의 고귀한 아홉 가지 법은 사성제를 깨달으신 지혜로운 성인들이 제각각 알아 누리는 것입니다. 그러므로 빳짯땅 웨디땁보 윈뉴-히-입니다.

스왁카또를 비롯한 이러한 여섯 가지 공덕의 법이 온 우주에 널리 알려졌으며, 그 법은 세상의 어떤 가르침보다 수승하며, 법을 스스로 깨달으신 부처님께서도 스승으로 모셨던 것이며, 인간·천신·범천의 행복은 물론이며 이를 초월하여 닙바-나의 행복까지 줄 수 있는 법의 가르침에 정성 다해 예경하고자 두 손 모아 받들어 절합니다.

승보의 아홉 가지 공덕

(1) Suppaṭipanno bhagavato sāvakasaṃgho
숩빠띠빤노 바가와또 사와까상고
존귀하신 부처님께서 가르치신 바른 법을 받아 그대로 따른 승가의 성인 여덟 분은 수행이 뛰어나십니다. 그러므로 숩빠띠빤노입니다.

(2) Ujuppaṭipanno bhagavato sāvakasaṃgho
우줍빠띠빤노 바가와또 사와까상고
존귀하신 부처님께서 가르치신 바른 법을 받아 그대로 따른 승가의 성인 여덟 분은 닙바-나를 성취하기 위해 오로지 수행 실천만을 올바르게 행하십니다. 그러므로 우줍빠띠빤노입니다.

(3) Ñāyappaṭipanno bhagavato sāvakasaṃgho
냐얍빠띠빤노 바가와또 사와까상고
존귀하신 부처님께서 가르치신 바른 법을 받아 그대로 따른 승가의 성인 여덟 분은 입고 있던 옷과 머리카락에 불이 나도 그 불을 끄는 것보다 깨달음을 얻기 위한 수행을 더 우선으로 실천하십니다. 그러므로 냐-얍빠띠빤노입니다.

(4) Sāmīcippaṭipanno bhagavato sāvakasaṃgho

사미찝빠띠빤노 바가와또 사와까상고

존귀하신 부처님께서 가르치신 바른 법을 받아 그대로 따른 승가의 성인 여덟 분은 수많은 사람들의 존경을 마땅히 받을 만한 실천 수행을 하십니다. 그러므로 사-미-찝빠띠빤노입니다.

Yadidaṁ cattāri purisayugāni aṭṭha purisapuggalā

야디당 짯따리 뿌리사유가니 앗타 뿌리사뿍갈라

esa bhagavato sāvakasaṃgho

에사 바가와또 사와까상고

네 가지 도道 지혜에 각각 한 분씩 네 분의 성인, 네 가지 과果 지혜에 각각 한 분씩 네 분의 성인, 이러한 도와 과의 네 쌍인 여덟 분의 성인들은 참으로 고귀하신 분들입니다.

(5) Āhuṇeyyo

아후네이요

부처님의 제자로서 도와 과의 네 쌍인 승가 여덟 분은 받으신 것을 몇 배로 하여 복으로 되돌려 주실 수 있으므로, 멀고 먼 곳에서 가져온 귀한 재물을 아낌없이 보시해도 충분히 받으실 만하십니다. 그러므로 아-후네이요입니다.

(6) Pāhuṇeyyo

빠후네이요

부처님의 제자로서 도와 과의 네 쌍인 승가 여덟 분은 세상에 부처님이 나오셔야 만날 수 있는 성인들이기에 온 세상이 반기는 귀빈이십니다. 그러므로 귀빈을 위해 챙겨 두었던 귀한 재물을 아낌없이 보시해도 충분히 받을 만하시기에 빠후네이요입니다.

(7) Dakkhiṇeyyo

닥키네이요

부처님의 제자로서 도와 과의 네 쌍인 승가 여덟 분은 다음 생을 위해 보시해도, 원하는 대로 이룰 수 있기 때문에 귀한 재물을 아낌없이 보시해도 충분히 받을 만하십니다. 그러므로 닥키네요입니다.

(8) Añjalikaraṇīyo

안자리까라니요

부처님의 제자로서 도와 과의 네 쌍인 승가 여덟 분은 온 세상이 공경하며 마음을 다해 합장하여 올리는 절을 받을 만하십니다. 그러므로 안자리까라니요입니다.

(9) Anuttaraṁ puññakkhettaṁ lokassā

아눗따랑 뿐냑켓땅 로깟사-

부처님의 제자로서 도와 과의 네 쌍인 승가 여덟 분은 인간 · 천신 · 범천의 선업 씨앗을 심기위한 최고의 복밭입니다. 그러므로 아눗따랑 뿐냑켓땅 로깟사-입니다.

숩빠띠빤노를 비롯한 아홉 가지 공덕을 지닌 승가는 온 우주에 그 이름이 널리 알려졌으며 세상의 어떤 승가보다 더 수승하며 백천만 겁을 다하여도 만나기 어려운 부처님의 가르침을 배우고 행하여 지켜 왔습니다. 그리하여 청정하고 거룩한 승가에 정성 다해 예경하고자 두 손 모아 받들어 절합니다.

사-두, 사-두, 사-두!

발원 및 회향

Imāya dhammānudhammapaṭipattiyā Buddhaṁ pūjemi
이마–야 담마누담마빳띠빳띠야 붓당 뿌–제미
Imāya dhammānudhammapaṭipattiyā Dhammaṁ pūjemi
이마–야 담마누담마빳띠빳띠야 담망 뿌–제미
Imāya dhammānudhammapaṭipattiyā Saṁghaṁ pūjemi
이마–야 담마누담마빳띠빳띠야 상강 뿌–제미

네 가지 도와 네 가지 과 그리고 닙바나, 이와 같은 아홉 가지 법을 마땅히 성취할 수 있는 수행으로, 성스러운 부처님께 공양을 올립니다. 드높은 법에 공양을 올립니다. 드높은 승가에 공양을 올립니다. 저의 이러한 보시 공덕이 해탈의 밑거름이 되기를 기원합니다. 저의 이러한 계행 공덕이 도 지혜, 과 지혜의 밑거름이 되기를 기원합니다. 저의 이러한 수행 공덕으로 모든 번뇌를 벗어날 수 있기를 기원합니다. 저의 이러한 선행 공덕을 모든 존재에게 회향합니다.

일체 중생들이 조화로울지어다! 일체 중생들이 평화로울지어다! 일체 중생들이 행복할지어다!

이같이 행한 우리의 선업(善業)으로 평화롭고 고요하며, 안전한 닙바나 행복으로 곧바로 갈 수 있기를, 이런 저런 생으로 윤회를 하더라도 고통과 위험, 적과 나쁜 일이 없으며 모든 소망을 뜻대로 이루기를 기원합니다. 오늘 행한 이 모든 선행 공덕을 부모님, 스승님, 친척들, 그리고 나의 수호신을 비롯하여 31처에 존재하는 모든 존재들에게 회향합니다. 이와 같이 나누고자 하오니 수많은 존재들이여, 사두(sādhu)를 부르소서!

sādhu, sādhu, sādhu!
사-두, 사-두, 사-두!

Buddha sāsanaṃ ciraṃ tiṭṭhatu!
붓다 사-사낭 찌랑 띳타뚜 (3번)
(부처님의 가르침이 오래오래 머무소서)

sādhu, sādhu, sādhu!
사-두, 사-두, 사-두!

법보시 공덕을 기리는 게송

Sabbadānaṃ dhammadānaṃ jināti,
삽바다낭 담마다낭 지나띠
sabbarasaṃ dhammaraso jināti;
삽바라상 담마라소 지나띠
Sabbaratiṃ dhammarati jināti,
삽바라띵 담마라띠 지나띠
taṇhakkhayo sabbadukkhaṃ jināti.
딴학카요 삽바둑캉 지나띠

법보시는 모든 보시를 이기고
법의 맛은 모든 맛을 이긴다.
법의 기쁨은 모든 기쁨을 이기고
욕망의 제거는 모든 괴로움을 이긴다.

〈보물산 둘레길〉 출간을 위해 애써 주신 모든 분들께
진심으로 감사드립니다.
이 보시 공덕으로 닙바나 성취하시기를
두 손 모아 기원 드립니다.

사-두, 사-두, 사-두!